2ª EDIÇÃO

ARTHUR SENDAS

Uma história de pioneirismo e inovação

LUCIANA MEDEIROS

Copyright © 2022 **Luciana Medeiros**
Direção editorial: **Bruno Thys** e **Luiz André Alzer**
Capa, projeto gráfico e diagramação: **Renata Maneschy**
Revisão: **Luciana Barros**
Foto da capa: **Acervo da família Sendas**
Foto da autora: **André Fachetti**
Digitalização de imagens: **Theodora França**
Tratamento de imagens: **Sidnei Sales**

Dados Internacionais de Catalogação na Publicação (CIP)
(eDOC BRASIL, Belo Horizonte/MG)

M488a   Medeiros, Luciana.
            Arthur Sendas: uma história de pioneirismo e inovação / Luciana Medeiros. – Rio de Janeiro, RJ: Máquina de Livros, 2022.
            336 p. : foto. color. ; 16 x 23 cm

            Inclui bibliografia
            ISBN 978-65-00-40723-5

            1. Sendas, Arthur Antônio, 1935-2008 – Biografia. 2. Empresários brasileiros – Biografia. I. Título.

CDD 920

Elaborado por Maurício Amormino Júnior – CRB6/2422

Grafia atualizada segundo o Acordo Ortográfico da Língua Portuguesa de 1990, em vigor no Brasil desde 2009

2ª edição, 2022

Todos os direitos reservados à **Editora Máquina de Livros LTDA**
Rua Francisco Serrador 90 / 902, Centro, Rio de Janeiro/RJ – CEP 20031-060
www.maquinadelivros.com.br
contato@maquinadelivros.com.br

Nenhuma parte desta obra pode ser reproduzida, em qualquer meio físico ou eletrônico, sem a autorização da editora

2ª EDIÇÃO

Arthur Sendas

Uma história de pioneirismo e inovação

LUCIANA MEDEIROS

Ao meu pai, Carlos José, cantor extraordinário e um dos mais apaixonados vascaínos de toda uma família ardorosamente cruz-maltina

SUMÁRIO

Apresentação – Por Marcílio Marques Moreira 9

Prólogo 15

Capítulo 1 – Da Cardanha ao Rio de Janeiro 22

Capítulo 2 – Infância dentro do armazém 36

Capítulo 3 – Garimpo na Rua do Acre e um novo amor 46

Capítulo 4 – Dos saques à rede: os anos 1960 64

Capítulo 5 – Expansão após o milagre econômico 94

Imagens – Uma trajetória inspiradora 129

Capítulo 6 – Liderança e novos negócios 162

Capítulo 7 – A era da automação e dos hipermercados 202

Capítulo 8 – Devoção ao Vasco e ao setor supermercadista 250

Capítulo 9 – Novo milênio com rumos imprevisíveis 282

Posfácio 307

A história está completa – Por Marcia Maria Sendas 311

Arthur Sendas em 14 frases 312

Agradecimentos 314

Créditos das imagens 315

Bibliografia 316

APRESENTAÇÃO

ARTHUR SENDAS: PERSEVERANÇA, TRABALHO, SABEDORIA

MARCÍLIO MARQUES MOREIRA

"É preciso alegrar-se mesmo nas horas de tribulação, pois ela exige perseverança, boa virtude, que nos conduz à esperança, que não engana". Estas palavras de Paulo, em sua Encíclica aos Romanos, parecem-me revelar um traço inconfundível da trajetória de Arthur Sendas. Dentre as suas muitas virtudes, a perseverança talvez tenha sido a que melhor define seu caráter.

Nossos caminhos começaram a se cruzar nas reuniões do Fundo Monetário Internacional, do Banco Mundial e do Banco Interamericano de Desenvolvimento, os três com sede em Washington, onde eu também exercia a responsabilidade de embaixador do Brasil nos Estados Unidos, de novembro de 1986 a maio de 1991 – nesse momento, assumi o Ministério da Economia, Fazenda e Planejamento.

Arthur havia sido convidado, em 1989, pelo ministro da Fazenda Maílson de Nóbrega, e por mim confirmado em 1991, para compor o Conselho Monetário Nacional. Foi aí que pude perceber o interesse de Sendas em absorver o conhecimento das mais modernas técnicas de administração do varejo, assim como das políticas econômicas nacionais e globais que passaram a ser o alvo de sua constante disposição de apreender não só o conhecimento plasmado pela experiência comercial de seu pai e dos líderes na arte do comércio – sempre de maneira correta, eficaz e continuada –, mas também as praticadas por instituições multilaterais e acadêmicas, nacionais ou estrangeiras. Procurava identificar e aplicar as práticas mais modernas no varejo de alimentos.

Sua opção era pelo pensar e agir modernos, passando da especulação financeira para a realidade dos investimentos produtivos. Definitivamente não se assemelhava aos "falsos empresários", sempre atentos à possibilidade de sequestrar políticas públicas, para que, em vez de visar ao bem público, favorecessem interesses econômicos, partidários ou ideológicos. "Nós, do setor supermercadista, temos autoridade moral para defender o fim dos créditos subsidiados, de incentivos fiscais indiscriminados, de vantagens governamentais, pois deles não participamos", dizia.

Mais ainda: "Nenhum grande país se mantém com uma minoria de ricos dentro de um universo de miseráveis: não é possível construir uma sólida democracia, fundada no livre mercado, sem que haja justiça social", repetia. O ideal da justiça social ineria o próprio DNA da Sendas e era seguido à risca, com um pacote de benefícios em suas próprias empresas que abraçava o cuidado e o desenvolvimento de seus funcionários e suas famílias. Era adorado. É revelador comparar os poucos anos de estudos escolares com a preocupação, que sempre o empresário exibiu, com a educação dos funcionários e de seus familiares; com a diligência de estar a par e, sempre que possível, adotar as mais modernas formas de administrar empresas de varejo.

Inovar, crescer, descobrir o que haveria de mais moderno e eficaz, para também seguir em frente. Quando suas primeiras lojas foram depredadas numa revolta popular em 1962, reagiu com coragem. Na firme disposição de recomeçar, de construir mais ainda e não esmorecer, Arthur foi moldando uma fibra que não esgarçava ao ver as circunstâncias lhe falharem. Para ele, o trabalho não mais se limitaria aos detalhes da microeconomia, ao entorno da própria empresa. Estendia-se ao cenário macroeconômico e macropolítico, da região, do país, do mundo, que Arthur passaria a observar mais atentamente, incorporando-o ao cotidiano de suas empresas nos meses e anos a seguir.

À sua maneira, mais pragmática, Arthur lembra a trajetória desenhada por Arie de Geus, experiente líder e teórico da administração empresarial, a quem inclusive coube a responsabilidade de traçar as linhas principais da estratégia econômico-administrativa da Shell. Geus, depois de ter trabalhado na Holanda, na Turquia e no Brasil, cunhou em seus livros, artigos e conferências o conceito de *living company* – a empresa como ser vivo[1]. A mesma "empresa viva", para assegurar não só a continuidade mas também a saúde econômica, precisava ser também uma *learning company*, isto é, uma

---

[1] Arie de Geus, *The Living Company: Habits for Survival in a Turbulent Business Environment*, Harvard Business School Press, Boston Ma, 1997.

empresa que aprende, pronta para conhecer e aplicar as orientações e práticas que, além de mais eficazes e rentáveis, preocupavam-se com todos os *stakeholders* – acionistas, trabalhadores, fornecedores de insumos e consumidores – e com a boa convivência com o meio ambiente. Tradução: todas as dimensões do fazer ético.

A morte de Arthur até hoje entristece seus admiradores, parentes, amigos, que, entretanto, agradecem a Deus os anos em que tiveram o privilégio de com ele ter convivido e muito prezam o legado de esperança, trabalho e sabedoria que continua a inspirar-nos.

Espero que a leitura deste livro venha enriquecer muitos, principalmente os que não chegaram a conhecê-lo, pelo exemplo que deixa sua trajetória de perseverança e denodo.

Marcílio Marques Moreira *é economista, diplomata, professor, ex-ministro da Economia e participou do Conselho de Administração da Sendas*

PRÓLOGO

A carta trazia o selo do Gabinete da Presidência da República. Datada de 26 de maio de 2003, estava endereçada a Arthur Sendas, da Sendas S/A. "O Programa Fome Zero conclamou a sociedade para um grande mutirão contra a fome, a pobreza e a exclusão social. (...) Gostaríamos de ter um breve relato das atividades que sua empresa começou a empreender neste ano, dentro do escopo do programa". Assessor especial do presidente Luiz Inácio Lula da Silva, Oded Grajew assinava o pedido – ele próprio empresário de sucesso, um dos fundadores da Grow, fabricante de jogos como o War, e um nome respeitado no terceiro setor, à frente do Instituto Ethos de Empresas e Responsabilidade Social. O mesmo pedido fora encaminhado às cem maiores empresas do país.

Arthur sorriu: na Sendas, aquele assunto não era coisa dos últimos meses. Estava no DNA do grupo. A resposta foi enviada poucos dias depois a Brasília e trazia cinco páginas. "O Brasil tem o desafio de superar graves problemas sociais e se transformar numa nação moderna, competitiva, produtiva, politicamente estável e socialmente justa", começava a carta. "Isso exige grande empenho da sociedade e das empresas. Há 43 anos, a Sendas se empenha para acompanhar as necessidades da comunidade que a cerca e partilha da crença de que praticar a responsabilidade social não é mais um luxo, é um dever".

Não eram palavras vazias: seguiam-se as descrições dos projetos e ações da empresa voltados para funcionários e comunidades. Projeto Marrequinho de treinamento de jovens. Financiamento de educação para funcionários e dependentes. Alimentação gratuita no trabalho. Atendimento médico e odontológico integrais. O texto também falava de ações solidárias: a doação de um prédio inteiro para a Associação de Amigos do Instituto do Câncer, alinhamento à campanha Natal sem Fome, reciclagem em grande escala, preocupação ambiental. A longa e bem escrita carta dava conta da excepcional política de responsabilidade social da Sendas, mesmo que naquele momento já fosse uma versão reduzida do programa ainda maior que vicejou dos anos 1960 a 1990.

E isso era obra de Arthur Sendas.

A rede Sendas, potência comercial, inovadora no varejo, referência no setor, também era pioneira na política de valorização dos funcionários.

Quase 20 anos depois dessa troca de correspondência, Oded Grajew ainda se lembra daquele momento: "A Sendas era caso excepcional de aplicação genuína dos princípios de solidariedade e justiça a funcionários, clientes, fornecedores, à comunidade". Ele faz questão de separar filantropia de responsabilidade social. "Hoje, já se consolidou uma nova visão desses conceitos, até porque as empresas são cobradas pelo público consumidor. Sendas foi um dos pioneiros, ia muito além do que se esperava ou se exigia na época. Já aplicava internamente princípios de sustentabilidade humana, de responsabilidade social, e via-se que tudo aquilo vinha de uma convicção pessoal".

Defensor ferrenho da livre empresa, Arthur Sendas identificava-se, sim, com a promoção da justiça social. A ele, preocupava a desigualdade histórica, tóxica, do país, que via não apenas como um empecilho comercial – longe disso. Repetidas vezes mencionou sua fé na conjugação dessas duas linhas mestras, como nesse discurso em 1984, ao receber o título de Benemérito do Estado do Rio de Janeiro: "Reafirmo minha crença na economia de mercado, convicto de que não há liberdade política sem uma economia livre [e de que] ao empresário cabe uma parcela muito grande de responsabilidade não apenas pelo desenvolvimento econômico, mas como agente promotor do bem-estar social, numa ação solidária e subsidiária ao governo".

Por mais de 40 anos, a Sendas apoiou e estimulou seu corpo de funcionários. E, ressalte-se, numa grande rede de supermercados, o número de empregados costuma alcançar a casa das dezenas de milhares. Seu programa de benefícios, até onde se vê – em impressão compartilhada por Grajew –, é uma das iniciativas exemplares por aqui.

Não há dúvida de que essas ações funcionam como estratégia de negócios no comércio. O alto *turnover*, a constante rotatividade de empregados, é dos maiores problemas do setor supermercadista, entre outras questões, assim como as reivindicações trabalhistas. É também uma opção, pode-se dizer, simplificada de liderança, em que a figura paterna é provedora, protetora e autoridade indiscutível, uma herança da cultura lusitana rigidamente hierárquica. Nada disso obscurece o valor do programa. Pelo contrário, o enriquece.

O conceito de família leal, estável, é seguidamente reforçado na empresa; funcionários com cinco, dez, vinte anos de casa são festejados. O *house organ* – a publicação institucional, voltada para os funcionários, que circulou mensalmente a partir de 1975 – não à toa se chamava *Sendas em Família*. Esses fatos abrem o relato de sua vida porque na essência, na raiz de sua índole, Arthur valorizava tremendamente o papel do patriarca que zela pelo seu grupo familiar, proporcionando saúde, educação, lazer, segurança e identidade. E, atestam os que acompanharam sua jornada, tratou de buscar uma evolução na governança à medida em que o mercado se transformava; formou e qualificou gerações de profissionais do varejo, desde o chão da loja até escalões gerenciais.

Arthur Sendas, autodidata como a maioria absoluta dos supermercadistas pioneiros no país – praticamente todos portugueses ou filhos de imigrantes –, era dono de poderosa intuição para o varejo. E buscava implantar na empresa a cultura que premiava o esforço, a lealdade, a honestidade. Esse era, verdadeiramente, o espírito fundador da Sendas na visão de Arthur. Fez constantes e numerosas contribuições a comunidades, grupos em situação vulnerável, populações atingidas por desastres naturais – a maioria sem qualquer divulgação. Arthur também tinha visão clara da força da ação associativa e assumiu posições de comando em grupos setoriais: as poderosas Associação Brasileira de Supermercados e Associação Comercial do Rio de Janeiro foram duas delas.

Essa é a história da maior rede de supermercados do estado do Rio de Janeiro, cujo faturamento no fim dos anos 1990 ultrapassou os R$ 2 bilhões (cerca de R$ 15 bilhões em valores atualizados para 2022, segundo o índice IPG-DI da Fundação Getúlio Vargas), surgida de um armazém numa das regiões mais pobres e violentas do Rio – lugar que Arthur nunca abandonou, aliás, mantendo ali a sede, o depósito, fazendo investimentos. Uma trajetória titânica. A Sendas manteve a segunda posição do setor no Brasil por muito tempo – enquanto o primeiro lugar se alternava –, mesmo com a quase totalidade das lojas localizadas apenas no estado. A rede empregou centenas de milhares de pessoas, transformou o mercado, enfrentou a concentração do setor e é referência afetiva até hoje no Rio de Janeiro; um grupo de 100% capital nacional, motivo de permanente orgulho para o empresário.

Há ainda uma percepção unânime de quem viveu de perto a história da empresa: a grande sorte de Arthur foi ter conhecido e trabalhado com Aprígio Lopes Xavier. Desde o berço da Sendas, e pelas duas décadas seguintes, o economista Aprígio foi o responsável pela solidez da estrutura administrativa-fiscal que dava suporte à ousadia de Arthur na pista do comércio. Dividiram a sala de trabalho por anos a fio. Muitos atribuem a extremada devoção religiosa de Arthur à influência do parceiro. Eram absoluta e simetricamente complementares, movidos por uma lealdade e uma confiança singulares.

A dedicação ao trabalho e a obsessão pelo crescimento contínuo da Sendas só se comparavam, em Arthur, à paixão pelo Clube de Regatas Vasco da Gama. Disciplinado e reservado na vida pública, na arena do esporte Arthur deixava emergir o temperamento volátil e a feroz competitividade que os próximos conheciam bem. E era competitivo até a medula, às vezes beirando o caricato: em certa ocasião, pediu ao piloto do táxi-aéreo para continuar dando voltas sobre a cidade até que ele virasse o jogo de sueca que vinha perdendo...

Se a Sendas fosse um navio – um transatlântico, pelo porte –, poderia-se dizer que seu comandante enfrentou, e venceu, as grandes tormentas que se abateram sobre o Brasil a partir da segunda metade do século XX. Maremotos, até. Tabelamentos insanos, os saques em 1962 na Baixada Fluminense – região de baixa renda onde surgiu a rede –, crises internacionais inflando a dívida externa do Brasil, a hiperinflação dos anos 1980, o confisco de ativos no governo Collor, concorrência de multinacionais...

Na longa trajetória no varejo, de meados dos anos 1950 até 2004, construir, agregar, crescer e manter unida a família Sendas

– entendida aí como a empresa – foram a prioridade para Arthur, repassada aos seus filhos e sucessores. É uma trágica ironia que tenha sido assassinado por um empregado da família, filho do mais antigo motorista da casa, tratado como integrante do grupo familiar estendido, num crime até hoje mal explicado.

Arthur Sendas nasceu num Brasil cuja elite costumava ver no comércio uma atividade menor se comparada à indústria, talvez por associação à origem humilde dos caixeiros. Conhecer sua trajetória é essencial para compor o panorama do varejo brasileiro dos anos 1950 em diante.

E essa história começa nos primeiros anos do século XX, quando um menino de 14 anos deixou sua aldeia em Trás-os-Montes, em Portugal, e embarcou na terceira classe de um navio rumo ao Brasil, fugindo da guerra e da pobreza.

Armazém do tio Domingos Sendas, no Boulevard 28 de Setembro, em Vila Isabel, primeiro pouso do pai de Arthur Sendas no Brasil

CAPÍTULO 1

DA CARDANHA
AO RIO DE JANEIRO

"Meu pai, Manoel Antônio Sendas, nasceu na aldeia da Cardanha, no Concelho de Moncorvo, que pertence à Freguesia de Bragança. É lá no norte de Portugal, fronteira com a Espanha. E ele veio para o Brasil com uma carta de chamada do meu tio, que tinha o Armazém Sendas, em Vila Isabel, ali na 28 de Setembro, no Ponto. Mandou a carta de chamada e meu pai veio com 14 anos. Enfim, trabalhou como empregado não só com meu tio, mas também em outras empresas."
(Depoimento de Arthur Sendas a Carlos Kessel e Fernanda Monteiro, em 2003, para o projeto Memórias do Comércio na Cidade do Rio de Janeiro, do website Museu da Pessoa)

O século XX acabava de despontar. E nas duas primeiras décadas, a imigração portuguesa para o Brasil, que vinha num fluxo mais ou menos regular, virou uma enorme onda, avolumada por drásticas mudanças políticas e econômicas na terrinha e, pouco depois, pela sombra da Primeira Guerra Mundial, que já se espalhava pela Europa.

Foi nesse momento que um rapazote de 14 anos chegou ao Rio de Janeiro a bordo de um vapor. Sozinho. Manoel Antônio Sendas, o único filho varão de Antônio Francisco e Maria Rodrigues Sendas, lavradores e pastores da Cardanha, pisou o porto carioca no dia 13 de fevereiro de 1915, em pleno carnaval.

Quando correu a notícia, no porão do navio, de que o Rio de Janeiro estava a poucas horas de distância houve um murmúrio cansado entre os passageiros da terceira classe – entre eles, o menino magro e calado, que trazia só a roupa do corpo e um cobertor vermelho. Foram 21 dias de trevas e abafamento, de condições mínimas de conforto e privacidade, de violento balanço. Por cima do tumulto e da precariedade da terceira classe, pairava o medo: a embarcação civil se mantivera silenciosa e às escuras ao longo de todo o trajeto, para evitar ser bombardeada na zona de guerra no Atlântico. Os tios Domingos e Margarida viajavam lá em cima, com mais espaço, ar e luz.

Manoel, rosto sério, longos braços e pernas, estranhava aquele confinamento. Estava acostumado à paisagem aberta da montanha, aos vinhedos, às oliveiras e às impressionantes fragas – rochas cobertas de sulcos desenhados pelo tempo que pontuam os caminhos como gigantes imóveis. Crescera no silêncio do pastoreio de ovelhas e na simplicidade da aldeia às margens do Rio Sabor, que nasce na Espanha, atravessa a Serra de Montesinho, em Bragança, e se junta ao robusto Rio Douro. No verão de luz morna, Manoel mergulhava no Sabor. Só ele. Na severa Cardanha, as meninas Albertina, Felicidade, Antônia e Maria José, suas quatro irmãs, não tinham permissão para brincar na água.

O menino deixara a Europa no inverno da guerra e da desesperança, rumo ao Brasil. Portugal, a terrinha, enfrentava o novo século com poucas armas e muitos problemas. Nunca se recuperara da perda dos rendimentos extraídos da maior ex-colônia tropical. Sofrera revezes climáticos no fim do século XIX, que quebraram importantes safras de uva, duro golpe nas regiões de economia quase medieval, de cultura fechada, sem avanços em direção à industrialização. A área rural, distante e apartada do centro de decisão política de Portugal, ressentia-se da instabilidade estrutural nos primeiros anos da república instaurada em 1910.

Apesar dos fortíssimos laços entre parentes e também de vizinhança – que, ao lado da Igreja Católica, formavam a espinha dorsal da vida aldeã –, famílias inteiras abandonavam suas casas, fugindo da fome, da proletarização e do serviço militar obrigatório. Ou então mandavam os filhos para o Novo Mundo, onde teriam como missão enviar recursos para os que ficavam. Caso do jovem Manoel Antônio, embarcado para o Brasil. O irmão do pai, Domingos, tinha vindo bem antes e, num retorno à aldeia, decidira trazer o sobrinho.

Era verão quando o navio virou a proa para a terra carioca. Nos olhos do portuguesinho, saudade, dúvida, receio, mas, principalmente, determinação.

Enquanto o navio atracava no cais do Rio de Janeiro, com seu casco brilhante alinhado aos armazéns e passarelas recém-construídos no bairro da Gamboa, os passageiros da terceira classe rezavam e agradeciam: afinal, haviam sobrevivido à travessia, a maior parte do tempo naquele porão claustrofóbico e insalubre, com medo dos torpedos alemães. Ainda permaneceram confinados enquanto a primeira e a segunda classes desembarcavam; e então, muito tempo depois da ancoragem, puderam pisar em terra firme. Manoel seguia a fila.

A luz de fevereiro queimava as retinas. O calor parecia uma brasa sobre a pele. Ao longe, ouvia-se uma estranha mistura de gritos, buzinas e música nos cordões carnavalescos. Mães, pais, avós, crianças se amontoavam, juntando malas e procurando a papelada da imigração. Manoel buscou seus documentos: o passaporte e a preciosa carta de chamada assinada pelo tio Domingos, essencial para receber o visto de entrada e permanência no país – garantia de que seria acolhido. Na fila, atordoado e exausto, só sabia que um novo tempo estava começando.

O tio Domingos abrira em 1911 um novo armazém, na Rua Visconde de Vila Isabel, em sociedade com o amigo e compadre Laurindo Souto Maior. No *Jornal do Commercio*, uma nota anunciava pomposamente o empreendimento: Ceará Store, "commercio de seccos e molhados". Domingos já integrava a Associação Beneficiadora de Villa Izabel, que reunia figuras proeminentes do bairro em torno dos interesses comuns, como a instalação de luz elétrica e de espaços de lazer – exemplo de força das associações comunitárias.

Para Manoel, os dias se sucediam quase iguais. Muito trabalho, da manhã à noite, de domingo a domingo. O rapaz já quase não se lembrava daquele dia de fevereiro em que tomara o bonde no cais do porto ao lado dos tios e desembarcara no agradável Boulevard 28 de Setembro. Vila Isabel, na Zona Norte do Rio, fora batizada em homenagem à princesa que assinara a Lei Áurea menos de três décadas antes, e ia se tornando, aos poucos, um polo boêmio da capital federal. Mas naquele 1915, Noel Rosa ainda brincava nas calçadas, aos 5 anos de idade. E Manoel pouco veria da noite artística carioca: marchava num outro batalhão.

O Rio de Janeiro, principal destino dos emigrantes, contava naquela década com cerca de 400 mil portugueses dentre 1,1 milhão de habitantes. Agricultores e pastores desembarcados na capital federal, muitos deles analfabetos, passavam a integrar um exército de prestadores de serviço no comércio. A maior parte, efetivamente, registrava-se na imigração como "caixeiro", denominação que abrangia várias funções – do atendente de balcão, o soldado raso do armazém, ao responsável pela administração.

O severo tio Domingos reservara ao sobrinho o mais baixo dos postos, sem qualquer regalia. Manoel não comia na mesa com a família. Dormia nos fundos do armazém, em cima dos ásperos sacos de estopa. Ao fechar as portas da loja, partia para a faxina pesada, limpando de alto a baixo a casa do tio. Uma vida duríssima, um cotidiano de absoluta disciplina: parte do salário ia para a família, parte era guardada visando à independência. E a formar sua própria família.

CASAMENTO QUE VIROU NOTÍCIA

Numa fotografia austera, a menina Maria, morena e séria aos 14 anos, posa ao lado do pai, o comerciante português Francisco Soares da Fonseca. Nos registros de jornais da época, Francisco aparece como proprietário de uma loja de máquinas de costura no Boulevard 28 de Setembro, na vizinhança do armazém de Domingos Sendas, e também de um armazém e de um botequim na Rua do Matoso, na confluência entre Tijuca e Rio Comprido, bairros próximos a Vila Isabel. Casado com a mineira Odette, foi pai de Maria, em 1904, e de Hélio, 14 anos depois. Entre um e outro, dois filhos nasceram e se foram: Justina e Sebastião – ela, falecida com 1 ano e 7 meses, em 1907, e ele, morto com 4 meses, em 1908. Hélio viera cego.

A narrativa familiar aponta que Manoel Antônio teria conhecido a jovem ao entregar compras nas redondezas. Moça de fino trato, Maria, educada com requinte, teria se encantado com o jovem, cinco anos mais velho, olhos escuros e testa alta, que circulava de tamancos – para algum desgosto da mãe, que contava com a primogênita para os cuidados com o irmão. O pai, por sua vez, adorou o conterrâneo. Além do mais, estava sofrendo com uma doença reumática. Talvez visse em Manoel Antônio um possível sucessor ou parceiro. O jovem se empenhou em ganhar a confiança de Odette: chegava a carregar nas costas o futuro cunhado para levá-lo a festas. O namoro engatou.

Era o início dos anos 1920. A década que começava traria revoluções em todas as áreas – da economia à música, do comportamento à ciência – e, para Manoel Antônio Sendas, seria o trampolim para a vida que tinha imaginado.

O casamento de Manoel Antônio e Maria Soares foi notícia de jornal. Uma notinha. Em época em que os nascimentos, as mortes, os enlaces de cidadãos comuns mereciam gentil menção nas folhas, *O Imparcial* avisava, na edição de 11 de setembro de 1925, que a senhorinha Maria, filha do capitalista Francisco Soares da Fonseca e da excelentíssima senhora Odette, casara-se "hontem" com o proprietário e negociante Manoel Sendas. A notícia revelava que os "paes da noiva" tinham residência em São João de Merity, onde as cerimônias tiveram "logar". Um flagrante fotográfico mostrava os noivos à frente de uma casa simples, com cerca baixa, em rua de terra.

Conta-se que o primeiro armazém de Manoel teria sido aberto em 1924, em São Mateus, bairro do distrito de São João de Meriti.

Ficava entre o açougue do seu Albino e a padaria do seu Aleixo, dois outros portugueses. Fato é que, em 6 de julho de 1924, data de seu aniversário, ele ainda era celebrado pela coluna Mundanidades da *Gazeta de Notícias* como "auxiliar de commercio nesta praça". A primeira filha do casal, Maria Thereza, nascida em 2 de abril de 1928, garante que o empurrão para a vida de negociante veio da noiva: Maria teria imposto, para se casar, a condição de que Manoel tivesse um negócio próprio, um armazém para chamar de seu.

A crer nos registros sociais, a transição para o status de "proprietário e negociante" deu-se entre o fim de 1924 e o primeiro semestre de 1925, muito provavelmente com substancial ajuda do sogro, Francisco, que poucos anos mais tarde apareceria como sócio no leilão de massa falida. Naquele momento, porém, Manoel abria o Armazém Trasmontano, usando as economias de dez anos de labuta insana.

A fotografia desse primeiro armazém, na Praça Manoel Reis, número 86, é muito emblemática. A modesta edificação com três portas altas, em terreno plano, tem uma platibanda que esconde o telhado de duas águas, arquitetura comum ainda hoje em cidades interioranas e bairros antigos. Manoel Sendas está em pé no centro da imagem: ocupa a porta do meio, encimada pelo seu nome. A imagem sugere um arco que marca a passagem de um tempo a outro: à direita, um Ford modelo T; à esquerda, um cavalo com seu empertigado cavaleiro. Molecada espalhada à frente, empregados ao lado e cartazes com ofertas de produtos compõem a cena. A casa e o armazém, o armazém e a casa – pouca diferença havia entre a residência e o trabalho do trasmontano no meio dos anos 1920. Afinal, a vida era o trabalho.

BAIXADA, REDUTO DE IMIGRANTES

"Isso foi tudo dentro de uma visão empresarial que meu pai teve. São Mateus é um lugar muito pobre, ainda hoje melhorou pouca coisa. O que mudou lá foi um jardim melhor na praça. Mas foi a vocação comercial do pai, meu

pai trabalhava muito. Fazia tudo dentro do armazém. Naquela época a mercadoria chegava em sacos de 60 quilos. Ele mesmo recebia a mercadoria, empilhava e tudo. Ele tinha uma determinação muito grande."
(Arthur Sendas, em depoimento ao projeto Memórias do Comércio na Cidade do Rio de Janeiro)

Manoel havia se radicado com a mulher num dos bairros mais pobres da região conhecida hoje como Baixada Fluminense, área de cerca de 3.800 km². O nome deriva de seus trechos abaixo do nível do mar. Mas São João de Meriti, por exemplo, cuja história independente começa a ser registrada em 1875, espalha-se a 34 metros de altura, numa colina.

No século XVII, o distrito de Meriti era parte da Vila Iguassu: verdejante, úmida, pantanosa, cortada por rios, repleta de engenhos, olarias, sesmarias. Pelo vilarejo passara, em 1866, o escritor abolicionista José do Patrocínio, levando uma preciosa pia batismal e 30 contos de réis para a nova paróquia – justamente a de S. João Batista de Meriti. Eram presentes da Princesa Isabel.

A forte vocação da região para o comércio – e para o abastecimento da cidade com produtos hortifrutigranjeiros – vem da era colonial. Havia dezenas de portos com grande serviço de canoagem nas margens dos rios Meriti e Sarapuí, transportando milho, mandioca, feijão e açúcar para a capital e para exportação. Cortada por trilhas estratégicas para o escoamento do ouro mineiro e do café do Vale do Paraíba em direção ao porto da capital, viu brotar vendinhas e armazéns que atendiam as tropas de negociantes e transportadores.

Ali surgiu a primeira estrada de ferro do Brasil, a Barão de Mauá, inaugurada em 1854: 14,5 quilômetros que uniam o Porto de Mauá à raiz da serra de Petrópolis. O trem seguiu rasgando novos caminhos na Baixada, criando povoados em torno dos trilhos. A partir de 1886, multiplicaram-se os trechos ferroviários, como o que ligava o Rio de Janeiro à estação de Meriti. E quando o transporte rodoviário explodiu no Brasil era por ali que passavam artérias como a Via Dutra e a Rio-Petrópolis. A região de São Mateus permaneceu por décadas entre as mais pobres da Baixada, com grande incidência de doenças como o "impaludismo" – a malária.

Os nomes dos lugarejos iam mudando de acordo com a elevação a distritos e vilas. Em 1919, Meriti – parte de Iguaçu – integrou o Arraial da Pavuna, voltou a Iguaçu em 1933, passou ao município de Duque de Caxias em 1943 e, finalmente, foi desmembrado como município em 1947, abarcando também os distritos de Coelho da Rocha e São Mateus. Todos eles receberam levas importantes de imigrantes portugueses, italianos, judeus, sírios e libaneses, muitos dos quais montaram pequenos comércios nessa terra de grande fluxo, nas franjas da capital. Entre eles, os Valadão, Rasuck, Amaro e Paulucci. E os Sendas, claro.

Recuo estratégico

O nome do negociante Manoel Sendas teria outras menções nos jornais na década de 1920. Num pequeno anúncio classificado do *Jornal do Brasil*, em 1926, ele oferecia – talvez intermediasse, isso não fica claro – um bom lote em São Mateus, com "3 barracões", próximo à estação de trem e todo "plantado de larangeiras". E em fevereiro de 1931, inaugurava um segundo estabelecimento comercial, o Armazém Ultramarino, na Rua Iara, também em São Mateus. "Ao lado do sócio Artur M. Leite", dizia a revista *Lusitania*, apresentava "um sortimento completo, instalações magníficas e uma majestosa registradora National de último modelo, o que bem atesta o espírito progressista do Sr. Manoel Sendas & Cia". A fotografia da reportagem captava a animada inauguração. Manoel Sendas e Maria, sentados lado a lado, já tinham as filhas Maria Thereza e o bebê Erika, que nascera em 30 de abril de 1930 – um primeiro filho morrera pouco depois de nascer, em 1926.

Aquela ousada e tão adjetivada iniciativa chegava num momento atribulado: o pós-crash da Bolsa de Nova York, com seu rastilho de funestas consequências. O Brasil não escaparia da depressão.

Na Quinta-Feira Negra, 24 de outubro de 1929, a maior economia do mundo, a dos Estados Unidos, ruiu fragorosamente. Bilhões de dólares, aplicados em ações numa escalada de euforia que inflou a especulação monetária, se liquefizeram. A onda se espalhou mundo afora; o desemprego na Alemanha, por exemplo, alcançou 44% nos primeiros anos da década de 1930. No Brasil, majoritariamente agrícola – fornecia 70% do café consumido no mundo – e dependente das compras externas, a *débacle* do mercado se somou à agitação política que derrubou Washington Luís da presidência e colocou o gaúcho Getúlio Vargas no Palácio do Catete.

O grande navio das finanças mundiais estava fazendo água. Manoel Sendas, como todo o comércio, acusaria o golpe que atingiu grandes e pequenos com suas complexas ramificações. Registros de leilões e agravos, publicados a partir de meados de 1932, indicavam que ele fora obrigado a pedir falência.

Na abertura do capítulo seguinte dessa saga há um intervalo nublado. O resistente, determinado e, nesse ponto, provavelmente amargurado Manoel Antônio Sendas recolheu a família e, em 1933, voltou para a Cardanha natal. Há um registro no consulado português no Rio de Janeiro lavrado em março de 1932, do tipo que os imigrantes eram obrigados a fazer anualmente. Há também uma notícia de prisão, de 1933. Segundo o *Diário Carioca* do dia 10 de junho, Manoel teria agredido, "na Praça XV", o juiz da comarca de Iguaçu, responsável pelo andamento do processo de falência. Tensão, sem dúvida. O menino, que trabalhava da manhã à noite alta, andava de tamancos e juntava o parco salário para subir na vida, levara um tombo. E lá se foi a família para Portugal.

DE VOLTA À ALDEIA

Em 1933, Portugal, já vindo de um regime de exceção – a ditadura militar foi estabelecida em 1926 –, embarcava no difícil e longo período do salazarismo. O governo autoritário revogou garantias concedidas na constituição portuguesa de 1911, estabeleceu censura à imprensa e manteve um partido único. A ditadura comandada por António de Oliveira Salazar aumentou impostos e reduziu os investimentos.

Às vésperas da Segunda Guerra Mundial, a família de Manoel Sendas chegava à Cardanha para encontrar um panorama ainda mais desolador ao da partida de Manoel. As aldeias continuavam mergulhadas na pobreza e, à medida em que se aproximava o conflito, mais e mais isoladas. E lá estava a família Sendas, acolhendo seu filho com a mulher e as duas meninas.

Uma fotografia mostra Maria ao lado do marido empertigado, dos sogros de fisionomia castigada, das cunhadas e da garotada local. Aos 30 anos, miúda e bonita, ela ainda tinha jeito de menina. Criada num Rio de Janeiro em franco desenvolvimento, estranhava tamanha pobreza. Em 1934, as belas paisagens de Trás-os-Montes não traziam consolo e serenidade. Os pais e as irmãs de Manoel ainda subiam e desciam as estradas no lombo de jumentos. A lavoura era o meio de subsistência. Água encanada, esgoto, iluminação pública, nada disso chegara à região. Os analfabetos continuavam sendo maioria, mais de 70% da mirrada população. E Maria sentia muita, muita falta do pai.

Olharam para os vales, as fragas, o Rio Sabor e o céu de inverno na virada para 1935. Não era o futuro que o casal desejava para seus filhos. Decidiram voltar. E Maria foi na frente, atravessando o oceano com as meninas a tiracolo. Corajosamente.

Reencontrou o pai no cais do porto. Ainda recém-casada, em 1927, havia perdido a mãe, Odette. E agora o pai tinha nova companheira. Sua madrasta, desde o primeiro instante, deixou muito claro que não desejava abrigar a jovem com suas meninas: rejeitava a família.

"Avistamos, por entre nossos saudosos abraços, a figura de uma mulher que, a um canto, nos observava", escreveu a filha Erika Sendas Bione, em seu livro *Maria Soares Sendas – A mãe que o tempo não apagou*. "Tinha o rosto fechado (...). Era a nova companheira de vovô. Ela não nos convidou para sua casa. Vovô Francisco narrou a situação do tio Hélio. A nova companheira via nele só um intruso, um estorvo. Não via a hora de vê-lo pelas costas, (...) e não queria ter que aturar a família vinda de Portugal. Meu avô levou-nos para morar numa propriedade sua, no Largo do Campinho [no subúrbio carioca de Madureira]. A alegria se completou com a vinda do tio Hélio para nossa companhia. Meu avô providenciou, com mamãe, a volta de papai, que ficara em Portugal, [e a chegada de papai] deu início a uma nova fase da nossa vida".

E Maria estava grávida novamente. De um menino.

Ao centro, Manoel Antônio Sendas e, à sua esquerda, Arthur, ainda adolescente, no Armazém Trasmontano, em São Mateus

CAPÍTULO 2

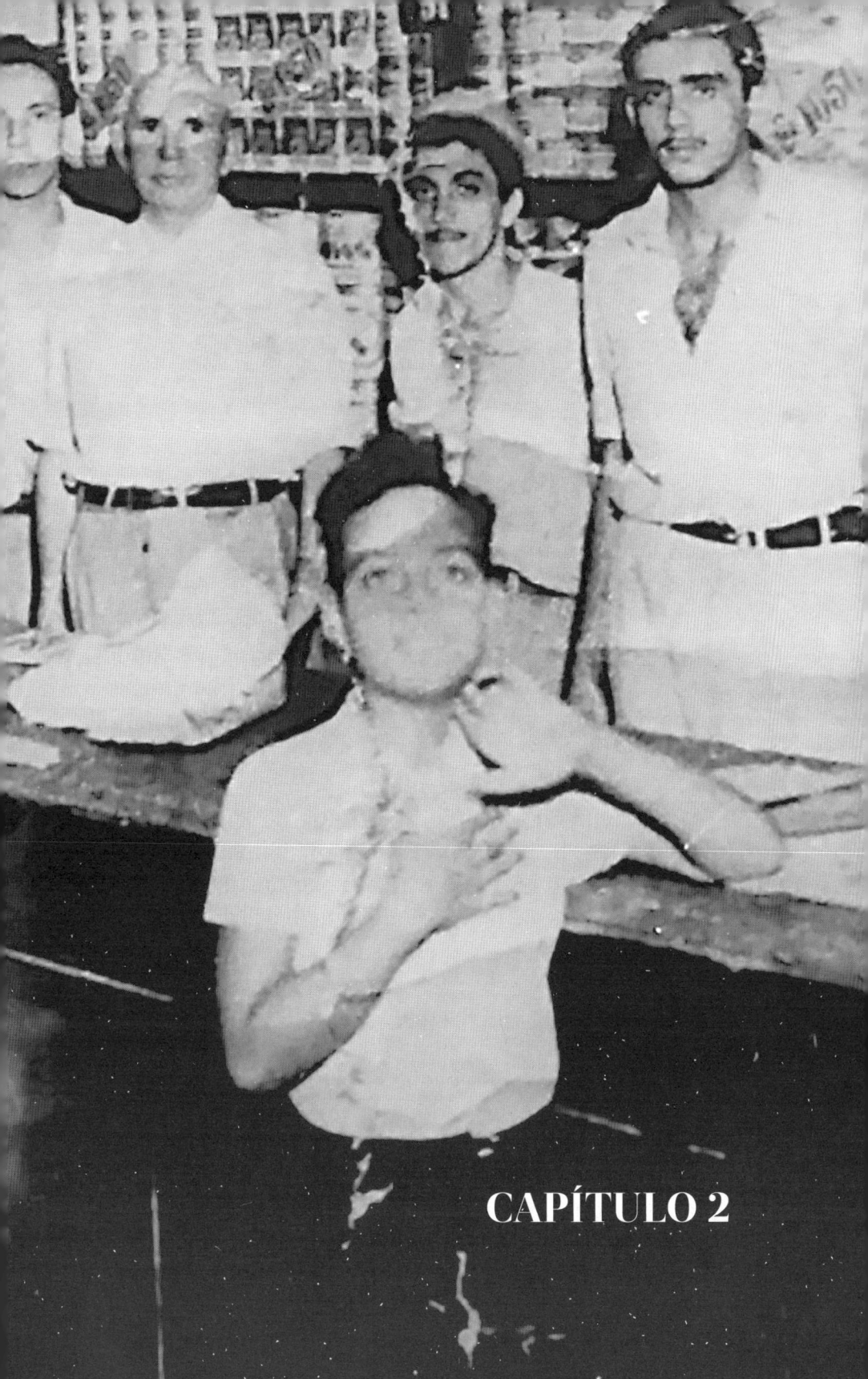

INFÂNCIA DENTRO DO ARMAZÉM

As primeiras lembranças sensoriais de Arthur Antônio Sendas são uma mistura de aromas. Ainda bebezinho, dormia debaixo do comprido balcão de madeira escura da Casa do Povo, o novo armazém do pai, a um relance do olhar da mãe, cercado pelos cheiros de cereais, carne-seca, sabão em barra. As duas irmãs, um pouco mais velhas, circulavam pela loja e pela casa, nos fundos. As freguesas entravam e saíam, num burburinho permanente. Maria, além de ajudar o marido nas vendas, cozinhava para a família e para os empregados.

Nascido em 16 de junho de 1935, na volta da família ao bairro de São Mateus, em São João de Meriti, Rio de Janeiro, ganhou o nome "Arthur com h" por duas razões: uma homenagem do pai a um contraparente – o genro do tio Domingos, Arthur Esteves – e à romântica admiração da mãe pela lenda medieval do Rei Arthur da Távola Redonda.

Dois anos depois, veio Manoel Antônio Filho, seguido por Antônio Francisco, que morreu de pneumonia com pouco mais de 1 ano de idade – "1 ano, 1 mês e 15 dias", costumava detalhar uma entristecida Maria ao falar do pequenino. Em 1942, nasceu Francisco Antônio. O casal ainda iria adotar informalmente duas crianças, filhos de vizinhos falecidos: o primo Zeca e Belmiro, filho de uma família amiga na Cardanha.

Uma nova fase começava. Não era difícil perceber que a família se apoiava num contraste importante, um equilíbrio feito dos temperamentos tão diferentes de Manoel e Maria Sendas. Ele era o músculo, a determinação férrea, as metas obsessivamente perseguidas. Ela, o aconchego, o olhar para o outro, o valor da solidariedade; era a diplomacia e o refinamento.

> *"Minha mãe tinha uma cultura mais elevada que meu pai e foi muito importante, ao lado dele, para ajudar a construir o que é hoje a Sendas, com uma base, uma cultura: os princípios de uma família. (...) Ela era uma espécie de ouvidor, relações-públicas, tinha um bom relacionamento com as freguesas. Quando a freguesa tinha neném, na hora do parto, me mandava chamar a parteira, dona Mariana. E quando nascia a criança, eu recebia a missão de levar uma lata de marmelada, uma garrafa de vinho moscatel. As pessoas gostavam muito da minha mãe. Na época em que apareceu a penicilina, mamãe procurou aprender como se aplicava. Ela ia na casa dos fregueses aplicar penicilina. Minha mãe fazia um trabalho muito próximo das pessoas, vital na família. Ela, na realidade, carregava o piano mesmo."*
> (Arthur Sendas, em depoimento ao projeto Memórias do Comércio na Cidade do Rio de Janeiro)

Sensibilidade, humanidade, literatura, educação. E estratégia. O fato é que a bela Maria, flor morena nascida entre sedas, exerceu uma enorme influência na formação de Arthur e do seu estilo de liderança. Biluca, apelido carinhoso que carregava, era uma doce fortaleza. Leitora de prosa e verso – declamava, de cor, Castro Alves e Bilac –, tinha o francês na ponta da língua. "Uma das recordações mais gostosas de tia Erika é a do 'biquinho' da vovó Maria ao recitar essa fábula para eles – a famosa La Cigale et la Fourmi, A Cigarra e a Formiga, de La Fontaine", escreveu a neta Marcia Maria em seu livro-homenagem *Meu avô, Comendador Manoel Antônio Sendas*. A vitória do trabalho duro sobre a vida inconsequente. Mas com poesia.

Casa do Povo

"Levanta, que a vida não se ganha na cama!", bradava Manoel aos filhos, à primeira luz da madrugada. O dia começava com a chegada dos sacos, fardos, latas de querosene. Manoel, apesar de esguio, era muito forte. Fiscalizava os caminhões de entrega e carregava 60, 100 quilos nas costas. Os sacos, aliás, mais do que invólucros de mercadorias, serviam como colchões improvisados para os bebês, sob o balcão. "As roupas de uso e de dormir também eram feitas com sacos do armazém", relembra Erika.

A Casa do Povo, na Praça Manoel Reis, em São Mateus, tinha um único mas poderoso concorrente, dono de três armazéns, dois deles maiores que o negócio dos Sendas, cuja lojinha não chegava a ter 200 m² de área. A briga era desigual, mas os Sendas se uniam para seguir com valentia. "Sobrevivíamos. Porque a gente trabalhava junto", explicaria Arthur, décadas mais tarde. E desde cedo ele pegava no pesado. Aos 9 anos, saía com o entregador. "O caixeiro levava o caixote maior e ele com um caixotinho de leite condensado para fazer a entrega", descreveu Maria Thereza, irmã mais velha, em entrevista em 1995 à revista da empresa, *Sendas em Família*. Segundo ela, a maior diversão era soltar balão no dia do aniversário: "Arthur caprichava nos balões para fazer uma farra dia 16 de junho com a garotada do bairro".

Maria despontava cedo na cozinha para fazer o café da família e da meia dúzia de empregados. Maria Thereza, o braço direito da mãe nas tarefas domésticas, subia num banco para refogar o feijão e vigiar as panelas. Os dois seguintes na escadinha, Erika e Arthur, ajudavam no armazém e se preparavam para a escola. Tinham sido matriculados no recém-inaugurado colégio Santa Maria, de freiras alemãs franciscanas, em São João de Meriti, que ainda funcionava numa casa improvisada, mas já atendia a centenas de alunos.

Nos primeiros anos, tomavam o trem das 11h20 na estação de São Mateus – às vezes Arthur e Erika iam a pé, um trajeto de cerca de oito quilômetros. "A professora de matemática, Madre

Nicácia, sorteava os alunos que, de pé na sala de aula, de cabeça, tinham que fazer contas e mais contas – oito multiplicado por cinco, dividido por dois, resultado multiplicado por dez, dividido por cinco, menos 30... eram de cinco a dez minutos de cálculo mental", descreveu Erika no livro *Meu avô, Comendador Manoel Antônio Sendas*. Mais tarde, o turno passou a ser o da manhã, das 7h ao meio-dia.

No mesmo livro, Arthur Sendas comentou sobre sua rotina: "Às vezes, para não perder o trem àquela hora, eu falava assim para a minha irmã: 'Ô, Erika, para que tanta pressa?'. Ela ficava abanando a comida, para a gente almoçar logo, assim rápido. 'Se a porteira lá vai abrir meio-dia, para que essa pressa toda?' (...) Tenho muitas lembranças do colégio, muita coisa positiva. Primeiro pela disciplina, eram freiras alemãs. Antes de entrar [na aula], tínhamos que cantar o Hino Nacional, perfilar. E foi muito importante, porque aquela disciplina tomei como um exemplo na minha atividade, no meu dia a dia, cumprir com horários e compromissos. Muitas vezes eu fiquei de castigo, de joelhos lá na frente. Fiz a primeira comunhão lá no colégio. Me lembro daquela confraternização com os colegas, estudávamos juntos. Eu só estudei até o quinto ano primário".

No colégio, a cobrança era muito maior do que hoje em dia. Arthur gostava particularmente de aritmética – "hoje é matemática" – e de história do Brasil. "No restante eu era ruim mesmo. Desenho, geografia, português era 'brabo'... Tinha a professora, a dona Maria La Coq. 'Como é, professora? Eu passei?'. Aí ela dizia assim, brincando: 'Acho que você não passou, não'. E todo ano eu passava raspando. A nota máxima era 100. O máximo que eu consegui foi 55, na média".

Colégio e balcão, balcão e colégio. Durante cinco anos, Arthur se dividia entre estudo e trabalho no armazém, que era também uma extensão da casa, física e simbolicamente. E os empregados da Casa do Povo formavam uma família estendida. A convivência, na labuta e nos almoços coletivos nos fundos do armazém – todos na mesma mesa –, era "uma escola permanente". Palavras dele, Arthur.

A escola do dia a dia: "Tempo gostoso. O trabalho era uma coisa vital para a gente. Tem que ter sempre uma ocupação para não ficar pensando o que não deve".

O garotinho era uma alegre figura. Do pomar frondoso no quintal da casa, tirou a primeira iniciativa própria no comércio. "Nosso pé de cajá-manga dava frutos belos e saborosos", descreve a irmã Erika. "Ele colocou um caixote em frente de casa cheio de cajás-manga, sentou-se num banquinho e esperou os fregueses, que vieram em quantidade por causa dos frutos e da simpatia do menino. E a cena repetiu-se por vários dias, com resultados muito compensadores".

Aos 7 anos ficava junto da mãe no armazém, fazendo o dever de casa. Mas já atendia uma ou outra freguesa. Ou mais de uma: "Tinha, naquela época, fregueses que esperavam para eu atender e também pela prática que eu fui adquirindo, atendendo até três fregueses ao mesmo tempo. Usava uma escada para subir nas prateleiras para tirar a mercadoria que o cliente pedia. Mas na realidade a gente era um trapezista: subia na escada, jogava a escada de um lado para o outro ou então tinha aquela madeira com um prego na ponta para puxar a lata lá de cima. E a lata vinha rodando. Graças a Deus, nunca me machuquei".

Sem saber, Arthur Sendas manejava o instrumento que dera origem à palavra "varejo". O termo, no Brasil, refere-se à vara usada como medida padrão na venda de tecidos, tábuas, cordas – que evoluiu para o conhecido "metro" em madeira, muitas vezes equipado com um gancho de metal na ponta para ajudar o vendedor a alcançar mercadorias em prateleiras altas. Em Portugal, o termo para a ponta final da venda ao público é outro: retalho, que em última análise se refere ao mesmo ato, o de fracionar o produto, seja um bloco de sabão ou uma peça de tecido. A palavra se originou do francês *retaillier* e do inglês *retail*. Prova da força do comércio em seu caráter transnacional, desde tempos medievais.

O menino Arthur Antônio Sendas trazia o varejo nas veias desde o nascimento. Pouco a pouco, começaria a entrar nos meandros do negócio, levado pelo pai.

Um novo gerente

O concorrente dos Sendas na Praça de São Mateus era o Perrota – o Perrota Gordo, irmão do Perrota Magro, também comerciante, que tinha loja em Nilópolis. Isso lá por 1947. Uma concorrência amigável: "Um era auxiliar do outro em qualquer eventualidade", conta Sebastião Mendes, que trabalhava no Perrota – o Gordo. Depois da semana intensa, Manoel oferecia à turma um regalo na noite de sábado.

> "No sábado, nós trabalhávamos até dez, onze horas da noite. Depois, tínhamos que arrumar a loja para no dia seguinte abrir impecável, toda arrumadinha. E aí o grande programa que meu pai me oferecia e aos empregados, nós que trabalhávamos juntos, era tomar um Toddy lá no varejo do seu Perrota. Naquela época tinha o copo com aquela armação, aquele copo grande de Toddy. Aquilo para mim era um programaço no sábado. E domingo o armazém tinha que ser aberto às sete horas (...) e funcionava até as duas da tarde."
> (Arthur Sendas no livro *Meu avô, Comendador Manoel Antônio Sendas*)

A bebida achocolatada era um sucesso, no copo de vidro abaulado, montado num suporte de metal com alça. Aquecia a barriga e o coração. E a atividade incessante no armazém ganhava uma pausa. Arthur também dava suas escapadas para brincar de mocinho e bandido, ou jogar uma peladinha, sempre escondido do pai. Uma vez, a irmã Maria Thereza não aguentou e entregou: "O Arthur está lá jogando bola". Manoel se enfureceu, passou a mão num chicote de cavalo e trouxe o filho para casa debaixo de pancada. "Naquela época não era fácil", contou Arthur no depoimento de 2003, contemporizando: "Mas pancada de amor não dói". Maria Thereza lembra de uma surra, a única que levou. "Fui brincar com o nosso tio Hélio, coisa de criança, e meu pai não perdoou. Levei uma surrazinha".

O pai, Manoel, era, sim, rude, impulsivo, até amedrontador. Mas todos os relatos mostram um homem que rapidamente esquecia rixas e procurava compensar quem fora alvo de suas explosões. "Ele era bom, apesar de não querer demonstrar. A mulher, Biluca, sabia disso. Era brava com ele, às vezes; a única que conseguia que Manoel fizesse algo que não queria. Muito honesta, trabalhadora, apegada aos filhos, corajosa", relatou a Marcia Maria o "tio" Zé, José Abdalla Naja, ex-fiscal da prefeitura de São João do Meriti em 1948 e, mais tarde, um dos banqueiros do jogo do bicho na região: "Eu os visitava. Arthur, rapazinho, ficava sempre no caixa". No caixa, no balcão, nas entregas, na labuta que não parava. Arthur e o irmão Manoel – o Néo, dois anos mais moço, que também já não frequentava a escola – carregavam compras para as freguesas.

Os dois pesavam as compras de arroz, farinha e outros produtos, em sacos de cinco ou dez quilos. Com o tempo, pegaram prática. "A gente botava os pesos na balança e quase batia o peso que o freguês tinha pedido. A mesma coisa era a banha, que a gente tinha que servir na pá. O óleo só apareceu depois. Então a gente pegava aquele papel, a pá e botava na balança. Dava o quilo certo, meio quilo certo. A gente ia adquirindo uma cultura de trabalho de simplicidade, humildade, graças a Deus", lembrou Arthur, mais de meio século depois.

Em 1949, com Arthur já taludo nos seus 14 anos, Manoel trocou o gerente da Casa do Povo – o Nonô estava chegando atrasado e deixando a desejar no controle do armazém. Para Arthur, era óbvio que o lugar seria dele. Engasgou quando o pai apresentou o seu Faria para o posto vago. "Aí eu disse: 'Olha, papai, se Deus quiser nós vamos crescer muito. O senhor pode estar certo, nós vamos crescer muito mais do que somos hoje. E eu vou mostrar para o senhor'. Mas chorando. Aquilo de filho para pai, de botar para fora", contou.

Ele estava falando muito, muito a sério.

Casamento de Arthur Sendas e Maria Ablen, em maio de 1959

CAPÍTULO 3

GARIMPO NA RUA DO ACRE E UM NOVO AMOR

A Rua do Acre fica no coração da área central do Rio de Janeiro, pertinho das principais artérias de circulação – as avenidas Presidente Vargas, Marechal Floriano e Rio Branco. Nos anos 1950, bem depois da radical reforma de Pereira Passos, já não se chamava mais Rua da Valinha como no século XVIII, numa referência à vala malcheirosa que corria entre a Lagoa do Boqueirão e a antiga Prainha – hoje, Praça Mauá, extensão do Porto do Rio. A proximidade do porto havia fomentado um fervilhante mercado informal, ao ar livre; parecia um formigueiro de comerciantes e representantes, todos parados nas esquinas, exibindo amostras de cereais entre sobrados destruídos e botequins. Mais de 70% do abastecimento de mercearias e armazéns do então Distrito Federal era feito ali, um espaço precário e sujo.

A revista *Careta* de abril de 1960 descreveu "o mau cheiro característico daquela rua de comissários e atacadistas de gêneros alimentícios, e a imundície da rua, de calçamento a paralelepípedos, ensebados por mais de um século de sobras de mantas de carne-seca e restos de manteiga perdidos das latas".

Para o jovem Arthur Sendas, no entanto, a ida ao Centro da capital federal era um programão alegremente aguardado. O guri de 13 anos saía de São Mateus com o pai, de trem, e seguiam até a Central do Brasil, antiga Estação D. Pedro. As viagens semanais da dupla à Rua do Acre levavam pelo menos duas horas. Antes da inauguração da estrada Rio-São Paulo, a Via Dutra, em 1951, tinham que cruzar municípios da Baixada Fluminense e subúrbios da capital.

Da estação de trem, caminhavam até a Rua do Acre para os primeiros contatos, na parte da manhã. O almoço era com Leopoldino, filho do tio Domingos Sendas, que assumira o comércio em Vila Isabel. O pai havia voltado para Portugal – e morreria em abril de 1956.

> *"Meu pai gostava muito de Leopoldino. Os dois desciam para passar a tarde na Rua do Acre. A gente pegava o bonde para ir a Vila Isabel e voltar. Íamos tomar um café, tinha um café que eles gostavam muito na Praça Tiradentes. Era um programa para mim, eu gostava bastante de acompanhar meu pai em tudo, aprender a visitar o comércio, lidar com os vendedores que nos procuravam, essa vivência, esse relacionamento, fazer amigos, tudo com meu pai. À noite, minha mãe, muito cansada, ia dormir mais cedo, antes de fechar o armazém. E eu preparava o café para meu pai, fazíamos um lanche juntos."*
> (Arthur Sendas, em depoimento ao projeto Memórias do Comércio na Cidade do Rio de Janeiro)

Havia mesmo uma relação especial entre pai e filho. Ia além da cartilha portuguesa tradicional que rezava pela prevalência do primogênito nos negócios e na família. Arthur era como uma esponja que absorvia a sabedoria instintiva, a experiência e as práticas tradicionais do comércio nas quais Manoel era uma enciclopédia. A ideia do capital próprio também era pétrea para o pai: "Era o negócio dele", lembrou Arthur. "Os bancos, às vezes, emprestavam numa necessidade, num aperto. Mas eram taxas que o negócio suportava".

Na arena daquelas calçadas do Centro do Rio era necessário driblar os zangões – os intermediários. A multidão rugia nessa gigantesca bolsa de gêneros alimentícios não oficial. O abastecimento mensal para suprir a população da cidade em meados dos anos 1950 exigia dez mil toneladas de arroz, oito mil de batata, quatro mil de farinha de mandioca, seis mil de feijão, duas mil toneladas de carne-seca e quatro mil de milho, por exemplo. Não era pouca coisa.

Manoel procurava principalmente os representantes dos atacadistas, para conseguir melhor preço. Na nota de compras do armazém de Manoel Sendas vinha escrito: "Vender muito para vender barato". Para isso, lição primordial: comprar bem. Habilidade de lidar com o atacado era a vantagem conseguida no varejo.

Aliás, se a palavra "varejo" surgiu da vara de medida no fracionamento de produtos, seu complemento na cadeia do comércio também tem origem num objeto: "atacado" vem de ataca, "tira de couro, cordão, fita com que se prende uma coisa a outra". Ou seja, designa quantidades reunidas em fardos, amarradas em lotes.

O adolescente Arthur Antônio Sendas ansiava para entrar no jogo. E o jogo a sério, da vida profissional no comércio, viria antes do que ele esperava.

Paixão proibida

Arthur estava apaixonado. E o alvo do seu afeto era Iolanda, filha de outro comerciante de São João de Meriti, o italiano Augustinho Francisco Paulucci, e da portuguesa Virginia Martins da Costa Paulucci. Uma década mais velha e dona de beleza extraordinária, tinha um temperamento explosivo. O tradicional Manoel não via com bons olhos o relacionamento do filho adolescente com a moça, e a situação se agravou quando uma briga do casal descambou para uma discussão muito violenta.

Decidiu levar Arthur para uma temporada na pequenina Rio Preto, em Minas Gerais, terra da sogra Odette – uma viagem de duas horas, cruzando pouco mais de 150 quilômetros a partir de São Mateus. A oportunidade, ou talvez o pretexto, surgiu quando Manoel teve que buscar uma certidão para o ainda pendente inventário de Odette, falecida havia mais de 20 anos. Achou a cidade da parentada materna muito pacífica, excelente para esfriar os ânimos do filho, com a conveniência extra da família que abrigaria o rapaz. Na flor – e no vigor – dos 17 anos, Arthur não gostou. Mas obedeceu.

A essa altura, a irmã Erika estava noiva de Paulo Bione, que acompanhou pai e filho na viagem. Dormiram na cidade e Arthur obedientemente se preparou – que remédio? – para uma temporada distante de tudo. O exílio, no entanto, não durou nem um dia. Na verdade, acabou menos de uma hora depois que o pai saiu de Rio Preto. "Meu pai voltou para São Mateus no dia seguinte com meu cunhado. A caminhonete capotou dentro do rio em Valença e meu cunhado ligou: 'Olha, seu pai já desceu para a Beneficência Portuguesa. Você vem pra cá porque eles têm que tirar o carro de dentro do rio'. Naquela época, quando quebrava o tornozelo, tinha que ficar internado", relembrou Arthur.

Manoel ficaria um mês fora de combate. E quem tomaria a frente dos negócios era o filho mais velho. Arthur, aos 17 anos, finalmente chegava ao desejado posto de comando no armazém. Era 1952. E o Brasil estava em grande transformação.

A VOLTA DO GAÚCHO

"Bota o retrato do velho outra vez / Bota no mesmo lugar / O sorriso do Velhinho / Faz a gente trabalhar". A marchinha composta em 1950 por Haroldo Lobo e Marino Pinto, na voz do ídolo Francisco Alves, foi o jingle da eleição de outubro de 1950 que levou Getúlio Vargas à presidência pela chapa PSD/PTB. Dessa vez, o gaúcho de São Borja – que arrebatara o poder em 1930 e ali se mantivera até 1945 – vestia a faixa conquistada em eleição direta. Substituía o general Eurico Gaspar Dutra, militar linha-dura, eleito para o mandato 1946-1950.

Logo que acabou a Segunda Guerra, a economia do Brasil se viu num dilema nevrálgico. A oligarquia rural, suporte da Velha República, há muito se fragmentara como força política. A industrialização do país mal havia começado quando explodira o conflito. E, no fim da guerra, o Brasil, com um parque fabril ainda anêmico e uma base de consumidores muito incipiente, não dispunha de capital interno para o investimento na cadeia produtiva, a começar pelas indústrias de base. Getúlio instalara em 1941 a Usina de Volta Redonda, para fornecer aço já durante a guerra. Um ano depois, inaugurava a mineradora Vale do Rio Doce e, em 1945, colocava em funcionamento a Companhia Hidrelétrica do Vale de São Francisco. Aço, minério e energia.

Quase tudo foi financiado exclusivamente por emissões de moeda, com os consequentes efeitos inflacionários, à exceção da indústria de aço, que teve dinheiro do governo norte-americano. O salário mínimo estava congelado desde 1943 na intenção de frear a espiral do custo de vida. Por outro lado, a legislação trabalhista instaurada por Vargas e a liberdade política deram origem a um robusto movimento de sindicalização.

O ano de 1945 marcou a formação da União Democrática Nacional, frente de direita, para se opor a Getúlio, que se aproximara do Eixo nazifascista na antevéspera da guerra. Era a insatisfação de parte considerável da população se manifestando. O presidente foi deposto. No seu lugar, entrou Eurico Gaspar Dutra, que tinha sido seu ministro da Guerra por nove anos.

O general Dutra iniciou o mandato com apoio popular, levou adiante a elaboração de uma nova Constituição, mas seu governo endureceu pra valer a partir de 1948. Passou a reprimir os movimentos sindicais e a atuação da esquerda, que se mobilizavam por aumentos de salário. Nesses cinco anos, o custo de vida subiu muito: 40%. Dutra, com abundante falta de carisma, tinha uma pronúncia enrolada – trocava o "c" pelo "x", o que inspirou a marchinha "Voxê qué xabê" no carnaval de 1951. Ele desferiu o golpe fatal nos cassinos, proibindo o jogo no Brasil em nome da moral e dos bons costumes. Há quem diga que a intenção do general era empalidecer a Era Vargas.

Novamente, a insatisfação popular traduzida em greves e manifestações forçou a mudança. E voltou Getúlio, conduzido ao Palácio do Catete por 48% dos votantes, para enfrentar logo a seguir o áspero embate entre o nacionalismo de sua corrente e o liberalismo econômico udenista. Havia uma busca comum, a do desenvolvimento industrial em grande escala bancado pelo endividamento externo. O que os diferenciava eram as cartilhas: para os nacionalistas, o caminho seria a presença maciça do Estado; para os liberais, a condução cabia ao mercado, soberano absoluto.

Foi aí que o choque se aprofundou. Getúlio, já inteiramente no papel de "pai dos pobres", reajustou o salário mínimo em nada menos que 100% no início de 1954, alcançando o equivalente a US$ 500. Antes de ser encurralado e cometer suicídio, em agosto de 1954, fundara ainda a Petrobras e o Banco Nacional de Desenvolvimento Econômico (BNDE, que só bem depois ganharia o "S" de Social).

Nesses anos, formou-se a maior leva de migração interna da história, uma corrente que desaguava principalmente no Sudeste. Milhões de brasileiros saíam do campo para a cidade em busca de trabalho nas regiões industrializadas, iniciando um processo desordenado de inchaço urbano que teria sérias consequências a longo prazo. Ao mesmo tempo, consolidava-se uma nova classe média, ansiosa por consumir bens da "modernidade". Essa fatia de brasileiros com maior poder de compra era formada basicamente por funcionários públicos, bancários e comerciantes. Queriam geladeiras, automóveis, televisores.

Em 1955, Juscelino Kubitschek, concorrendo por uma coalizão liderada pelo PSD, iria derrotar a UDN, assumindo a presidência para comandar o país numa nova virada desenvolvimentista – "50 anos em 5" era o seu slogan.

Mas ainda era 1952 e o jovem Arthur Sendas iniciava sua vida gerencial nas calçadas da Rua do Acre.

NO COMANDO DO ARMAZÉM

"Agora é que são elas", pensou Arthur. Um frio na barriga se alternava com a alegria da oportunidade. Com o pai internado na Beneficência Portuguesa, tradicional hospital da colônia lusitana no Rio, a perna esquerda toda engessada e a perspectiva de um bom tempo de convalescença, chegava a hora de tomar a frente no armazém, que em 1950 já se chamava Sendas & Filho. E não só a frente, no dia a dia do funcionamento, no atendimento. Tinha que estar nos fundos, gerenciando funcionários, entregas, estoque, livro-caixa. E, é claro, teria que assumir as compras, o abastecimento. Olhou de novo a nota do armazém, que estampava o lema "vender muito para vender barato". Ia precisar de ajuda para manter o ritmo – ajuda que ia muito além da que prestava o irmão Manoel, o Néo, com 15 anos de idade.

E quem melhor para orientar um novato do que um concorrente poderoso? Pensou imediatamente no dono do maior armazém de São João de Meriti, a Bolsa Econômica: Sidônio Rodrigues de Vasconcelos. "Expliquei a situação do meu pai e ele se prontificou a me ajudar (...) Seu Sidônio foi muito importante na vida da gente. Ninguém cresce sozinho. Você procura conquistar amigos. Fazendo tudo dentro de uma sinceridade, uma lealdade, sem mentir, você conquista as pessoas, elas passam a acreditar. Aquelas que não se adaptam à gente é porque não concordam muito com a linha de honestidade, de princípios. Então essas pessoas mesmo se afastam. Minha mãe sempre dizia: 'Barata só procura parede'", relembrou Arthur, no depoimento a Carlos Kessel e Fernanda Monteiro, do Museu da Pessoa.

Deu certo. A confiança do comerciante mais experiente no garoto ousado só pode ter vindo de uma espécie de intuição. Ou percepção. Mérito absoluto do jovem Arthur, muito provavelmente inspirado na figura carismática e solidária de Biluca. O guri já conhecia o caos da Rua do Acre, debaixo da asa do pai. Mas a situação mudara. Agora com a orientação do experiente Sidônio, enfrentou a multidão de representantes e atacadistas nas calçadas. O jeito de adolescente e o rosto glabro não impediram que estabelecesse a confiança na base do ditado ancestral – no fio do bigode. "Eu descia com ele e ele ia me apresentando aos novos fornecedores. Às vezes, olhavam para a minha cara: 'Pô, esse garoto...?'. Aí ele dizia: 'Pode vender para ele, que se ele não pagar eu pago. Depois ele acerta comigo'", lembrou Arthur Sendas.

Escudado pelo novo amigo, procurou o melhor caminho para fazer negócio, com a cabeça no lema do pai. Na selva da calçada, abria espaço indo direto ao atacadista para conseguir preço mais atraente. "Na época, existiam o atacadista e o representante. O representante vendia os produtos em nome do atacadista. Eu procurava ver os preços porque queria comprar mais barato e assim competir melhor. Comprando bem você vende bem. Agora, se comprar mal, não adianta que você não conserta, não vai ter resultado, não vai ter condições de competir. Eu ia dizendo ao representante: 'Olha, se o senhor pode me vender pelo preço que fulano de tal me vende, aí eu compro'. O representante choramingava: 'Ah, mas eu não posso, ele é atacadista'. Eu contra-argumentava: 'Mas ele está me dando oportunidade para que eu possa vender mais barato'", contou Arthur.

Não demorou muito para as reclamações alcançarem o pai e a mãe no armazém em São Mateus, levadas pelos funcionários, entregadores, concorrentes. Ouviam: "Esse menino, olha, é abusado... Não tem consideração!". Manoel, que reassumira o negócio, viu que as coisas iam bem, muito bem. Sorriu por dentro e, silenciosamente, passou a deixar as decisões nas mãos do garoto que até pouco tempo fugia para jogar pelada. O pai, orgulhoso, via se realizar o desejo, obsessão até, de ver os filhos bem encaminhados na vida.

NELSON DA ROCHA DEUS

O namoro de Arthur com Iolanda prosseguiu, um pouco mais dificultado pela vida atribulada do rapaz. Ele fechava o armazém, tarde da noite, pegava a bicicleta e ia ver a moça escondido do pai. Foram seis anos de beijos furtivos. Um trabalhão. Isso enquanto o negócio ia crescendo. Os Sendas abriram um segundo armazém em Tomazinho, bairro colado a São Mateus, e ainda inventaram um comércio de água mineral em sociedade com Arthur, genro do tio Domingos – aquele mesmo que tinha sido a inspiração para o nome do primogênito. Arthur Esteves era proprietário de uma mina de água no bairro do Méier, chamada Santa Cruz. Mas a ideia acabou se mostrando problemática:

> *"Naquela época a água mineral era naquele litro de vidro, aquela caixa de 30 litros. E nós começamos a vender água mineral também, que era o negócio do tio Arthur. Tínhamos um Ford 1929, uma caminhonetezinha que carregava 13 caixas de água de cada vez. Precisamos, então, comprar mais dois caminhões para pegar água em Piedade e fazer a distribuição em toda a Baixada Fluminense. Mas havia um problema. No inverno se vendia pouco. Na época do calor, era uma correria – além de entregar a água, a gente tinha que arrumar os vidros debaixo do balcão, pegar as garrafas vazias... E eu disse, um dia: 'Papai, nós lutamos na época do inverno, temos que reformar os caminhões. No verão, tio Arthur tem dificuldade em atender a gente'. Os comerciantes reclamavam porque no frio insistíamos para que eles comprassem, mas no calor não tínhamos mercadoria. E a gente ficava igual a cachorro mordendo o rabo. Era uma luta incessante. A gente tinha que sair três horas da manhã para Caxias, e era quase uma corrida de Fórmula 1 dos caminhões, esperando qual botequim abriria primeiro para botar logo a caixa lá na frente. Eu disse: 'Papai, eu não vejo futuro nisso e a gente tem que se dedicar ao armazém'. E a gente ia abrindo aos poucos, um armazém de cada vez."*
> (Arthur Sendas, em entrevista à revista *Sendas em Família*, em fevereiro de 1988)

Os jornais do Rio, dos anos 1950, descobriram um personagem muito especial no comércio alimentício no Rio de Janeiro. Carioca, havia começado a vida como modesto caixeiro num armazém na zona portuária. Um dia, revoltou-se contra todos os sistemas adotados no comércio. Pelo menos foi assim, de maneira um tanto romântica, que o deputado Segadas Viana descreveu Nelson da Rocha Deus numa crônica publicada em outubro de 1956 no jornal *Diário da Noite*. O texto seguiu em tom entusiasmado: "Ninguém pensava em vender por menos, o que todos queriam era vender por mais, mesmo vendendo pouca quantidade de produtos para empatar pequeno capital. [Nelson] Largou o emprego e montou seu armazém; os conhecidos riram-se daquele rapazote com a pretensão de revolucionar o comércio. (...) E as dificuldades surgiram".

Mesmo descontando a patente idealização da narrativa do deputado, a história do comerciante chamou a atenção. Decidido a mudar o cenário, já dono de uma casa de laticínios, em 1953 desafiou os tabelamentos e as restrições do governo num golpe de ousadia: arrematou uma enorme quantidade de feijão e jogou tudo na praça, com preço abaixo da tabela da Cofap, a Comissão Federal de Abastecimento e Preços – órgão criado em 1951 que dava ferramentas de intervenção ao governo no campo da distribuição e precificação de produtos básicos.

Em barracas improvisadas montadas em locais de grande movimento, Rocha Deus criou um impasse. Compradores faziam imensas filas. A imprensa ora classificava o comerciante como "messias do varejo", ora lançava desconfianças sobre o processo. Ainda segundo Viana, "ele financiava o produtor, que lhe vendia diretamente parte da produção e esta vinha para o Largo da Carioca, onde era vendida a lucros mínimos".

Nelson da Rocha Deus foi virando símbolo da "luta contra a carestia" – o custo de vida, afinal, havia subido impressionantes 11% em 1950, mais 11% em 1951 e saltou para 21% em 1952. Isso se somava ao fato de que não se reajustava o salário mínimo desde 1943. "Transaciono com indústrias pequenas, que baixam os preços para vender muito", declarava o "messias" a *O Jornal*, em setembro de 1953: "Depois, mando buscar o produto no interior e coloco à venda no Rio a preços baixos. Mas meu sistema não é bem-visto pelos grossistas da Rua do Acre".

Dulcídio Cardoso, o prefeito do Rio de Janeiro, então Distrito Federal, dobrava-se às reclamações e interditava as barracas, alegando "atentado contra a estética da cidade". Rocha Deus reagia abrindo novos armazéns, com farta divulgação em anúncios de jornal coroados pelo slogan "Onde seu cruzeiro vale mais".

Daí para a criação das Organizações Nelson foi um pulo. Já consagrado no pódio do comércio no Rio, cercado de políticos, ele assumiu de vez o perfil de "defensor dos consumidores". A imagem que projetava também era a de um negociante interessado em humanizar as relações entre patrão e empregado (houve diversas coberturas jornalísticas de festas promovidas para seus funcionários; as lojas forneciam alimentação gratuita no trabalho), em financiar o esporte (criou o Esporte Clube Organizações Nelson) e em patrocinar programas de rádio. Ficava muito claro: Rocha Deus sabia tecer redes de prestígio e influência.

"Os moradores do Méier e adjacências insistiram para que eu abrisse uma loja ali e em outros subúrbios da Central", declarou em maio de 1955 a *O Jornal*: "Temos o dever de melhorar o abastecimento do Distrito Federal. (...) O povo do subúrbio está sendo explorado e não é possível viver comprando tão caro. Os primeiros supermercados do subúrbio serão no Méier, em Madureira e na Penha". Não foram: em 1956, ele anunciou a inauguração do "primeiro supermercado do subúrbio" em Cascadura, com salão de 1.040 m², padaria, lanchonete e açougue. Um empreendimento de estratosféricos Cr$ 15 milhões (correspondentes em 2022 a R$ 11,6 milhões).

A inauguração, marcada para 14 de dezembro, teve a presença do prefeito Negrão de Lima, banda de música, multidão. Só que o povo, pelo jeito, não entendeu muito bem o sistema de autosserviço. Conta-se que a maioria entrou na loja, pegou as mercadorias e saiu sem passar pelo caixa. Rocha Deus teve que fechar o mercado por dois dias e o reabriu com um sistema, por assim dizer, mais didático. Ou controlado.

Um dos parceiros mais constantes de Nelson da Rocha Deus era João Inácio Nunes, que havia começado a vida como feirante e crescera na dobradinha com o empreendedor. Foi Nunes quem fez a ponte com o jovem Arthur Sendas, que – talvez Rocha Deus não soubesse – já assimilava e admirava o estilo ousado do comerciante.

Arthur esquentava os motores para o estirão de crescimento do seu negócio. Pouco tempo depois, estaria próximo a Nelson da Rocha Deus e, de fato, nunca mais deixariam de manter sólida amizade. "Um segundo pai", era como Arthur Sendas o chamaria muitas vezes, ao longo da vida.

Um romance definitivo

O namoro com Iolanda tinha avinagrado. Arthur agora não dispunha de tempo para fugas românticas. E a vida lhe exigia mais estabilidade. Aos 20 anos, ocupadíssimo e repleto de compromissos, estava com o coração vago – e acabou esbarrando com uma jovem que capturou seu olhar. Mais uma Maria, como sua mãe e sua avó.

> *"Dentro daqueles ensinamentos dos meus pais, principalmente da minha mãe, do bom relacionamento com os fregueses, eu fui padrinho de várias crianças lá em São João de Meriti. Um dia, o meu afilhado não estava bem e a farmácia de São Mateus era muito fraquinha. Então peguei a caminhonete, vim com meu pai à Farmácia do Chiquinho. E lá estava minha [futura] esposa, comprando. A irmã mais velha já conhecia minha família. Aí aquele olhar, aquela troca. E eu estava mal arrumado. Fui levar o meu compadre em casa e aproveitei para mudar a roupa. Eu estava de tamanco – o tamanco, depois de um certo tempo, virava até palheta de violão de tanto a gente andar no armazém. Mas era o hábito. Mudei de roupa, naquela época a gente usava sapato de duas cores, calça de linho branco. Voltei, fiquei andando na praça olhando, caminhando e procurando. Aí eu fui até a casa dela. A irmã provocou a conversa, e eu, muito sem jeito. Aí engrenou. Foi um ano de namoro e noivado. Depois, ficamos um ano afastados. Mas no Dia dos Namorados*

eu mandei um cartão e reatamos, apesar de a mãe dela não fazer muito gosto, porque entrei no primeiro tempo de tamanco e aí ia namorar de tamanco."
(Arthur Sendas no livro *Meu avô, Comendador Manoel Antônio Sendas*)

Maria tinha três irmãs mais velhas: Faride, a primogênita, Jamile e Salime – o único menino, Miguel, falecera aos 17 anos, de tifo. Eram filhas de Filomena e de Pernambuco, que trabalhava na construção de Brasília e só vinha ao Rio de tempos em tempos. O fiscal da Prefeitura de São João de Meriti José Abdalla Naja, o "tio Zé", era primo e padrinho da noiva de Arthur: "Maria trabalhava, na época, no Cartório do 1º Ofício. Quando seu Manoel veio pedir a mão da Maria em casamento pro Arthur, quem aceitou o pedido fui eu. O pai dela era muito rude e ela era uma moça muito bonita, educada, prendada. Minha tia Filomena era muito rigorosa", contou Abdalla no livro *Meu avô, Comendador Manoel Antônio Sendas*.

Maria Ablen era mesmo uma beleza – morena de traços libaneses, alta, de cintura fina. O casamento foi marcado para 7 de maio de 1959, na Igreja Matriz de São João de Meriti. O rapaz trabalhador, o incansável negociante, agora era também marido.

O Bel Air amarelo

Uma buzinada alegre, repetida, fez Biluca aparecer na varanda. No portão de casa, sorriso aberto, estava seu filho Arthur, parado ao lado de um baita carro amarelo. Elegante, pneu com faixa branca, a traseira no estilo rabo-de-peixe. Uma tremenda máquina. Tinha até rádio! "É teu, meu filho?", perguntou. Arthur abriu a porta do passageiro para a mãe e apontou o banco alto, de couro claro: "Ainda não, mãe. Mas estou pensando nisso. Vamos dar uma volta?". Biluca riu com gosto e entrou no automóvel: "Mas não pode demorar, que eu tenho de tratar do almoço!".

Saíram devagar, rodando macio nas ruas de São Mateus. Aos 23 anos, namorava aquele automóvel, um Chevrolet Bel Air 1957, que pertencia a João Inácio Nunes, o parceiro de Nelson da Rocha Deus. Estava cansado de andar pra cima e pra baixo na caminhonete velha, com volante duro, banco descascado e porta que rangia. Quando João Nunes resolveu vender o Bel Air, Arthur já estava na fila. "Então, mãe, tá gostando?", perguntou, já fazendo o retorno para casa. Biluca nem respondeu, sorridente, cabelos ao vento. "O seu João me disse para experimentar o carro uns dias e depois resolver. Mas acho que vou ficar com ele".

Arthur tinha visto o carro em São João de Meriti algum tempo antes, quando fora conhecer uma loja construída por Nelson da Rocha Deus. E que loja. Imensa para os padrões da época e para a experiência do jovem Sendas: tinha 1.200 m². Seis vezes maior que a primeira Casa do Povo.

A essa altura, o "barateiro", ousado, temerário Nelson da Rocha Deus estava mais recolhido. Havia tomado um susto – uma missa em ação de graças pela sua recuperação de "melindrosa intervenção cirúrgica" foi anunciada em 1956. Decidira sair um pouco da boca de cena. Manteve os negócios debaixo do guarda-chuva das Organizações Nelson e incluiu no portfólio uma imobiliária, batizada de Sarandi, para se dedicar à construção e negociação de lojas. E aquele lojão era fulgurante. Nelson a ofereceu a todos os grandes empresários da época, mas eles achavam que São João de Meriti não comportava uma loja com aquelas dimensões.

Ainda assim, Arthur resolveu falar com o pai. O preço: Cr$ 45 milhões (R$ 27 milhões em valores de 2022). Manoel tomou um susto: "O quê? Você vai jogar fora tudo o que ganhamos até hoje. Você tá maluco? Não tem negócio!". Arthur se conformou, até o dia em que foi comprar o Chevrolet Bel Air. Ele levou a mãe, que foi apresentada ao dono do carro, João Nunes. O parceiro de Nelson da Rocha Deus aproveitou a deixa: "O seu marido está cortando o futuro do seu filho. Nós estamos dando a ele um grande negócio. Ele tem condições, mas seu marido não quer deixá-lo aceitar". Biluca ainda tentou se justificar, mas acabou ajudando o filho. No dia seguinte,

Manoel foi falar com Arthur: "Quer fazer? Então faz". E assim assinaram promissórias de Cr$ 200 mil cada (R$ 120 mil em 2022).

O jovem tinha pensado até em propor uma espécie de franquia, mantendo na fachada o nome de Rocha Deus. O comerciante, mais experiente, descartou a ideia: "Na época, pensava muito no nome de Organizações Nelson. Mas ele [Rocha Deus] disse: 'Ah, você tem que ter orgulho do seu nome, ter um negócio próprio'", contou Arthur Sendas em entrevista a Clóvis Monteiro, na Rádio Tupi, em 2004.

Em fevereiro de 1960, na Rua Nossa Senhora das Graças 288, em São João de Meriti, nascia a primeira loja Sendas – uma grande ousadia. Pouco mais de um ano depois, em 30 de julho de 1961, aquele prédio icônico de Nelson da Rocha Deus à beira da linha do trem também entrava no balaio da família, sob o comando de Arthur. No total, já eram cinco lojas na região.

Em julho do ano seguinte, um violento tumulto iria mudar a vida de Arthur Sendas – em última análise, para melhor.

Abertura festiva da filial Penha, com shows em plena rua para uma multidão

CAPÍTULO 4

DOS SAQUES À REDE: OS ANOS 1960

Arthur abriu o jornal da quarta-feira 4 de julho de 1962 em busca de notícias do Vasco da Gama. Foi direto à seção de esportes: o glorioso cruz-maltino treinava para enfrentar no domingo seguinte a Portuguesa no Estádio Teixeira de Castro, o do Bonsucesso. Vinha de uma vitória justamente sobre o Bonsucesso pelo campeonato carioca, em São Januário, no domingo anterior, pela qual os jogadores receberam o bicho de Cr$ 10 mil (algo como R$ 1.600 em 2022): Humberto; Paulinho, Brito, Barbosinha e Dario; Laerte e Lorico; Joãozinho, Saulzinho, Vevé e Tiriça, sob o comando do técnico Jorge Vieira. Logo abaixo, na mesma página, Nelson Rodrigues derramava genialidade em sua coluna: "Garrincha, ao comer uma cocada branca, se sente realizado como um Napoleão!".

Passou direto pelas notícias amenas – "Vencedor da Palma de Ouro em Cannes com 'O pagador de promessas', Anselmo Duarte chega ao Rio no transatlântico Augustus!", "Eleita a primeira Miss Telefonista do Brasil!" – e parou para se atualizar a respeito do alarmante desabastecimento de gêneros de primeira necessidade, como arroz, feijão e açúcar. No dia anterior, lera: "O feijão existe no Sul, mas não chega à Guanabara por falta de acordo nos preços, fixados pela Cofap em metade do que pedem os agricultores".

A Comissão Federal de Abastecimento e Preços aparecia como a grande vilã da história. Mas Arthur também acompanhava o noticiário político, as pressões sobre João Goulart nas delicadas negociações para a escolha do novo primeiro-ministro e as ameaças de greve geral em prol de um gabinete nacionalista. Dava para sentir que o panorama era muito, muito complicado. Na véspera, houve saques e depredação em Niterói, atribuídos a uma combinação de protestos pela falta de feijão com incitação "de elementos subversivos".

Preocupado, Arthur deixou o jornal de lado. Lembrou que sexta-feira, dia 6, era aniversário do pai, Manoel, que queria almoçar bacalhau ao forno. Foi separar as postas do peixe, as batatas, o melhor azeite, o vidro com as gordas e suculentas azeitonas pretas. Colocou tudo num saco de papel para entregar à mãe. Pelo menos teriam uma festa alegre, com os sabores portugueses, pensou. Ledo engano.

Convulsão social

"Açúcar sumiu e agora pode faltar arroz", apontava a *Tribuna da Imprensa* já em 6 de junho, detalhando na primeira página: "O presidente da Cofap fez um apelo à população para que não faça estoque de açúcar e garante que o produto existe, embora tenha sumido do comércio varejista". Um pouco antes, em 20 de maio, o *Jornal do Brasil* noticiava: "Produtores do Paraná só cedem feijão pelo dobro do preço! (...) Eles dispõem de 500 mil sacas de feijão em estoque mas só entregarão se a Cofap fixar em Cr$ 5 mil (R$ 835 em 2022) o preço da saca (...) Classificando a tabela da Cofap – saca a Cr$ 2.455 – de irreal, os produtores não entregarão o feijão por menos de Cr$ 5 mil em hipótese alguma".

Na página seguinte, o *JB* fazia o retrospecto de sucessivas greves pontuais de categorias como petroleiros e do transporte urbano – centenas de paralisações aconteceram nos quatro anos anteriores. A situação ganhava tintas ainda mais complexas com João Goulart submetido a intensa pressão política na eleição do novo primeiro-ministro, num enfrentamento azedo das correntes à direita e à esquerda.

A tempestade perfeita eclodiu no dia seguinte. Já no fim da quarta-feira 4 de julho era anunciada uma greve geral, a primeira de alcance nacional reunindo várias categorias. Nos estados da Guanabara e do Rio de Janeiro o movimento foi coeso. Às 19h da quarta, os ferroviários cruzaram os braços; à meia-noite, foi a vez dos funcionários das barcas do sistema de transporte da Baía de Guanabara. Ao amanhecer, pararam de circular bondes e ônibus. E na Baixada Fluminense, habitada principalmente por trabalhadores de baixa renda, a coisa se complicou muito.

"No dia 5 de julho, milhares de populares – cerca de 20 mil pessoas – vindos de bairros afastados de Caxias se aglomeraram na área próxima à Praça do Pacificador no Centro do município. Desejavam chegar aos seus locais de trabalho, mas não havia transportes públicos em decorrência da greve", escreveu o historiador Demian Bezerra de Mello no artigo "A primeira greve nacional da classe trabalhadora brasileira", publicado na revista *Mundos do Trabalho* em 2016.

Uma fagulha, um estopim, descreveu o artigo: "Bastou que um dos populares começasse a gritar que havia feijão em uma das casas comerciais da localidade para que a multidão, em fúria, invadisse o armazém e iniciasse uma onda de saque e destruição de outros armazéns, açougues e padarias. Ao meio-dia, todo o comércio do Centro de Caxias havia sido atingido e a revolta já havia se alastrado para as cidades vizinhas de São João de Meriti e Nova Iguaçu. Alguns comerciantes desesperados tentaram defender suas propriedades, chegando a sacar armas e atirar contra os revoltosos, (...) sendo mortos pela fúria da população que também teve baixas".

O cenário descrito pela imprensa no dia seguinte foi de horror. "A polícia de Caxias, impotente, limitou-se, durante horas, a presenciar, impassível, o desenrolar dos acontecimentos", escreveu *O Globo*. "Houve revoltas contra armazéns, empórios, mercadinhos e até 'justiçamento' de comerciantes, acusados pelos populares de estarem sonegando alimentos". O Exército foi convocado pelo governador do Rio de Janeiro, Celso Peçanha. O placar sinistro marcou "42 mortos e 700 feridos em quatro municípios, em saque sistemático que provocou prejuízos de Cr$ 1 bilhão (R$ 167 milhões em 2022)".

Houve confusão também em Niterói e São Gonçalo, e em alguns subúrbios da cidade do Rio de Janeiro: Rocha Miranda, Pavuna,

Penha e Brás de Pina. Na capital da Guanabara não se registraram saques, depredação de estabelecimentos ou mortos e feridos – mas a paralisação foi completa. O governador Carlos Lacerda foi para a frente de combate. Segundo o jornal *O Dia*, "às 8h da manhã o Dops já começou a realizar detenções nos piquetes, e Lacerda, armado com uma metralhadora, ia rasgando os cartazes da greve, ao mesmo tempo em que ameaçava enquadrar os grevistas na Lei de Segurança Nacional. As poucas agências que a tropa de Lacerda conseguiu abrir logo fecharam após a sua saída. O governador chegou mesmo a bater boca com sindicalistas, tendo sua polícia realizado dezenas de detenções".

Em São Paulo, estado mais industrializado do país, a greve fracassou. De acordo com Bezerra de Mello, ao saber da decretação da paralisação na tarde do dia 4 de julho, industriais se reuniram sob a liderança de José Ermírio de Morais Filho. Rumaram para o palácio do governo, solicitando ao governador Carvalho Pinto que o Dops tomasse as providências para reprimir o movimento, sendo prontamente atendidos.

Foi a mais marcante greve de 1962. Mas não a última – aliás, o número de paralisações e a abrangência dos movimentos vinham crescendo desde os anos 1950, com maior ou menor grau de politização, tanto dos comandos quanto das categorias. Nesse mesmo ano, foi criado o Comando Geral dos Trabalhadores, uma comissão intersindical.

O movimento de julho começara a ser articulado depois da renúncia de Tancredo Neves ao cargo de primeiro-ministro, em 6 de junho, como forma de pressão pró-nacionalista. João Goulart, aparentemente satisfazendo a ala mais conservadora, indicou então, no dia 3 de julho, o senador Auro de Moura Andrade. Esquerdas e sindicatos reagiram. Moura Andrade chegou a assumir, mas não permaneceu no cargo, desentendendo-se com Goulart. Para alguns, Jango apostava na provocação ao escolher o senador, e a greve estourou.

Em 10 de julho, finalmente, Francisco de Paula Brochado da Rocha era aceito como primeiro-ministro. Foi concedido aumento de 100% no salário mínimo. Oficializava-se já no dia 13 de julho a obrigatoriedade de pagamento do 13º salário. E reforçava-se a intenção de adiantar o plebiscito que reverteria o parlamentarismo em presidencialismo.

A grande maioria dos estudiosos da época concorda que a eclosão dos saques na Baixada Fluminense foi fruto, por assim dizer, de combustão espontânea do conjunto de circunstâncias. Mas não resta dúvida de que a fagulha virou incêndio pelo combustível explosivo de um profundo desequilíbrio social somado à manipulação política. Quem pagou a conta: população e comerciantes da Baixada Fluminense.

Destruição e desilusão

"Piquetes formados em cada esquina estimulavam o povo à desordem. Foi assim que, sem esperar, vi invadidas todas as lojas que possuía na Baixada Fluminense, construídas com uma vida de renúncia, dedicação e sacrifício dos meus familiares e companheiros de trabalho. Dizia-se que o povo estava com fome. Mas o povo não come balcões, balanças e portas de aço, e tudo isso foi levado às minhas vistas. Amigos de infância dotados de uma insanidade coletiva tornaram-se meus algozes."
(Discurso de Arthur Sendas no Rotary Club, em agosto de 1983)

O dia 5 de julho de 1962 amanheceu fresco, enevoado, mas a previsão era de tempo quente. Arthur dormira pouco e mal; saíra da cama bem antes do amanhecer, preocupado com as notícias da noite anterior. O rádio havia anunciado que a greve geral estava decretada, ou seja, ele tinha um problemão à vista. Às 7h, nenhum empregado conseguira condução. Pior, chegavam notícias inquietantes pelo rádio: em Caxias, o povo se revoltou com a falta de transporte. E algumas casas comerciais estavam sendo invadidas.

Não pode ser verdade, pensou. E a polícia? Não ia deter os vândalos? Decidiu nem levantar as portas das lojas até que a situação se acalmasse. Maria cuidava de Arthur Filho, com 2 anos, e do recém-nascido Nelson. Os cinco armazéns estavam bem fechados – os dois em São Mateus, o de Tomazinho e as lojas em São João de Meriti. Com portas de aço, repetiu para si próprio.

Decidiu telefonar para o amigo Nelson da Rocha Deus e para o contador, Aprígio Xavier. O que ouviu deles foi apavorante: Caxias era uma praça de guerra e a massa compacta se dirigia para as cidades próximas, arrebanhando mais e mais gente pelo caminho, destruindo e saqueando padarias, açougues, mercearias. Carrinhos de mão, bicicletas, carroças, caminhões, tudo servia para carregar o butim. Do lado de fora, uma barulheira ecoava nas ruas sem calçamento de São Mateus.

Arthur nem pensou: levou a mulher e os filhos para a casa dos pais, logo ao lado, e correu para a loja grande, em São João de Meriti. Foi a conta certa. A turba se aproximava.

Aprígio Xavier, em depoimento à revista *Sendas em Família*, lembrou do episódio: "Isso começou lá na Pavuna. Mas o governador da Guanabara, Carlos Lacerda, era opositor ferrenho de Brizola e Goulart. De imediato, a Polícia Militar afugentou o pessoal da Pavuna. Eles correram para São João de Meriti e aí começou a depredação das lojas. A empresa pediu a proteção da polícia, que se instalou na filial 4, no Centro de São João. Mas veio uma ordem do Exército para retirar a Polícia Civil da loja. Arthur ainda chegou à porta tentando falar com o povo para que levasse a mercadoria, mas não quebrasse nada. Alguém lhe deu um empurrão, ele caiu para o lado e invadiram e destruíram toda a filial 4, destruíram também a filial 2, em São João, e mais algumas lojas do Centro. De lá, foram para São Mateus e Tomazinho e destruíram também as lojas".

Aterrorizante. "A polícia de São João, com apenas 15 homens, fez barreiras, tentando dominar a massa com bombas de efeito moral e depois apontando metralhadoras", relatou no dia seguinte o jornal *O Globo*. Em vários mercados, "até as prateleiras foram retiradas". No início da tarde, um pelotão do 3º Batalhão de Carros de

Combate e dois de Infantaria se espalharam pela região devastada. Com a confusão diminuindo aos poucos, Arthur e Aprígio trataram de avisar às famílias que estavam todos bem.

Os boatos corriam soltos. Diziam até de que "o proprietário das Organizações Nelson havia se suicidado", como noticiou *O Jornal*. A maior loja, ao lado dos trilhos do trem, que chamava a atenção pela lateral toda adornada com as formas losangulares do Palácio da Alvorada, em Brasília, foi devastada. Só se poupou uma vitrine com artigos religiosos. Nessa ninguém tocou.

Depois de encerrada a batalha campal, era hora de contabilizar as perdas. Arthur não fora ferido – não fisicamente. Mas o peito doía de indignação. Estava perplexo, triste e com raiva. Aquela gente tão pacata, alguns conhecidos de décadas, que levavam a mercadoria fiado, havia se reunido numa turba ensandecida. Invadiram lojas e também residências de comerciantes. Só em São João de Meriti contavam-se mais de 200 feridos. O jornal *O Globo* de 7 de julho noticiou: "Manoel Sendas, um dos sócios principais das Organizações Nelson, das Casas Sendas Ltda, do Mercado Irmãos Unidos e também da Casa do Povo, em São Mateus, estimou seus prejuízos em Cr$ 100 milhões (R$ 17 milhões em 2022)". O prejuízo do município se elevou a Cr$ 3 bilhões (R$ 510 milhões), com 289 estabelecimentos destruídos.

Depois de perder tudo nos cinco armazéns, Arthur resolveu procurar o governador para reabrir as lojas. Foi quando Nelson usou toda a sua experiência para alertar: "Arthur, olha, esquece político. Quem sair na frente é que vai ganhar o jogo". Nelson ajudou a recuperar a loja maior, no Centro de São João de Meriti. "Nós tínhamos que trabalhar", continuou Aprígio em seu relato à revista *Sendas em Família*. "Estavam chegando caminhões de mercadorias, havia contas e salários para pagar. Conseguimos colocar em ordem para funcionar a filial 4, a maior loja da região. Sendas foi a primeira empresa a reabrir, mesmo precariamente, vendendo arroz e feijão".

Bota precariedade nisso. Arthur, Nelson e Aprígio se mobilizaram para recomeçar a vender em três dias, com os funcionários à frente de caixotes de madeira, colados na porta das lojas. Os moradores da região totalmente desabastecida correram para os balcões improvisados. Um dos mais conhecidos representantes de atacadistas da época, o filho de libaneses Risde Attiê, recebeu um Arthur muito preocupado. Décadas depois, Attiê contaria: "Ele veio me pedir 60 dias de prorrogação para pagar [os gêneros alimentícios]. Eu dei, mas ele não usou, pagou tudo em dia".

DA ADVERSIDADE AO IMPULSO

Tristemente inesquecíveis, aqueles dias em julho de 1962. Arthur procurava pensar no lado positivo: estavam todos bem, família e amigos próximos, ninguém saíra ferido. Mas a destruição, o horror, isso deixaria marcas profundas, mistura de pavor, incredulidade e decepção. E determinação. Arthur, inconformado, não abandonou a ideia de buscar indenização por parte do governo do Estado do Rio, pois atribuía o prejuízo à falta de policiamento.

Decidido a ser ressarcido, pegou a barca em direção a Niterói, a capital do estado na época, onde um advogado o receberia. Levou junto Aprígio Xavier. Enquanto atravessavam a Baía de Guanabara, questionou o amigo: "Ô, Xavier, você acha que vamos receber esse ano essa indenização?". Aprígio se mostrou reticente: "Arthur, eu não sei, não. Pode ser, mas olha, Deus dá oportunidade aos homens para que eles possam provar o que são. E Deus está te dando uma oportunidade. O importante é recomeçar, acreditar. Porque nós vamos recuperar isso tudo, se Deus quiser. Mas não conta com o dinheiro do governo, não".

Dito e feito: a indenização foi paga, mas somente dez anos depois, sem corrigir a inflação galopante do período. "Nada cai do céu, Deus ajuda 50% quando a gente faz por merecer, os outros 50% são suor mesmo, não adianta", resignou-se Arthur.

O trabalho no armazém passou a incluir longas jornadas noite adentro. A guerra política entre os governadores Carlos Lacerda, na Guanabara, ferrenho opositor do presidente, e Leonel Brizola, no Rio Grande do Sul, cunhado e aliado de Jango, piorava a questão do abastecimento. Brizola acusava, com sua veia dramática, "especuladores do Rio e de São Paulo que chegavam ao Rio Grande do Sul com malas e malas de dinheiro para adquirir toda a safra gaúcha de arroz".

> *"Havia muita dificuldade do tabelamento no Rio de Janeiro, porque o Brizola era governador no Sul e não deixava a mercadoria vir para a Guanabara. Confusão danada, e os representantes também tinham dificuldade para comprar. Então eu ia para os postos de gasolina aqui na Dutra, que na época era de mão dupla, ficava até uma, duas horas da manhã conversando com os caminhoneiros. E de manhã eles já encostavam lá no armazém. A gente tinha aquelas filas enormes das pessoas para comprar arroz, feijão, a mercadoria que não podiam comprar no estado da Guanabara, no município do Rio. Com isso a gente teve um trabalho permanente, incansável. Tanto que nós fechamos o ano de 62 ainda com [bom] resultado."*
> (Arthur Sendas, em depoimento ao projeto Memórias do Comércio na Cidade do Rio de Janeiro)

No labirinto econômico e político do abastecimento, quem perdia era o povo. Levantavam-se nas reuniões governamentais as questões de preço mínimo, malha de transportes da carga, armazenagem. Brochado da Rocha, o primeiro-ministro de João Goulart, aventou em agosto a criação de (mais) um órgão de controle para o setor e reconheceu que o estado da Guanabara representava um ponto crítico. Uma das razões, claro, eram as atitudes do renitente Lacerda.

Não à toa, os nomes da batalha em torno do abastecimento em 1962 permaneceram em cena no preâmbulo do golpe militar dois anos depois: João Goulart, Leonel Brizola e Carlos Lacerda. Além das forças armadas, claro. E, por incrível que pareça, a cortante questão do desabastecimento não se transformou num ponto de referência do período – mas quem a viveu não a esquece. Estudiosos que se debruçaram sobre as crises de desabastecimento entre os anos 1950 e 1960, como Sydenham Lourenço Neto, apontam a dissonância entre a impressão que permaneceu e os jornais da época: o desabastecimento dos bens de consumo, principalmente os agropecuários, era o que mais afligia a população. Faltavam açúcar, carne, trigo, leite. Sumiram das prateleiras, principalmente, o arroz e o feijão.

Eis aí um simbolismo poderoso de segurança, concretude, do básico e fundamental para o brasileiro: feijão e arroz. Esses grandes protagonistas, ausentes da mesa cotidiana, vinham se transformando em alvo de especulação e instrumentos de pressão. Órgãos federais criados para o setor como a Cofap e sua sucessora, a Sunab, com poderes para fixação de preços e controle de distribuição, pareciam indicar uma politização do abastecimento, já que os realinhamentos de preços, que poderiam ser quase automáticos no fluxo e na sazonalidade do mercado, viravam embates de interesses. Muitas das estruturas governamentais de controle do abastecimento eram órgãos de intervenção fortemente burocráticos, tentaculares e na contramão do mercado, sujeitos a manobras e circunstâncias.

Esse esquema tenso se repetiria numerosas vezes nas décadas seguintes, até que o processo de hiperinflação em meados dos anos 1980 inverteu o jogo. Aí surgiu a crise de demanda no lugar dos problemas de abastecimento.

Arthur Sendas já conhecia muitíssimo bem esses mecanismos que davam em prateleiras vazias. Acompanhara os bastidores do fornecimento dos armazéns da família. E tivera grandes lições com o experiente Nelson da Rocha Deus, que trabalhava constantemente na montagem de sua rede de suporte político. Não era só negociar no cotidiano. Precisava atuar no coletivo. E seguir crescendo.

O INDISPENSÁVEL APRÍGIO

Há parcerias que se formam por acaso, ou quase isso, e se provam indispensáveis. Em 1962, um dos pilares da vida profissional e pessoal de Arthur Sendas entrava definitivamente no dia a dia da empresa: Aprígio Lopes Xavier. Nascido em Guapimirim, município de Magé, no estado do Rio, seis anos mais velho que Arthur, Aprígio havia se formado em 1953 na Faculdade de Ciências Políticas e Econômicas do Rio de Janeiro, a primeira escola superior da área econômica no Brasil. Já trabalhava como auxiliar de contador desde 1950, na poderosa Standard Oil Company of Brazil, e seguiu, recém-formado – e recém-casado com Anax Leão Flores Xavier – para a Ferro, Coutinho & Cia, empresa de atacado e de importação em Duque de Caxias que anunciava "Miudezas, conservas, bebidas, charque, sal e cereais", da qual se tornou sócio em 1955.

Nesse ponto, as datas se misturam em diferentes relatos. Menciona-se o trabalho num escritório de contabilidade de São João de Meriti em 1961; segundo reportagem na *Sendas em Família*, de novembro de 1984, "oficialmente, começou nas Casas Sendas em 1962. Mas desde a fundação da Sendas, em 1960, já era contador e assessor para a área financeira". Há uma outra importante ligação: Anax e Arthur haviam sido colegas no Santa Maria, o colégio de freiras alemãs em São João de Meriti.

A sociedade na empresa de Duque de Caxias prosseguiu até que um fogaréu consumiu as instalações da Ferro, Coutinho & Cia, fato noticiado em 1961 por vários jornais: "Violento incêndio destrói todo um quarteirão de Caxias", dizia a manchete da *Luta Democrática* de 18 de abril. A *Última Hora* complementou: "O sócio Aprígio Lopes declara prejuízos de Cr$ 9 milhões (R$ 2,4 milhões em 2022) do estoque e Cr$ 45 milhões (R$ 12,1 milhões) de maquinaria, sendo cobertos pelo seguro apenas 60%". Uma facada.

Para Arthur, uma oportunidade. Aprígio começaria ali a se tornar o parceiro da expansão e da consolidação da empresa; tornou-se superintendente já em 1965. A dupla dividiria o escritório por duas décadas. "De Aprígio, Arthur recebeu o contingente de seus conhecimentos. Arthur e Aprígio são os dois braços, os dois remos que impulsionam essa nau. São os dois timoneiros que vêm atravessando borrascas e procelas", definiu em reportagem de 1984, na revista *Sendas em Família*, o advogado Eliasar Rosa, outro companheiro de estrada.

Em 1965, Aprígio se tornou diretor-superintendente da Sendas, sempre aliando sua capacidade organizacional à poderosa intuição e à determinação de Arthur. Quem conheceu de perto a dinâmica da dupla atesta a complementaridade de temperamentos e talentos. Aprígio estava à frente da parte administrativa; Arthur, da área comercial. Arthur era o rosto e o nome da empresa, a negociação e a estratégia de compra e venda; Aprígio, a organização.

Logo depois do saque de 1962, Manoel Sendas decidiu sair do bairro de São Mateus. Mudou-se com Maria e os filhos solteiros para a rua onde morava Aprígio – a Travessa Treze de Junho, no Centro de São João de Meriti. Em seguida, Arthur Sendas e Maria iriam com os filhos para a Tijuca.

Anos mais tarde, Aprígio Xavier voltaria aos estudos, como contemporâneo do filho mais velho, Adilson, no curso de direito. Há quem diga que a extrema devoção religiosa de Arthur Sendas se deve, em grande parte, à convivência com Aprígio, um católico firme e dedicado. Atento, leal, detalhista, Aprígio só tinha um grave defeito para Arthur: era irremediavelmente flamenguista.

MUDANÇA PARA A TIJUCA

No início de 1963, já no primeiro pouso da Tijuca, um apartamento alugado na Rua Uruguai, Arthur, os dois meninos e Maria (de novo grávida) seguiam a vida. O primogênito, nascido em 4 de setembro de 1960, ganhara o nome do pai: Arthur Antônio Sendas Filho. O segundo veio em 20 de abril de 1962, batizado Nelson Antônio, homenagem ao grande amigo Rocha Deus.

O terceiro, se fosse menino, ia se chamar João Antônio, outra homenagem, desta vez ao sócio de Rocha Deus, João Inácio Nunes – e, de fato, veio mais um varão. Três filhos em um apartamento? Era hora de encontrar uma casa. De preferência por ali mesmo, na Tijuca, bairro tradicional do Rio, de ruas tranquilas e sobrados espaçosos com jardins e quintais.

O que apareceu foi melhor do que a encomenda: havia uma casa à venda bem em frente à de Nelson da Rocha Deus, que morava no número 40 da Rua Pedro Guedes. Era uma boa região, bem residencial, havia conceituadas escolas religiosas na vizinhança e ficava – atração à parte – relativamente perto do Estádio Mário Filho, o Maracanã. No número 45 tinha um quintalzinho, dois andares, bom espaço. A vizinhança reunia várias famílias com crianças, e "seu" Nelson era promotor de festas juninas, juntava a garotada ao ar livre, quase como um clube. Ele tinha também um sítio em Jacarepaguá, com piscina e quadra de esporte, destino do bando em vários fins de semana.

Logo nos primeiros tempos da Pedro Guedes, Miltinho passou a integrar a parte não oficial da família Sendas. Terceiro filho de uma vizinha – cozinheira de mão cheia, que fazia bolos e empadas para vender –, Milton José da Silva Filho regulava em idade com Arthur Filho e acabou incorporado ao clã, como uma quarta criança da família. Muitas vezes dormia lá, mesmo morando a poucos passos, e até viajava de férias com os Sendas. Arthur colocava os mais velhos Arthur Filho (o Tuca), Nelson e Miltinho no seu Galaxie sedã azul-piscina, superconfortável, e saía percorrendo as lojas e as obras. A ideia, claramente, era a de inserir os filhos desde muito cedo no ambiente Sendas, numa espécie de continuação do espírito de trabalho em família. A lembrança é amorosa. "Ele era, principalmente, um pai muito presente. Não tinha chamego, não tinha abraço, mas essa presença constante era, do jeito dele, enormemente afetuosa", conta Nelson.

Para Arthur, é certo, educar os filhos podia incluir uma eventual surra. De cinto.

MILITARES NO PODER

No fim de 1963, Rubem Braga publicou na revista *Manchete* suas "previsões" para o ano seguinte. A crônica, deliciosa, fazia piada com a Bossa Nova ("Vem aí um samba intitulado 'Só você', outro idem intitulado 'Nem você', idem idem idem 'Vocezinho', idem 'Leblon-Blon-Blon'") e avisava: "Vejo greves, dólar subindo.

Não consegui apurar qual regime vigorante no país em dezembro de 64". Citava Dorival Caymmi, Alziro Zarur, Lacerda, Brizola, Ademar, Juscelino e arrematava: segundo "declaração do Sr. Rui Gomes de Almeida, a vigorar novos tributos, o comércio terá que fechar as portas".

Mineiro de Carangola, Rui Gomes de Almeida era, nos anos 1950 e 1960, representante emérito dos comerciantes e das "classes produtoras" em geral. Naquele momento, as "classes produtoras" se contrapunham fortemente às "classes trabalhadoras" na teia de embates e interesses de operários e patrões, comunismo e capitalismo, economia estatal e livre mercado, em choques que desaguariam na tomada de poder pelos militares em 31 de março de 1964.

Gomes de Almeida era constantemente ouvido pela imprensa e mantinha uma posição legalista e de relativa neutralidade: "As classes produtoras não são contra nem a favor do governo, procuram uma posição centrista". Apesar de se alinhar aos que temiam o "perigo comunista", reforçava a rejeição à intervenção estatal de direita na economia.

Considerado um diplomata nessa arena, havia assumido em 1940, pela primeira vez, uma diretoria na Associação Comercial do Rio de Janeiro (ACRJ) – associação patronal mais antiga do Brasil, fundada em 1834. Em 1955, tornou-se presidente da entidade – e voltaria ao posto outras vezes, chefiando também conselhos e federações do ramo. Era quem presidia a ACRJ quando Arthur Sendas se aproximou da entidade empresarial fluminense, bem no início da década de 1960.

Mais de uma vez, Arthur falou de sua admiração por Rui Gomes de Almeida, um autodidata que começara a vida profissional em 1925, aos 15 anos de idade, arrumando sacas de café num armazém e que, em 1960, sentava-se com o presidente Juscelino Kubitschek. Para Arthur Sendas, a história de Gomes de Almeida era uma inspiração, uma identificação e um reforço na fé em associações para a defesa de interesses coletivos.

No início da década de 1960, Arthur já era o vice-presidente da Associação Comercial de São João de Meriti e não demorou a se juntar às entidades mais abrangentes. Em 1969, foi empossado como diretor da Associação Comercial do Rio de Janeiro pelo próprio Rui Gomes de Almeida – e da ACRJ nunca se afastou, chegando à presidência duas décadas depois.

A visão de Gomes de Almeida sobre a atuação do empresariado se consolidou nas diretrizes de Arthur. Reportagem do *Diário da Noite* de dezembro de 1961 abriu com uma frase de Gomes de Almeida que poderia estar em qualquer discurso de Arthur Sendas: "Está o empresário brasileiro cada vez mais cônscio do papel social da empresa e convencido de que suas responsabilidades não mais se confinam aos estreitos limites de seus negócios particulares".

Um fato era incontestável: Sendas nunca se furtou a atuar muito além dos limites de sua atividade empresarial, liderando comerciantes do setor. Em julho de 1967, ele figurava como representante das casas comerciais do estado na Campanha em Defesa da Economia Popular, a Cadep, espécie de fórum de discussão do tabelamento e do controle de abastecimento. Um anúncio em *O Jornal* estampava em letras garrafais: "Colabore na luta contra a carestia: compre nos estabelecimentos inscritos na Cadep", apresentando uma longa lista de produtos alimentícios e de limpeza com preços fixados pelos comerciantes, da carne ao fósforo, do toucinho à marmelada. As reuniões para regulamentar "operações entre atacadistas e varejistas e destes aos consumidores" tinham representantes da Sunab, da Cobal e dos comerciantes Climério Velloso, das Casas da Banha, e Arthur Sendas.

A lista dos participantes do movimento era um retrato do mercado de gêneros alimentícios no Rio de Janeiro. Apareciam no topo as Casas da Banha, com 29 lojas em todas as regiões do estado. A seguir, as Casas Sendas Comércio e Indústria S.A. se apresentavam de braços dados com as Organizações Nelson, concentradas na Baixada Fluminense, com dez lojas somadas. A relação trazia também outras 29 empresas, algumas que se firmariam no varejo nos anos seguintes, como Peg-Pag, Mar e Terra, Pague Menos, Guanabara e Mundial, ainda modestamente distribuídas no estado da Guanabara e arredores. Algumas já se apresentavam como "supermercados", remarcando a diferença em relação às "casas" – mas o supermercado em sua encarnação mais moderna ainda tinha uma história incipiente no Brasil.

AS ORIGENS DO SUPERMERCADO

Supermercado, há décadas, é ideia que inspira pujança e fartura. Mas o conceito surgiu, paradoxalmente, em plena era da depressão econômica e do empobrecimento geral no fim dos anos 1920, nos Estados Unidos, com a desastrosa quebra da Bolsa de Valores de Nova York, que em 1929 pulverizou fortunas e desempregou milhões de pessoas da noite para o dia.

É bem verdade que, antes disso, o autosserviço já começava a se instalar naquele país. Em 1916, o visionário comerciante Clarence Saunders – um temerário, no sentido mais radical do termo, porque faliu diversas vezes – inaugurou o primeiro Piggly Wiggly em Memphis, Tennessee. A loja inovava ao exibir os produtos em prateleiras acessíveis ao público. Era entrar, circular, coletar o que quisesse numa cesta e pagar na saída. Sem intermediário. O Piggly não foi o pai do supermercado; talvez o irmão um pouquinho mais velho, muito semelhante em quase tudo. Saunders chegou a ter mais de 2.500 pontos de venda no país, em formato de franquia, antes de falir o negócio. Há registro de outras cadeias de varejo alimentício desses primeiros tempos de self-service, como a californiana A&P e a Kroger, nascida em Cincinnati, Ohio.

O comércio de alimentos, até então estabelecido nas pequenas lojas de balcão, com produtos secos e enlatados, margem de lucro em torno de 20%, crédito informal e entrega em domicílio, evoluía para o autosserviço. E daí para o supermercado, calcado em diferenças sutis e definidoras: o tamanho das lojas e a variedade de departamentos. Em 1958, o Super Market Institute – que se transformaria em 1977 no Food Marketing Institute – consolidaria o formato: "Supermercado é o empório organizado em departamentos, com volume de vendas não inferior a US$ 1 milhão/ano, com pelo menos seções de bebida e comestíveis completamente autosserviço". Estrutura, área e volume de vendas.

Mas lá atrás, quando a crise achatou o poder de compra da população americana, a referência era Michael Cullen, filho de imigrantes irlandeses de Nova York. Aos 45 anos, Cullen trabalhava na rede Kroger quando propôs à direção da cadeia de mercearias um passo ousado para o negócio: buscar grande área de vendas em bairros de aluguel barato, oferecer estacionamento, focar nos produtos de preços baixos e suspender o serviço de entregas. Ou seja, cortar custos para reduzir preços. A Kroger não se interessou. Ele decidiu, então, abrir no bairro do Queens, em 1930, seu primeiro King Kullen.

Foi um sucesso. Eram muitas as fábricas, garagens e depósitos desativados – paisagem comum na desolação econômica. As compras em escala, o ambiente simples, sem preocupação estética, permitiam vender barato. O formato rapidamente ganhou imitadores, como Robert Otis e Roy Dawson, que abriram dois anos depois o Big Bear em Nova Jersey, com metragem de vendas ainda maior que a da loja de Cullen, além de marketing agressivo. Faturaram a fortuna de US$ 170 mil a partir do investimento inicial de US$ 10 mil (em valores de 2022, ganharam US$ 2,5 milhões investindo US$ 144 mil).

A cadeia de produção rapidamente se estruturou: a indústria de embalagens se tornou coadjuvante essencial – a Kraft Macaroni & Cheese, lançada em 1937, vendeu nove milhões de caixas no primeiro ano – e o barateamento das geladeiras domésticas representou mais um trampolim para as vendas.

Mas o maior impulso para a consolidação de lojas de grandes dimensões foi mesmo o automóvel. Se em meados de 1920 carro particular era um luxo, meros dez anos depois já havia, nos Estados Unidos, 33 milhões de unidades, proporcionando às famílias a liberdade de abastecer suas despensas em estabelecimentos mais distantes e carregar grande volume de produtos a cada vez. O mercadinho da vizinhança perdia assim a preferência em relação às novas superlojas nas franjas das cidades.

Ao período pós-Depressão se seguiu a mobilização dos Estados Unidos para a Segunda Guerra, com a correspondente injeção de recursos. Tudo isso consolidou o poder de compra de grande parte da população norte-americana – aliás, em crescimento explosivo: 40 milhões de pessoas da geração baby boom nasceram no pós-Guerra, entre 1945 e 1960. Com tudo isso surgiu a nova classe média, fortemente voltada para o consumo de bens duráveis, na franca ascensão do *american way of life*. Nessa onda, supermercados dominaram o varejo de alimentos no país, incorporando serviços como padaria e delicatéssen. Aí, sim, transformaram-se em símbolo de riqueza e conforto. A Rainha Elizabeth da Inglaterra e o premier russo Nikita Kruschev, ao visitarem os Estados Unidos em 1957 e 1959, conheceram supermercados como parte da agenda.

Na Europa, surgiu em 1959 o Carrefour, criado por duas famílias de comerciantes, Fournier e Defforey. Pioneiro, audacioso, de rápido crescimento, o grupo abriria com sucesso estrondoso o primeiro supermercado da rede no ano seguinte, na pequena cidade francesa de Parmelan, na região da Haute-Savoie. Outro futuro gigante nasceu em 1962, em Fayetteville, no estado do Arkansas: o Wal-Mart, que se tornaria a maior rede mundial no setor.

Uma reportagem da revista *Veja* de 25 de setembro de 1968 fez uma radiografia do surgimento do supermercado no Brasil. "Vender comida é uma ciência: os supermercados sabem aplicá-la e mudar hábitos antigos. Eles vão agora para os bairros pobres", dizia o subtítulo, apontando a diferença cultural nos padrões de consumo do brasileiro em relação ao do norte-americano. Estudiosos do varejo de alimentos no Brasil enxergam que a demora da consolidação do autosserviço no país aconteceu por conta da prevalência das feiras de bairro – regulamentadas pelo governo federal na época da Primeira Guerra Mundial, num singular modelo ambulante – e pela relação de proximidade e intimidade de mercearias com sua vizinhança.

Meio século depois de surgir como espaço de barateamento, o novo formato ainda era visto no Brasil como lugar de gente rica. "Num supermercado em Campo Grande, subúrbio do Rio, (...) moradores pareciam ter vergonha de enfrentar a sofisticação do ambiente. Ficavam parados diante dos balcões, esperando que alguém viesse servi-los", dizia a mesma reportagem.

A pré-história do supermercado brasileiro remonta a 1947. Nela, figuram a Casa Araújo, loja de carnes do frigorífico Wilson, e o Depósito Popular, ambos em São Paulo; e o Demeterco, em Curitiba, no bairro Santa Felicidade, em 1951. Eram autosserviços de primeira hora. "Os fregueses se recusavam a usar as cestinhas de vime para carregar mercadorias: punham a cesta na cabeça", contou Roberto Demétrio, sócio da empresa paranaense que se transformou em Mercadorama, em um estudo de 2000 da Fundação Abras (Associação Brasileira de Supermercados).

Também em São Paulo veio o passo seguinte, já mais parecido com o esquema norte-americano. No jornal *Folha da Noite* de 23 de abril de 1953, reportagem bem ao estilo da época pontuava: "Autênticos 'supermercados' funcionarão em São Paulo! 'Destinam-se a resolver os problemas de tempo e dinheiro das donas de casa', afirma o sr. Raul Pinto Borges, diretor dos Supermercados Sírvase S/A. Técnicos brasileiros aplicarão aqui os processos americanos de bem servir ao público". Em 1955, Raul Borges contou à *Folha da Manhã* que desenvolvera grande entusiasmo pelos supermercados desde que fora estudar nos Estados Unidos, e que planejava abrir uma loja a cada seis meses. A meta foi cumprida até o fim de 1958.

O Sirva-se, de Borges (também proprietário daquela pioneira Casa Araújo, em sociedade com Fernando Pacheco de Castro, Mario Wallace Simonsen, Júlio da Cruz Lima e Nestor Salvador, cujo lema era "Vende muito por pouco"), e o Americano, de Richard Samuel Rodgers (com o slogan "Para uma supermetrópole, um supermercado"), foram abertos em 1953 com diferença de poucos meses. À frente do Sirva-se e, depois, da rede pioneira Peg-Pag, surgida em 1954, estava Pacheco de Castro – nome de ponta também na nascente Associação Brasileira de Supermercados.

Um dado curioso foi publicado no jornal *O Estado de S. Paulo* de 17 de julho de 1956: a negativa do governo paulista em conceder licença para que o poderoso grupo norte-americano Rockefeller abrisse uma rede de supermercados. A justificativa era de que as lojas acabariam com o comércio de bairro. Havia até leis em vigor no início dos anos 1950 que proibiam a venda de carnes e de vegetais num mesmo local, dificultando as licenças.

A doceria Pão de Açúcar, fundada em 1948 pelo imigrante português Valentim Diniz, começaria sua escalada no campo supermercadista em 1957. Em 1965, comprou o Sirva-se. Bem mais tarde, em 1976, a rede incorporou a Eletroradiobraz. Em 1978, abocanharia o Peg-Pag (que, em janeiro de 1973, havia passado às mãos da companhia de tabaco Souza Cruz), entrando assim no mercado carioca. No mesmo ano, anexou o Superbom. Em 1974, iniciou negociações com o Disco, criado no Rio de Janeiro em 1952 pelo português Antônio do Amaral e pelo poeta e empresário Augusto Frederico Schmidt, mas a cadeia carioca se recusava a entregar o controle acionário aos Diniz – acabou sendo comprada pelo Paes Mendonça. No fim dos anos 1970, a rede Pão de Açúcar tinha 225 lojas, inclusive em Portugal, na Espanha e em Angola, além de negócios em outras áreas.

Em Porto Alegre já funcionavam, em 1958, três lojas do supermercado Real. Na Bahia, em 1959, Mamede Paes Mendonça saiu na frente com o primeiro autosserviço. Ele contou que trouxe a ideia da Argentina: "Fui comprar alpiste, que andava em falta aqui no Brasil. Lá conheci alguns supermercados. Na volta, passando por Montevidéu, olhei outras lojas semelhantes. Gostei e me convenci de que aquele era o futuro do comércio de alimentos. Voltei decidido a ser o pioneiro na Bahia daquela nova forma de vender", contou na biografia *A história em depoimentos – Mamede Paes Mendonça*. Em Salvador, no mesmo ano, foi aberto o Tire e Pague.

No Rio de Janeiro, outros nomes pioneiros se destacaram – um deles, especialmente importante na trajetória de Arthur Sendas, foi Nelson da Rocha Deus, que em 1956 abriu o primeiro supermercado do subúrbio. Climério Velloso e o irmão Venâncio, de família estabelecida na cidade fluminense de Bom Jardim, fundaram em

1955 a primeira loja das Casas da Banha na capital: um armazém no Morro de São Carlos. O nome curioso vinha mesmo da banha de porco, artigo indispensável na cozinha brasileira antes do reinado dos óleos vegetais. "O grande passo foi importar [banha] da Argentina. Mas era tanta banha que eles passaram a vender para grandes armazéns", conta Venâncio Velloso Filho. E aí se perguntaram: "Por que não vendermos outros gêneros alimentícios?". O grupo, que patrocinava programas de TV, como a superpopular *Discoteca do Chacrinha*, chegou a ter 20 mil funcionários e 230 lojas. Mas definhou no fim dos anos 1980, com falência decretada em 1999.

Em 1970, a 5ª Convenção Nacional de Empresas de Supermercados já reunia 350 empresários de 16 estados brasileiros, representando 1.500 estabelecimentos. Ali, decidiu-se criar a rede de associações estaduais. A revista *Veja* de 23 de setembro de 1970 fez extensa cobertura do evento – e reportou que Pacheco de Castro, à frente da Associação Brasileira, advogou mudanças legislativas para acelerar a substituição das pequenas lojas e armazéns, pediu atitude "corajosa para enfrentar o problema das feiras" – responsáveis, segundo ele, por 40% das vendas de alimentos contra 18% dos supermercados – e previu para breve o surgimento no Brasil das megalojas em que "ovos, meias, feijão, camisa social, margarina e liquidificadores figurarão em convivência harmoniosa nas estantes". No ano seguinte, a fatia dos supermercados nas vendas de alimentos no país atingiria 28%, com três mil empresas e uma previsão de 14 mil lojas em cinco anos.

Nas décadas de 1960, 1970 e 1980, surgiram pequenas e médias cadeias de supermercados pelo Brasil. O panorama da diversidade regional do setor começaria a mudar nos anos 1990, com a chegada do Plano Real e a concentração do mercado, que atingiria o ponto máximo nas mãos de grandes grupos internacionais, a partir de 2010. Os hipermercados apareceriam depois, como passo seguinte nas transformações do negócio. Curiosamente, o hipermercado surgiu não nos Estados Unidos, como seria de se esperar, mas na França, levado por um comerciante apaixonado pelos métodos norte-americanos de venda.

A projeção de Fernando Pacheco de Castro em 1970 se provaria acurada: além dos hipermercados, os chamados atacarejos proliferaram no Brasil, mudando as feições do negócio supermercadista. E, dentre as empresas multinacionais, a primeira a desembarcar no Brasil foi a poderosa rede Carrefour, em 1975.

Recomeço em ritmo acelerado

A família Sendas, abalada com o quebra-quebra, reuniu forças para olhar a retomada dos negócios. A loja de Tomazinho não valia a pena reabrir – "era um lugar que não comportava uma loja daquele tamanho", foi a avaliação de Aprígio Xavier. A filial número 1 ganhou renovação emergencial; a Casa do Povo, na Praça Dr. Roberto Silveira em São Mateus, virou a filial 3 das Casas Sendas.

A número 4, em São João de Meriti, conhecida como O Mercadão – aquela que tinha colunas como as do Palácio da Alvorada –, voltava a operar a todo vapor. Já a filial 5, comprada em 1964, era uma lojinha de duas portas em frente à estação da Pavuna – antigo prédio das Casas Maracanã, da família do "banqueiro" do bicho Carlos Teixeira Martins, o Carlinhos Maracanã. Foi comprada também a filial 6, a de Coelho da Rocha.

A primeira construção de peso foi a filial 8, em Nova Iguaçu, um dos maiores municípios do estado do Rio. A loja, que representou um grande impulso na empresa, ficava perto da Via Dutra, a estrada que liga Rio e São Paulo, artéria fundamental no abastecimento de gêneros. Além da área de vendas, havia um grande depósito.

No dia da inauguração, Arthur Sendas caprichou na festa. Comandando a cerimônia, ninguém menos que os astros da Jovem Guarda, incluindo o líder Roberto Carlos, com um penteado parecido com o dos Beatles. Era 1965, o ano de "Quero que vá tudo pro inferno". Uma brasa, mora?

Arthur seguia seu instinto de aquisição, com base na cultura portuguesa da construção de patrimônio imobiliário. A ideia de que "terra nunca se vende, se compra" era permanente. Algumas lojas ainda eram alugadas – como a pequena filial 7 em Duque de Caxias, aberta em julho de 1964 –, mas a intenção de adquirir os imóveis logo evoluiria para a determinação de construir lojas.

Até o fim da década de 1960, pelo menos duas lojas eram abertas por ano; algumas delas foram a de Madureira, subúrbio importante; a segunda loja em Duque de Caxias; e a muito distante filial de Queimados, que mais tarde chamariam de "posto rural". Outro bairro de visibilidade entrava no circuito: em abril de 1969, seria inaugurada a primeira filial Tijuca, na Rua Uruguai. Arthur Sendas também montaria uma rede de postos de compras pelo Brasil, responsáveis pela negociação junto aos fornecedores regionais.

"Manda Brasa, seu Artur!"

Os acontecimentos que criaram as bases para o golpe militar em abril de 1964 faziam parte de um complexo emaranhado. Os ingredientes eram décadas de gastos públicos desordenados, o cada vez mais intrincado sistema de tributos, o populismo trabalhista com sindicatos fortalecidos e, não menos importante, o pânico das chamadas classes produtoras traduzido no receio da ascensão do comunismo.

O presidente Castello Branco instituíra já em novembro daquele ano o Programa de Ação Econômica do Governo (Paeg), mirando uma reforma tributária, financeira e fiscal. Reduzir o consumo desenfreado, considerado causa da inflação, era um dos objetivos da proposta. Outra medida foi a criação do Banco Central como autoridade monetária nacional. O segundo general presidente, Artur da Costa e Silva – cujo descontraído slogan na transição eleitoral era "Manda brasa, seu Artur!" –, convidou um jovem economista para comandar o ministério: Antônio Delfim Netto, aos 39 anos, saído da Secretaria de Fazenda de São Paulo.

Nos primeiros anos do generalato, o caminho foi o desenvolvimentismo com base no pensamento de Roberto Campos e Otávio

Bulhões – e, a partir de 1967, das ideias de Delfim à frente do Ministério da Fazenda de Costa e Silva. Estavam firmados os alicerces do período conhecido como "milagre brasileiro", com escalada do PIB para mais de 11% ao ano, um malsucedido incentivo à exportação e abertura ao capital externo. De fato, houve crescimento, surgiram indústrias de base e houve afluência do dinheiro de fora. Criou-se o Fundo de Garantia por Tempo de Serviço, o FGTS, para substituir a problemática estabilidade após dez anos de emprego; estruturou-se o mecanismo de correção monetária.

Apesar do cavalo de pau em direção a uma economia de mercado, era uma proposta que embutia muita intervenção do Estado. O keynesiano Delfim abraçava uma política francamente intervencionista e estatizante: transformou a Casa da Moeda e a Caixa Econômica em empresas públicas, por exemplo. Outra novidade foi a criação do Conselho Interministerial de Preços, que faria profundas mudanças nas estratégias de regulação de valores e custos da produção e do comércio. Até o fim dos governos militares seriam criadas quase 300 estatais, entre elas a Embratel, os Correios, a Infraero.

Na outra face da moeda, espalhava-se a feia mancha da repressão política, a perda de liberdades individuais e de expressão, a guerrilha recrudescendo em resposta do AI-5, instituído em dezembro de 1968. O milagre, sustentado por vultoso endividamento externo, provaria-se amargo, sem resistir às mudanças planetárias a partir de 1973. A dívida externa acabou sendo catapultada, levando o país ao caos da hiperinflação na década de 1980. Afinal, como disse o economista Paul Singer, "em economia não há milagres".

Para Arthur Sendas, mais que tudo, era preciso lutar pela saúde do seu negócio. Condição fundamental: liberdade de mercado.

A tribuna da Associação Comercial do Rio de Janeiro ficava à frente da parede de lambris e sob o brasão da entidade – ramos de oliveira, as serpentes da sabedoria, um bastão alado e a data de fundação da mais antiga entidade de associação privada do Brasil: 1809.

O jovem Arthur Sendas, aos 34 anos, era diretor da ACRJ, empossado por Rui Gomes de Almeida. Sua fé no poder das associações crescia. Reuniu as anotações para se pronunciar, com a fala bem embasada por longas conversas com Aprígio Xavier em torno do Imposto sobre a Circulação de Mercadorias, o ICM. Ele disparou no discurso: "Esse novo imposto, difícil de ser entendido e aplicado, passou de 6% para 17,25% e há alíquotas diferentes para operações internas e interestaduais e os estados aplicaram um novo imposto de 2%".

Era o tal emaranhado de impostos. Mas para o comerciante brasileiro a mudança do IVC (Imposto Sobre Vendas e Consignações, criado pela Constituição Federal de 1934) para o ICM, na Constituição militar de 1967, havia sido vantajosa. O quebra-cabeças de taxas sobre taxas se reduzira consideravelmente e o varejo de alimentos ganhava musculatura. Naquele ano de 1967, a rede Sendas tinha 12 lojas. E estabelecera centrais de compras em Goiânia, São Paulo, Curitiba e Porto Alegre, já que os impostos sobre a circulação não incidiam sobre transferências dentro de uma mesma empresa.

Quase Sidônio

Em 1968, nascia a quarta criança de Arthur e Maria. Perto do final da gravidez, na hora de escolher o nome do bebê, Arthur falou a sério com a mulher. "Já tínhamos três meninos; no mais velho, coloquei meu nome, Arthur. O grande amigo que foi o dono das Organizações Nelson nomeou o segundo; e também João, sócio dele, muito meu amigo também, foi o nome do terceiro. Na dúvida, combinei com a minha mulher: 'Se for menina, você escolhe o nome que quiser. Agora, se for menino vai ter o nome de Sidônio, porque o seu Sidônio foi muito importante na vida da gente'. A minha mulher botava a mão na cabeça".

Marcia Maria nasceu no dia 24 de novembro. A caçula seria o xodó do pai, que se desdobrava em carinho e cuidados para superar dificuldades de desenvolvimento, num processo que teve a ajuda decisiva de um dos maiores nomes da fonoaudiologia no Brasil, Maria da Glória Beuttenmüller. "Glorinha não atendia crianças, mas abriu exceção no meu caso", conta Marcia.

Em 1968, 12 dias antes do nascimento de Marcia, o setor de supermercados seria oficialmente reconhecido no Brasil pela Lei 7.208. Levaria mais 49 anos para que fosse considerado, oficialmente, um segmento essencial à economia. Em 1969, surgiu a Associação dos Supermercados do Grande Rio, Asgri, embrião da Asserj, que funcionava numa sala na Rua do Acre emprestada por Arthur Sendas – então presidente da Comissão de Comerciantes da Cadep. A entidade promoveu as primeiras comitivas para os encontros do Super Market Institute, que reunia os supermercados norte-americanos.

O voo da Varig do Rio de Janeiro para Los Angeles, em maio de 1968, partiu lotado do Galeão. Entre os passageiros estava Arthur Sendas, a caminho da 31ª Convenção do Super Market Institute, em Houston, no Texas. Hora de inovar, hora de crescer, de descobrir o que vinha por aí. A rede Sendas estava em franca expansão. Era o momento de conferir, principalmente, novos equipamentos, técnicas e conceitos necessários à transição das lojas tradicionais para o autosserviço. Ao seu lado, o amigo-pai Nelson da Rocha Deus. Apesar de não falarem inglês, os dois sabiam perfeitamente o que era importante, o que faria diferença. E como adaptar as novidades à realidade brasileira.

O PRIMEIRO AUTOSSERVIÇO

Região agrícola na primeira metade do século XX, Jacarepaguá, na Zona Oeste do Rio de Janeiro, começou a atrair indústrias nos anos 1960. A população cresceu exponencialmente e o bairro virou, na prática, uma cidade dentro da cidade, com conjuntos residenciais e comércio pujante. Na inauguração do primeiro autosserviço

Sendas, em 1969, na Rua Godofredo Viana, a festa foi grande: shows ao ar livre com Jair Rodrigues, Jerry Adriani e Nelson Ned, performances com o palhaço Carequinha, multidão compacta ansiosa por conhecer a nova loja.

"A filial 22 foi marcante, nossa primeira experiência em autosserviço, meio capenga, mas funcionou tão bem que resolvemos transformar as lojas antigas e abrir as novas pelo sistema de autosserviço", lembrava Arthur Sendas dez anos depois. A programação de novas lojas então foi toda reformulada. Nesse mesmo ano, em novembro, a Sendas Tijuca abriu suas portas, na Rua Uruguai 329. "Com fachada em mármore branco, esquadrias de alumínio e vidros ray-ban, tem 20 caixas registradoras, 30 gôndolas, circuito fechado de TV, sala de estar, iluminação fluorescente, estacionamento privativo", anunciava a rede em caderno especial publicado no jornal *O Globo* – uma loja grande para os padrões da época.

Ao lado da pujança comercial, há toda uma filosofia explicitada no anúncio. "Queremos implantar uma nova mentalidade no comércio, que visa consolidar a dignificação do abastecimento, empenhado em alcançar condignamente todas as classes sociais. Humanização é a tônica", proclamava o editorial do encarte, "e as Casas Sendas enfatizam-na com exemplo próprio entre os seus componentes – dirigentes e funcionários – e destes com o público, formando-se o elo fraterno de todo o sistema". Descontando a linguagem empolada da época, a Sendas reafirmava seus princípios.

Em seguida, outros autosserviços seriam abertos, em instalações novas ou por meio da adaptação das lojas: Ilha do Governador, Campo Grande, Nova Iguaçu, São João de Meriti... E, em 1970, Botafogo seria o primeiro bairro da Zona Sul do Rio que receberia uma loja Sendas.

Fachada da filial Botafogo, primeira loja da Sendas na Zona Sul do Rio de Janeiro, em 1970

CAPÍTULO 5

EXPANSÃO APÓS O MILAGRE ECONÔMICO

Foi um aniversário inesquecível, o de Arthur Sendas em 1970. O Brasil, em êxtase, acompanhava a gloriosa campanha do time canarinho em busca do tricampeonato mundial de futebol, no México. Sorteada para o Grupo 3, a equipe de Zagallo havia estreado dia 3 de junho contra a Tchecoslováquia e vencera também a Romênia e a Inglaterra na primeira fase. Nas quartas de final contra o Peru, dia 14, outra vitória. Estávamos invictos. Delírio coletivo.

Dia 17, quarta-feira, a seleção jogou a semifinal contra o Uruguai – logo contra o Uruguai, que abatera o país em 1950 no infame Maracanazo, arrancando a taça das mãos do Brasil. Na véspera, 16, o jovem comandante da Sendas completara 35 anos. E no dia 21, no estádio Azteca, gols de Pelé, Gérson, Jairzinho e Carlos Alberto dariam a Copa ao Brasil.

Bem no meio da empolgação das vitórias havia sido iniciada, dia 5 de junho, a obra da primeira loja Sendas na Zona Sul do Rio, região de maior poder aquisitivo da cidade. No coração de Botafogo, cravou-se no terreno baldio a estaca inaugural da enorme loja erguida em inacreditáveis quatro meses e meio. Dez mil metros quadrados de área em cinco pavimentos (dos quais três de garagens), com seções de secos e molhados, lanchonete, açougue, telefone público, circuito fechado de TV e, claro, água gelada e cafezinho gratuitos. "Um acontecimento de destaque não apenas para o populoso bairro de Botafogo, mas para a cidade cada vez mais maravilhosa", derramava-se o jornal *O Globo* no dia da inauguração, que reuniu o governador da Guanabara, Negrão de Lima, autoridades do abastecimento e muitos militares.

A chegada à dourada e rica Zona Sul era um marco de crescimento nos dez anos de existência do grupo. Crescimento, fortalecimento e conquista. O segundo ponto da região nobre da Guanabara já estava escolhido, e não era pouca coisa. Ocupando metade de um quarteirão no Leblon, a imponente filial 29, 22ª loja da rede, foi aberta em dezembro de 1972. Com dois andares só de garagens e 22 mil m² de área, cravou a meta de atender 30 mil clientes por dia. A Sendas do Leblon tinha até agência dos Correios e posto para tirar documento de identidade, assim como várias das filiais. Era uma referência. A rede havia entrado em ritmo constante de ampliação, tanto em número de pontos quanto na estrutura de suporte administrativo.

A década começou ainda com poucos recursos e espaço nos escritórios, situação que logo mudaria. Eram dois polos: o de compras, numa sala da Rua do Acre; e o de pessoal da administração, a controladoria, contadores e despachantes, que se empilhavam em salinhas na Rua do Trevo, em São João do Meriti, bem pertinho da Rodovia Presidente Dutra, espaço meio improvisado no mezanino do depósito.

Empilhavam? Sim: o escritório era tão pequeno que alguns dos 12 funcionários tinham que revezar mesas e cadeiras nas saletas acanhadas. Ali trabalhava um jovem auxiliar de contabilidade, Nildo Pires Alves. Ele vinha do Disco, onde já se ensaiava o uso de computadores, que ainda demorariam um pouquinho a chegar à Sendas. Era tudo na mão, no carimbo, traduzido para a mecanografia, as máquinas contábeis, ferramenta da época. De cara, percebeu que a empresa tinha um trunfo espetacular. "Ali eu conheci a parceria perfeita: seu Arthur era 100% sangue comercial, seu Aprígio era 100% sangue administrativo. Trabalhavam em completa independência e numa coordenação total. Ai de quem fosse falar mal de um para o outro! Levava um passa-fora", garante Nildo, que em 1974, apenas cinco anos depois de ser contratado, tornaria-se o contador geral da rede, já com 5.500 funcionários.

Diretor de recursos humanos, Newton Furtado – que entrou na empresa em 1973 por indicação de empresários da colônia portuguesa e tornou-se um dos imediatos mais importantes na Sendas, onde ficou por 47 anos – completa: "Arthur só tinha instrução primária, mas era brilhante. Ele percebeu que, se não tivesse uma estrutura administrativa e financeira bem montada, não teria como crescer e sustentar o crescimento da Sendas. E isso quem deu foi seu Aprígio, grande aliado".

O aperto nas salinhas da Rua do Trevo deu lugar a um prédio a 500 metros dali, bem na beira da Via Dutra. Inaugurado em abril de 1971, com fachada de mármore branco, tinha quatro andares e muito, mas muito espaço. E mesas para todos, finalmente.

Em 1972, das 20 lojas do Grupo Sendas, 11 já funcionavam no sistema de autosserviço. "Nos Estados Unidos, o autosserviço já estava dominando o mercado. Em 1969, fui à primeira convenção internacional da Abras, em Atlantic City. Na época, estávamos construindo a loja da Tijuca, na Rua Uruguai. E havia uma dúvida muito grande se a gente abria o autosserviço ou se abria o sistema tipo Lojas Americanas [com seções separadas, onde se pagava cada compra]. Aí decidimos ao ver nos Estados Unidos que não precisávamos fazer embrulhos... E quem trouxe a sacola para o Brasil fomos nós. Não conseguimos quem fizesse aqui, a produção era muito pequena. Aí nós montamos uma fábrica, importando três máquinas da Alemanha para fazer as sacolas", contou Arthur Sendas, em 2003.

O FIM DO MILAGRE

Entre 1968 e 1973, segunda fase dos militares no poder, o crescimento da atividade econômica no Brasil era inegável, época de estouro do consumo. O PIB aumentava mais de 10% ao ano, chegando a 14% em 1973. A aquisição de bens duráveis subia 25% também a cada 12 meses – e haja geladeira, televisor, automóvel, batedeira. Inflação em queda, superávit na balança de pagamentos. Havia uma euforia no ar, financiada em boa parte por empréstimos tomados no exterior a baixo custo. A economia brasileira, que se apoiava no modelo agrícola-exportador defendido por Delfim Netto, importava insumos e maquinaria; as reformas tributária e financeira da primeira fase da ditadura haviam frutificado.

O consumo de alimentos, claro, também explodiu: as redes de supermercados se multiplicavam e o setor ganhava músculos. O governo Médici lançou em 1971 o Programa de Modernização e Reorganização da Comercialização, abrindo linha de financiamento na Caixa Econômica Federal. Na prática, a ideia era impulsionar as empresas de médio e grande porte do setor comercial, já que entre as exigências para concessão do crédito estava o faturamento acima de Cr$ 24 milhões anuais (R$ 192 milhões em 2022). O número de lojas de supermercados no Brasil aumentou, entre 1966 e 1976, em 800%: de cerca de 900 para quase oito mil.

Em 1973, com a primeira crise do petróleo, as coisas começaram a mudar com o boicote do fornecimento do óleo pelos produtores do Oriente Médio, na eclosão da Guerra do Yom Kippur – havia uma coalizão comandada por Egito e Síria com os gigantes Rússia e Estados Unidos nos bastidores. Ali decretava-se o fim de um período benigno da economia mundial; o efeito foi devastador para um mundo óleo-dependente. No Brasil, entre 1973 e 1974, os assalariados perderam 30% do poder aquisitivo. Racionamento, aperto, insegurança. Na segunda crise do petróleo, em 1979, detonada pela revolução iraniana que derrubou o Xá Reza Pahlevi, a dívida externa do Brasil no período saltou de US$ 17,2 bilhões, em 1974, para US$ 43,5 bilhões, em 1978: o pior dos panoramas macroeconômicos, que faria dos anos 1980 um tobogã de crises.

O varejo sentiu o aperto em primeira mão. A classe média

fortalecida, o breve período de alto consumo e pleno emprego, alimentado em grande parte pela construção civil, sofreram com o desmonte. A crise mundial iria cobrar caro o caminhão de empréstimos tomados pelo Brasil no exterior.

Para os comerciantes de alimentos, persistiam ainda por cima os velhos e cansativos problemas de abastecimento. Era uma batalha corpo a corpo: de um lado, o tabelamento de preços imposto pelo governo na tentativa de controlar a inflação; de outro, as pressões de produtores e atacadistas. "Não somos contra o controle de preços pelo governo, mas contra a forma como o listão é elaborado", dizia Arthur Sendas nos jornais: "Mas isso tem limites. O arroz, por exemplo, está sendo oferecido pelos atacadistas a preços mais altos do que a tabela final para o consumidor. Não dá". Em fins de 1975, o governo federal liberou o preço da carne. Mas as margens de lucro minguavam, enquanto os custos operacionais subiam. Algumas redes de supermercado que haviam surgido e crescido na esteira da fase "milagrosa" entraram em colapso.

Não a Sendas. A rede crescia, avançando pelos bairros do Rio – festejava, por exemplo, a abertura da segunda loja no Méier, "com 3.500 m² de área de vendas, seção de discos com cabines, padaria, açougue, presentes e utilidades do lar". E se lançava na sua primeira aquisição em 1974: quatro lojas dos Supermercados Ideal.

Surgidos em Duque de Caxias, os supermercados Ideal chegaram a reunir 25 pontos no estado do Rio. Vinham enfrentando sérias dificuldades, especialmente depois de um trágico incidente: perto do Natal de 1972, a estrutura da recém-inaugurada loja no subúrbio de Pilares desabou, matando 14 pessoas e ferindo centenas. Além disso, os proprietários – a família Tostes – consideravam que problemas de abastecimento, principalmente de óleo de soja e carne verde, os haviam levado à concordata. A Sendas arrematou as filiais de Olaria, Bento Ribeiro, Rocha Miranda e Pilares, reconstruída depois da tragédia. Essa loja, aliás, sofreria um incêndio em dezembro de 1989. Dessa vez, felizmente, sem vítimas – mas, definitivamente, o ponto parecia ser um tanto azarado.

Tijolo por tijolo

Em 1976, a Sendas tinha um respeitável patrimônio imobiliário e se distribuía em 27 filiais no estado do Rio, com mais duas em construção, somando 54 mil m² de área de venda. Um episódio foi marcante para que Arthur reforçasse a decisão de não ficar à mercê de pontos alugados. Em 1972, a Sendas operava um mercado no Boulevard 28 de Setembro 274, em Vila Isabel, loja erguida excepcionalmente num terreno alugado à Prefeitura do Rio. Numa manobra burocrática, as Casas da Banha conseguiram invalidar o contrato e se instalaram por lá, abrindo sua filial em fevereiro de 1973.

"Nunca vi meu pai tão furioso na vida", lembra Arthur Filho. "Inconformado com aquela situação, ele dizia que nunca mais teria lojas alugadas – e por muito tempo foi assim mesmo. Cinco anos depois, quando compramos o grupo Mar e Terra, incorporamos a loja dessa nova rede que havia na 28 de Setembro. Foi uma celebração, parecia o gol da vitória. O fato era ainda mais simbólico porque meu avô Manoel havia começado a vida no Brasil trabalhando na loja do tio Domingos, na mesma rua. E acabamos ampliando a Sendas dali, ocupando finalmente aquele local polêmico. Como proprietários. Meu pai e meu avô comemoraram como um final de campeonato".

O raciocínio de Arthur era bem esse: nunca se vende terra. Desfazer-se de uma propriedade, para o empresário, era sempre uma perda, um baque, mesmo que, claro, entrasse o capital correspondente no caixa da empresa. "Sempre tivemos caixa apertado por causa disso", analisa Nelson Sendas. "Meu pai investia o dinheiro em imóveis – não deixava esquentar no banco".

"Um terreno como o da Barra da Tijuca, onde se ergueu mais tarde o hipermercado Bon Marché, foi comprado por uma bagatela", reforça Nildo Pires Alves. "Custou algo como 50 vezes menos que o preço atual. Ele usava o capital de giro negativo da empresa – comprar a prazo e vender à vista – para construir e reformar as lojas". Newton Furtado, diretor de RH, conta que essa era uma contratendência: "Nas reuniões do Food Marketing Institute, o FMI, nos Estados Unidos, dizia-se insistentemente para a empresa não imobilizar capital. Ele fez exatamente o oposto, construindo um patrimônio imobiliário impressionante".

Em São João de Meriti, colado à sede na Via Dutra, o espaço crescia. Em 1977 já se anunciava a nova central de abastecimento, um colosso de 186 mil m² de área total e 80 mil m² de área construída. Subiu também o centro administrativo, do outro lado da estrada, bem em frente ao prédio de mármore, para abrigar a princípio a central de informática. E tomava forma um sonho de Arthur Sendas: construir um clube para os funcionários, com parque aquático, quadras, ginásio, sede social, estendendo-se por 46 mil m². O centro de lazer acabaria batizado de Sendolândia. A abertura dos portões do clube para os funcionários, que receberia campeonatos esportivos, festas juninas, de Natal, das crianças e das mães, aconteceu no feriado do trabalhador, em 1º de maio de 1979.

Também nesse período foram adquiridas outras fazendas – já havia uma propriedade de gado e culturas experimentais em Buritizeiro (MG). Usando o incentivo fiscal do Finor, Fundo de Investimentos do Nordeste, incorporaram-se ao patrimônio da Sendas três propriedades em Minas Gerais (Porto Alegre, Gameleira e Riacho do Mato) e duas em São Paulo (Itapeva e Sendas), num total de 22 mil hectares. Fazia-se basicamente criação de gado de corte, em Minas, e reflorestamento, em São Paulo. As terras passariam, em 1980, para a Sendas Pecuária, sob o guarda-chuva da holding Sendas Empreendimentos. A Sendas S.A ainda abrigava frigorífico, torrefação de café, indústria de pastas condimentares e fábrica de sacolas. O crescimento horizontal não ia parar por aí.

Em 1977, a transição das lojas da rede para o autosserviço estava quase finalizada – curiosamente, a tradicional loja de São João de Meriti, a das colunas brasilienses, foi das últimas a ganhar os caixas de pagamento, os check-outs. Já havia sido aberta a primeira Sendas em Niterói. Numa jogada de marketing, a loja começou a funcionar exatamente no dia da inauguração da Ponte Rio-Niterói, em 4 de março de 1974, quando uma carreata de caminhões da Sendas percorreu a cidade, seguindo depois em direção à antiga capital do estado.

Essa pujança ia na contramão do desempenho do setor. Em encontro da Associação Brasileira de Supermercados, o presidente da entidade, João Carlos Mendonça, da rede Bom Preço, falava da queda de rentabilidade, de 3,5% em 1973 para 1,6% em 1977. "Denunciou as facilidades dadas pelo governo para a entrada no Brasil de multinacionais do setor, que têm avançada tecnologia e recursos de bancos estrangeiros, aumentando o endividamento da nação e criando problemas para o abastecimento", reportava a revista da instituição.

Ele listava, ainda, números do setor de supermercados no Brasil: eram oito mil lojas que respondiam por 50% do abastecimento de alimentos do país, produzindo 170 mil empregos e faturando Cr$ 120 bilhões (R$ 215 bilhões em 2022), com Cr$ 10 bilhões pagos em impostos. O representante da Sendas, Humberto Lopes Xavier, ecoava na reportagem o desejo de um mercado mais livre de "intervenções, que representam distorções diminuindo a rentabilidade".

Política Associativa

No início dos anos 1960, o bairro São Mateus, em São João de Meriti, era a sede do time do Olaria – não o tradicional Olaria Atlético Clube do Rio de Janeiro, agremiação que revelou Romário em 1979 e teve momentos de grande brilho nos campeonatos carioca e brasileiro. Não. Esse era um time de várzea, cujo campo ficava exatamente em frente a uma fábrica de telhas e tijolos – daí o nome – e pertinho do armazém de Manoel Sendas. Criança, Arthur tinha sido mascote do time, levado pelo pai. E acabou presidente, cargo no qual uma de suas funções era a de... disc-jóquei. Ou o correspondente na época.

Para arrecadar fundos, o clube promovia festas dançantes. "A coisa muito badalada era o hi-fi, [para o qual] tinham que comprar ingresso", contou Arthur. "Eu, sendo o presidente, fazia a escalação com os diretores aos sábados e domingos, tocando as músicas, enquanto os garçons passavam pra cá e pra lá. Eu ia depois do almoço, às vezes, nem almoçava direito... Minha mulher tinha uma paciência de Jó".

Esse era, sim, na memória de Arthur, o início de seu envolvimento com o que definiu como "participação associativa". "Eu sempre gostei dessa participação", descreveu. "E eu queria deixar uma marca. Deixei o campo já comprado, por exemplo. Depois, vim a ser vice-presidente e presidente da associação comercial de São João de Meriti. Em seguida, vice-presidente e presidente da Asgri, Associação de Supermercados do Grande Rio, que se transformou em Asserj". Nos anos 1980 e 1990, ele alçaria os cargos de maior alcance e importância nacionais do varejo – na Associação Brasileira de Supermercados, a Abras, e na prestigiada Associação Comercial do Rio de Janeiro.

Sua chegada à presidência da Asgri, em abril de 1975, começava a consolidar o seu papel de porta-voz do setor. Era Arthur quem comentava para a imprensa o vaivém de produtos tabelados, em falta, dos importados... Era quem negociava com as entidades governamentais de regulação assuntos como desvio de feijão preto, sumiço da carne ou importação de arroz para abastecer prateleiras vazias. No mês seguinte à posse na Asgri, embarcou para a Europa, acompanhado de seu "segundo pai" – Nelson da Rocha Deus – para comparecer à Convenção Internacional de Supermercados em Veneza, seguindo depois para a Suíça e a Alemanha.

Iria trabalhar para a consolidação da figura pública de líder de setor. Também nesse campo, Arthur Sendas daria um salto bem maior na década seguinte.

Nova casa, novos ares

Em meia hora de carro, é possível escapar da selva de pedra carioca, subindo a estrada sinuosa e fresca do Alto da Boa Vista. Lá em cima, num larguinho com jeito de interior, vira-se à direita para a Estrada da Paz. Um grande portão azul dá acesso à casa de dois andares, retangular, com um terraço onde brilham duas piscinas. Da mureta, a vista é de tirar o fôlego. A Barra da Tijuca se estende aos pés do morro e encontra o oceano; ao redor, montanhas e a floresta intensamente verde. Mesmo nos dias de fornalha, no auge do verão, o clima costuma permanecer ameno.

Foram dois anos de obras: erguida entre 1973 e 1975, a Casa do Alto, como ficou conhecida entre os amigos e parentes de Arthur Sendas, tornou-se um personagem importante da vida cotidiana da família. E da empresa também: ali aconteciam festas para centenas de convidados, muitas delas ações de natureza política – há registros em vídeos e fotos do empresário com governadores, deputados, figuras do primeiro escalão do comércio e da indústria – e de reforço no congraçamento de diretores, gerentes e fornecedores da Sendas. Arthur tinha plena clareza da força desses momentos regados a boa bebida e comida farta, quando exercia sua sedução pessoal.

Erguida em um terreno de 5 mil m^2, a casa principal tem dois pavimentos e nove suítes: quatro no térreo, destinadas ao pernoite da parentada e dos amigos, e cinco para a família no segundo andar. Cada bloco conta com cozinhas industriais completas, copas e salas de jantar. O living de baixo, pegado a uma adega, era o espaço preferido de Arthur para jogos: aos domingos, armavam-se duas grandes mesas para o carteado. A decoração remete ao estilo senhorial, com grandes sofás, bergères, enormes mesas de madeira pesada e muitos objetos decorativos, a maioria de cunho religioso. E lareiras de verdade: o inverno ali é glacial, ao menos para os padrões cariocas.

Do lado de fora, à esquerda das piscinas, fica o campinho

gramado de futebol soçaite. À direita, um caminho cimentado leva ao imenso ginásio coberto, com a quadra de futebol de salão cercada por rampas. Era ali que se montavam as mesas, o palco e o bufê para as festas que reuniam 400 ou 500 convidados, com direito a acesso direto da rua por um caminho exclusivo.

A mudança da família para o Alto da Boa Vista aconteceu em 1975. Mas a decisão de comprar o terreno de Sebastião Mendes, antigo companheiro do varejo de São Mateus, veio no meio dos anos 1960, e por causa de uma quase tragédia... com final feliz. Aos 2 anos de idade, Nelson caiu subitamente doente. Uma febre altíssima, coberto por manchas vermelhas pelo corpo, com moleza e choro que não combinavam com o menino esperto. E de uma hora para outra.

Arthur e Maria começaram se preocupar, apesar de o médico de família não dar muita importância. Um segundo médico também achou que era caso de aguardar. O instinto dos pais falou mais alto: já de noite, levaram o menino para o Hospital Municipal Jesus, em Vila Isabel, bairro vizinho à Tijuca, especializado em pediatria. E foram premiados com o atendimento de um médico fenomenal: Dr. Athayde da Fonseca. Foi a sorte. Em cinco minutos, o médico diagnosticou meningite e iniciou o tratamento. Salvou a vida do menino.

Esse médico passaria ao convívio de um agradecido Arthur Sendas. Em 1966, Athayde tinha 55 anos de idade e 35 de formado. Negro, nascido de família muito humilde, formou-se em medicina na Universidade Federal do Rio de Janeiro e trilhou um caminho espetacular: começou dando consultas numa farmácia no subúrbio de Piedade e acabou juntando-se à equipe do Hospital Jesus, onde se tornou diretor e criou serviços de cardiologia, nefrologia e reumatologia, entre outras especialidades. Aquele hospital foi seu segundo lar, era uma autoridade: professor universitário, porta-voz e conferencista. Em 1965, chegou à presidência da Sociedade Brasileira de Pediatria. E num tempo em que, mesmo nas grandes cidades, morriam crianças aos milhares por infecções gastrointestinais e a desidratação era uma praga. Athayde lutava contra as condições sempre duras da profissão.

Já naquela época, os anos 1960, Athayde da Fonseca havia escolhido o Alto da Boa Vista como pouso de fim de semana. Tinha uma casa construída em 1963 e frequentava o clube do condomínio Enchanted Valley (onde, segundo o jornal *Diário Carioca* de 29 de março de 1964, Brigitte Bardot tinha comprado um apartamento). Diplomatas, políticos, militares e empresários brasileiros, além de estrangeiros, tinham casas no local, descrito como "um novo bairro a 600 metros de altura", com restaurante panorâmico, parque esportivo, piscinas e bares. Foi por influência do agora amigo Athayde que Arthur Sendas pensou em se mudar para o local. Quem já tinha casa por lá era outro supermercadista, José Álvaro Pinheiro da Costa, dono da rede Mar e Terra. E mais um fator pesou na decisão: como Nelson e a caçula Marcia sofriam de crises alérgicas, o ambiente mais fresco e o ar puro fariam bem especialmente aos dois. Martelo batido, terreno comprado, a obra começou.

Não demorou para que os fins de semana da família incluíssem a visita à construção. Pelo menos os rapazes – Arthur Filho, Nelson, João e Miltinho – se enfiavam no Galaxie para acompanhar, ansiosos, a finalização do campinho de futebol. Assim que ficou pronto, começaram a promover partidas todo domingo, em meio aos tijolos e cimento. E ansiavam pelo fim da obra: além dos campos, o projeto incluía vestiários, salas de massagem, saunas seca e a vapor – femininas e masculinas, separadas! – e equipamentos de ginástica.

Os campos de futebol se tornariam um dos centros de gravidade do lazer de domingo. Já de manhã formavam-se os dois times – Vasco de branco e Vasco de preto. Jogavam, muitas vezes, os veteranos contra os garotos. "Meu maior prazer é vencer o time do meu filho Tuca nas partidas entre veteranos e jovens. Meu time, no qual jogo sempre com camisa 10, tem meus amigos, com média de idade de 35 anos. A garotada que enfrentamos tem média de 20 anos. Eu garanto que é páreo duro", declarava Arthur Sendas à revista *Sendas em Família* em 1995. De vez em quando vinha alguém novo, um convidado, uma participação especial, desde que não fosse profissional da bola, claro.

Nesse campo – literal – a coisa era muito séria para Arthur Sendas, a ponto de nublar o raciocínio e permitir-se um pulo do gato, por assim dizer. Por exemplo: numa ocasião, apareceu um vizinho lá da Tijuca para jogar no time da garotada, Dino, dono de uma loja de flores. O rapaz era craque. Muito craque. Não tinha pra ninguém. Arthur não teve dúvidas: botou o Dino pra fora de campo, alegando que ele era profissional. Mas a história não acabou aí. No domingo seguinte, quem estava no time de Arthur Sendas? O Dino.

Domingo era também dia de prazer gastronômico para o disciplinadíssimo Arthur. Dia de alguma autoindulgência, ao menos. A irmã Maria Thereza, que morava numa casa grande, com quintal, no Méier, recolhia os ovos no galinheiro e separava para levar "às vezes oito, dez dúzias", conta. Saía cedo para o Alto da Boa Vista, com os pacotes de ovos e uma travessa bem coberta: "Aletria era o doce favorito de Arthur".

Um sabor bem português, o da aletria. A cada porção de 200 gramas de massa – aquele macarrão fininho, conhecido no Brasil como cabelinho-de-anjo – acrescentam-se cinco gemas de ovo, 150 gramas de manteiga, 750 mililitros de leite e 300 gramas de açúcar. Posta em fogo baixo, a aletria absorve todo o leite, o açúcar, a manteiga; para um azedinho longínquo, entram umas casquinhas de limão. Em seguida, adicionam-se as gemas bem batidas. Quando a mistura está bem cozida, é coar a casquinha de limão, assentar na travessa e decorar com canela em pó. A sobremesa segue a regra da cozinha conventual: muito açúcar, leite, gemas de ovo e um amido – farinha ou, como nesse caso, o macarrão – formam um creme espesso. Conta-se que as claras dos ovos eram usadas nos conventos para engomar hábitos e tratar os vinhos tintos: a albumina atrai e contrabalança as partículas de tanino. Com as gemas que sobravam, criou-se a doçaria famosa.

O domingo de Arthur Sendas também tinha dois dedinhos de uísque na hora da sueca, outra indulgência. O carteado de regras simples, rápido e viciante, muito popular em Portugal, rolava em pelo menos duas mesas de quatro participantes cada. A origem do nome "sueca" é nebulosa, ao contrário do truco, que certamente é uma corruptela de "turco", pela origem moura. Sabe-se, no entanto, que a sueca é jogada há séculos nos países de língua portuguesa. Também há a versão de que, a princípio, eram surdos-mudos os que se dedicavam ao jogo: uma das regras proíbe a comunicação entre os parceiros.

Mas o lazer só começava, obrigatoriamente, depois da missa. No terreno grudado ao da casa fica a pequena Capela Santo Cristo dos Milagres, de fachada branca e muro de pedra. Ao se mudar para o Alto, Arthur fez questão de reformar a construção, erguida em 1940 por açorianos estabelecidos no bairro, acrescentando um salão anexo. Nos dois primeiros anos da família na nova residência, não havia celebrante fixo. Em 1978, mudou-se para o local um homem de personalidade extraordinária, que se tornou amicíssimo e o grande confidente de Arthur Sendas: o Padre Navarro.

Sábado, 3 de outubro de 2020. Ao meio-dia, um animado grupo faz um batizado na Capela Santo Cristo dos Milagres, com sermão do Padre Navarro. A família esperou meses para conseguir realizar o evento ali, por causa da pandemia da Covid-19. No final, um grupo se aglomera na escadinha de acesso, para uma foto com drone. Na sacristia, o padre está numa poltrona, em mangas de camisa, descansando antes do próximo batizado. Cofia uma barba branca – "esse ano, quero ser Papai Noel com barba de verdade", explica – e se ajeita para falar do grande amigo.

João Navarro Reberte tem na ponta da língua o dia exato em que chegou ao Alto da Boa Vista: 20 de fevereiro de 1978, uma segunda-feira. A história desse paranaense carismático, risonho e bem-falante é um caminho de muitas voltas. "Em 1968, eu estudava pedagogia e orientação educacional na Universidade Federal do Paraná", ele conta. "Era o tempo das passeatas, protestos, eu corria da polícia com meus colegas, até tomar a decisão de entrar para o Seminário Sagrados Corações, em São Paulo. Já ordenado, me designaram para a comunidade do bairro de Campo Grande, na Zona Oeste do Rio de Janeiro – e eu vim por obediência, não queria de jeito nenhum".

Obediência, mas nem tanta assim. Contrariando as linhas da comunidade, o padre decidiu, em 1977, entrar para a Marinha como capelão. "Falava-se tão mal dos militares, eu queria saber como era a coisa por dentro", ele ri. Não se arrepende: viajou o mundo todo ("estive em 18 países da África") e, entre outras aventuras, foi o primeiro brasileiro a rezar missa na Antártica, viajando no Barão de Teffé, em 1982.

Mas a teimosia rendeu a ordem para deixar a comunidade. Ao Padre Navarro foi oferecida a residência e o trabalho na capela do Alto da Boa Vista. "Cheguei e só tinha a capelinha e a casa, vazia, com exceção de uma cama e uma mesinha. Limpei tudo e botei um cartaz, escrito à mão mesmo, anunciando missas às 8h e às 10h. Naquele primeiro domingo, toquei o sino e vieram seu Arthur, o pediatra Athayde Fonseca, José Álvaro da Costa, dos supermercados Mar e Terra, e mais meia dúzia de pessoas. Fizeram uma visita à casa. Seu Arthur anotou tudo, e dois dias depois encostou um caminhão com geladeira, fogão, móveis, todos os eletrodomésticos... Montou a casa toda".

Aos poucos, as missas foram ganhando quórum. Chegavam moradores das comunidades próximas e amigos, atraídos pelas homilias do padre. Quando terminava o serviço religioso, Arthur Sendas, Seu Costa e o doutor Athayde ficavam conversando na porta da capela.

A amizade entre Arthur e o Padre Navarro cresceu a ponto de viajarem juntos, todos os anos, em agosto, para a Cardanha. "Chegávamos a Lisboa, nos registrávamos no hotel e saíamos para tomar vinho e comer petiscos", lembra o padre. "Ele mantinha um carro Mercedes-Benz na Cardanha e nele seguíamos para Fátima, onde acompanhávamos a procissão das velas e assistíamos à missa". Mas a devoção ainda teria uma prova anual que ele fazia questão de cumprir. "No dia seguinte, Arthur percorria de joelhos a pista de acesso à Capela das Aparições, de uns 150 metros, e dava duas voltas de joelhos na capela", prossegue o padre. "Só então seguíamos viagem, passando pela Serra da Estrela, degustando aquelas maravilhas. Na aldeia do pai, hasteava a bandeira do Brasil e de Portugal, assistia ao desfile da banda que ele patrocinava, acompanhava a procissão de São Sebastião... e andava muito. Era um período especial para ele, de recomposição interna".

Padre Navarro se cala por alguns instantes. Uma pausa repleta de sentimento, de lembrança viva. "Ele foi a pessoa mais honesta e coerente que conheci. A fé de Arthur era, claramente, a resposta na sua vida. Nunca vi alguém que pedisse alguma coisa a ele sair de mãos abanando. As ocasiões em que ajudou pessoas, comunidades e iniciativas são incontáveis. Quer saber uma delas? Pedi suporte para um evento sem patrocinador, um almoço de Natal para seis mil irmãozinhos de rua. Ele parou tudo para providenciar uma tonelada e meia de frango assado. Disso ninguém ficava sabendo".

Há, de fato, muitas histórias sobre Arthur Sendas, a maioria pouco conhecida e que viria a público muito mais tarde. Uma delas virou crônica de Carlos Heitor Cony no jornal *Folha de S.Paulo*, em outubro de 2008:

> *Já o conhecia de almoços na sede da Manchete. Ele nada devia ao grupo dirigente, nem anunciante chegava a ser. Era apenas amigo, nada pedia em troca, nem mesmo promoção pessoal. Acontece que o grupo [Manchete] entrou em dificuldades que o levariam à falência, mas, antes disso, durante alguns meses, quase um ano, os salários foram diminuídos e, finalmente, suspensos.*

Tive a oportunidade de apreciar o quanto pode a solidariedade humana. Certa manhã, ao chegar ao saguão principal, vi umas 500 sacolas das Casas Sendas que Arthur mandara para distribuição entre os funcionários mais necessitados. Durante meses, os mais humildes servidores da empresa tiveram aquele reforço – arroz, feijão, óleo, farinha, leite em pó, café, alguns alimentos em conserva.

Nada se podia dar em retribuição àquele gesto gratuito, espontâneo, de um empresário que já havia feito o mesmo sempre que sabia que uma legião de empregados estava com salários atrasados ou cortados.

De aparência humilde, quando almoçava com ele logo me esquecia de que estava diante de um poderoso dono de supermercados. Ele se interessava pela cultura popular, pelas coisas da vida, nunca se insinuava como responsável por mais de 15 mil empregados. Não se promovia pessoalmente. Nunca pedia nada. Os gestos de solidariedade que fazia não eram apregoados pela publicidade. Muitos dos beneficiados nem sabiam de onde vinham as sacolas sem o nome do doador.

O DELEGADO

Foi em 1974 que se juntou ao círculo mais próximo de Arthur Sendas um jovem auxiliar técnico do Vasco da Gama. Nascido em 1941 no bairro do Santo Cristo, no Centro do Rio de Janeiro, Antônio Lopes jogava pelada com a molecada vizinha na Rua Marquês de Sapucaí – a mesma que, em 1984, se transformaria no Sambódromo, onde as escolas de samba cariocas desfilam. Chegou a jogar no Olaria, mas a faculdade de Educação Física e um concurso para a Polícia Civil mudaram o rumo de sua vida.

O futebol logo voltaria a ganhar espaço, no entanto. Já comissário da polícia, viu entrar na delegacia seu colega Hélio Vígio, que acumulava o cargo de preparador físico do Vasco. Mais velho e experiente, Vígio estava ali para dar uma ajuda ao goleiro Andrada, que tivera o carro apreendido. Lopes apressou a burocracia e ali mesmo ouviu que havia vaga no clube, também de preparador físico, como auxiliar de Mário Travaglini. Aceitou na hora. Foi a primeira das suas sete passagens pelo Vasco, seis como treinador – com vitórias que incluem a conquista da Taça Libertadores da América de 1998, um dos destaques de uma sólida carreira nacional e internacional.

Ali, em 1974, também começava a amizade duradoura e inquebrantável com Arthur Sendas e sua família. A apresentação foi feita pelos massagistas do time, Prado e Eduardo Santana, o Pai Santana, figura folclórica e reverenciada no clube, ex-boxeador e pai de santo cujos "poderes", diziam, ajudavam o Vasco. Os dois massagistas já se revezavam atendendo Arthur em casa. O fato é que o empresário estava insatisfeito com a forma física – "gordo", dizia ele. As fotos da época não acusam sobrepeso significativo, mas naquele momento da vida, aos 39 anos, Arthur decidiu que era hora de emagrecer, ganhar músculos e resistência. Gostou da ideia de pedir a orientação do novo auxiliar técnico do Vasco, formado em educação física e em excelente forma. "Passei a ser o treinador dele, o que hoje se chamaria personal trainer", lembra Lopes. "Na amizade. Ele queria me pagar, mas eu não aceitava de maneira nenhuma".

Na ida da família para o Alto da Boa Vista, o treino se tornou mais intenso e mais agradável. Às terças e quintas, depois do trabalho, e aos sábados de manhã, os dois corriam pelas estradas do bairro, subindo e descendo as ladeiras e indo até a Floresta da Tijuca; faziam séries de exercícios e muitos abdominais. "Ele tinha uma raça tremenda. Emagreceu logo", lembra o treinador. O Padre Navarro, na época bem corpulento, de vez em quando aderia ao exercício, mas temperava a corrida com bom humor – seguia Arthur e Lopes, com dificuldade, entoando um refrão a cada passo: "Chope gelado, chope gelado, chope gelado". Logo ficava para trás.

"Quatro vezes por semana eu faço meus exercícios, que incluem abdominais, levantamento de pesos, barra, inclusive cooper; e jogo minhas peladinhas", disse Arthur numa entrevista de 1978 para a revista *Sendas em Família*. Viagens, reuniões, congressos... Nada disso impedia o programa físico, onde quer que estivesse. Era sagrado.

A alimentação de Arthur também mudou nesse período. Numa reportagem da revista interna da empresa, em 1995, Maria Ablen falou da transição da dieta do marido, mais uma prova de disciplina: "Antes de começar a fazer dieta, gostava de comer de tudo. Agora, o cardápio do jantar se resume a uma sopa de legumes e um mamão na sobremesa. Posso servir um banquete que ele não come". O almoço, sempre no refeitório da sede. Quando era inevitável comparecer a eventos e festas, encarava a comida com parcimônia e, ao chegar em casa, rebatia com fatias de abacaxi, que contém bromelina, enzima que melhora a digestão. O amargo chá de boldo também era um recurso frequente.

A rotina diária começava ainda de madrugada, às 5h, 5h30. "Tomo meu café umas quinze para as seis, faço barba, tomo meu banho, saio de casa às sete; chego aqui [na sede, em São João de Meriti] sempre sete e meia, sete e quarenta, mais ou menos isso, já que pego trânsito favorável. Fico aqui, participando das reuniões com os diretores, mantendo contato com as autoridades. E ligando para as lojas, falando com os gerentes, porque eu gosto muito de loja, e atendendo as pessoas, com os problemas que a gente tem", contava Arthur. À noite, "dez, dez e meia eu tenho um sono danado", continuava ele. "Eu tenho um rádio que é meu companheiro. Sempre à noite eu deito e fico ouvindo as notícias de esporte. Aí em dez, quinze minutos eu durmo. O rádio a certa altura desliga sozinho, aquilo é uma tranquilidade".

O rádio era um companheiro de todas as horas. Costumava ver os jogos de futebol com os olhos na TV e o ouvido grudado no aparelho. Descia a serra pela manhã invariavelmente ouvindo as notícias. O radialista e publicitário Paulo Giovanni, que assumiu o horário nobre da Rádio Globo – das 7h às 9h da manhã, em que a Sendas anunciava –, acabou se tornando mais um participante das sessões de exercício. A proximidade aumentou quando Antônio Lopes aceitou sua primeira missão fora do Brasil, como técnico da seleção do Kuwait, em 1983. Giovanni já tinha fundado sua agência de publicidade, em 1973, e a aproximação rendeu uma amizade sólida. "Arthur era obcecado pela superação", lembra. "Um líder inconteste. E não gostava de perder de jeito nenhum. A partida de futebol no Alto da Boa Vista só acabava quando ele fazia seu gol – podia durar horas, mas não terminava".

Ouro e lágrimas

As bodas de ouro de Manoel Antônio e Biluca, em setembro de 1975, foram uma celebração de muita emoção familiar, com missa na solene Candelária e festança. Os dois permaneciam morando em São João de Meriti, na casa para onde haviam se mudado depois do quebra-quebra de 1962.

Aos 74 anos, Manoel Antônio seguia firme, visitando as lojas e comparecendo às inaugurações. No início de 1976, no entanto, passara por uma intervenção cirúrgica sem gravidade. Arthur, Maria e os filhos queriam suspender os planos de um cruzeiro pelo Caribe, mas Biluca não deixou. "A última imagem que meu pai teve da minha avó foi quando ela o levou à porta do elevador no Hospital São Lucas, dizendo que vovô estava bem e que ele viajasse tranquilo", escreveu Marcia Sendas no livro em que homenageia o avô Manoel.

Embarcaram. No meio de um jantar, nos últimos dias de fevereiro, a família ouviu uma chamada pelo alto-falante, um telefonema urgente. Biluca havia sido internada, com um AVC. Arthur pediu um helicóptero, foi direto para o aeroporto de Miami e chegou ao Rio no dia seguinte, para chorar, já no aeroporto do Galeão, nos braços do amigo Nelson da Rocha Deus. Da internação ao falecimento, foram sete dias. "Meu avô só falava que queria ir para junto dela", relatou Marcia. "Deixou todos os pertences da mulher intactos, ia todos os domingos visitar seu túmulo e, às vezes, viajava a Uberaba para receber mensagens psicografadas de Chico Xavier".

Depois da morte da mãe, Arthur redobrou os cuidados e a presença junto ao pai. Criou um ritual de almoço às sextas-feiras, na casa de São João de Meriti, para onde convocava os amigos com regras de um divertido rigor – incluindo multas a quem faltasse sem justificativa. Em geral, garrafas de uísque.

O ano de 1976 traria uma outra perda muito dolorosa: a de Nelson da Rocha Deus, o "segundo pai", o grande negociante que, desde os anos 1950, adotara aquele jovem ousado, intuitivo e honrado. Haviam seguido juntos. "Meu pai e seu Aprígio nunca quiseram nada de Arthur e foram sempre seus maiores aliados", reforça Nelson da Rocha Deus Filho, arquiteto que chegou a trabalhar na empresa entre 1974 e 1976. "Arthur ouvia 100% do que meu pai dizia. Toda sexta-feira, visitavam uma loja de surpresa. Em fim de março de 1976, ele recebeu um diagnóstico de câncer de intestino, já com metástase. Foi uma despedida rápida. Faleceu na primeira semana de maio".

Muitos anos mais tarde, Miltinho – o filho agregado à família Sendas – lembra que, depois de uma visita de trabalho ao Mercado São Sebastião, Arthur parou no Cemitério do Caju. A noite já caía. Ajoelhado diante do túmulo de Nelson da Rocha Deus, arrancou do chão todas as ervas daninhas e limpou a lápide com imenso cuidado – e imensa saudade.

ESCALADA DA SENDAS

A história de José Álvaro Pinheiro da Costa, presidente da rede Mar e Terra, repete a de quase todos os comerciantes do setor supermercadista. Imigrante português, chegou ao Brasil nos anos

1930 e empregou-se no balcão do pequeno armazém Mar e Terra, no Leblon, fundado em 1912 – quando o bairro, hoje área nobre, era pouco mais que um areal. O nome vinha do fato de que o armazém abastecia também a Companhia de Navegação Lloyd Brasileiro. A vida era trabalho e economia. Em 1944, junto com seu companheiro de balcão João Luís Pires da Fonseca, também imigrante português, arrematou o armazém do proprietário Alípio Figueiredo, "pagando aos poucos com a féria do dia", contava.

Em 1972, a rede tinha 27 lojas e anunciava um agressivo plano de expansão. Numa entrevista ao *Jornal do Brasil*, Costa ponderava: "Não há mais lugar para os pequenos armazéns, que serão absorvidos pelas grandes redes".

Nos anos seguintes, empresas do setor acusavam o golpe da retração econômica do país e o movimento era de concentração. O Pão de Açúcar adquiriu a cadeia Peg-Pag, entrando no mercado carioca; as Casas da Banha compraram o Camponesa, de Minas Gerais. E o grupo Mar e Terra, por exemplo, estava quase em concordata e precisava ser negociado.

Em 1978, eram 31 lojas, abarcando 10% do mercado carioca. E trazia uma preciosidade: ali ao lado da sede da Sendas, em São João de Meriti, o Mar e Terra mantinha sua central de distribuição – terreno onde mais tarde se ergueu o Shopping Sendas, transformado em 1995 no Shopping Grande Rio. Arthur Sendas avançou depressa. E arrematou a rede. A notícia foi confirmada no início de agosto, na 12ª Convenção de Empresas de Supermercados, no Rio.

"Foi uma compra de impulso", revela Nildo Pires, que em 2022 continuava na empresa como diretor de planejamento tributário: "Seu Arthur dizia: 'Comerciante faz pra pensar, não pensa para fazer'. E seu Aprígio tentava segurar alguns desses impulsos. Não houve ali trabalho técnico, mas foi uma compra que deu muito certo". Nota publicada pela coluna Informe Econômico do *Jornal do Brasil*, dando conta do negócio, encerrava com a ponderação: "Fica assim afastado por algum tempo o temor manifestado na reunião pelo crescimento da concorrência".

O valor envolvido foi, segundo jornais da época, de Cr$ 240 milhões (R$ 317 milhões em 2022), com "recursos próprios e a rede bancária comercial", enfatizava o vice-presidente Aprígio Xavier, fazendo o contraponto com a participação do BNDES na aquisição do Peg-Pag pelo Pão de Açúcar. "Empréstimos de longo prazo com correção monetária ou cambial não servem ao nosso negócio", continuava Aprígio. "A margem de lucro do setor já está abaixo da inflação e do custo do dinheiro, em cerca de 2,8%. Se pagarmos juro e correção, ficamos sem condições de trabalhar. Mas a Sendas não pensa em adquirir outras cadeias de supermercados nem em diversificar suas atividades", garantia o vice-presidente. As dívidas dessa aquisição seriam integralmente quitadas em 1983.

A rede saltava de 13 mil funcionários para 18 mil; e chegava a 61 lojas. Sendas vendeu metade das lojas da nova cadeia, concluiu a construção da sua central de abastecimento com 186 mil m² – a anterior tinha "apenas" 40 mil m² – e começou a projetar novos usos para o vasto terreno do Mar e Terra. Um desses planos era a construção do Shopping Sendas, primeira forma – ainda incipiente – do investimento em shopping centers.

A Sendas estava em expansão acelerada. De 1970 até aquele momento, as vendas aumentaram em mais de 3.000%, de Cr$ 266 milhões (R$ 2,6 bilhões em 2022) para Cr$ 8,6 bilhões em 1977 (R$ 15,4 bilhões).

A revista da Associação Comercial do Rio de Janeiro, edição de setembro de 1978, trazia na capa um Arthur Sendas compenetrado ao telefone, elegante, sob a chamada "A escalada da Sendas". No embalo da absorção do Mar e Terra, a Abras desfiava os números do setor: em primeiro lugar estava o Pão de Açúcar, com 24 mil funcionários, Cr$ 20 bilhões de faturamento (R$ 24,1 bilhões em 2022), 238 lojas; em segundo, a Sendas, com 62 lojas, 13 mil funcionários e Cr$ 10,369 bi de faturamento (R$ 12,5 bilhões); e em terceiro, as Casas da Banha, com 81 lojas, 18 mil funcionários e Cr$ 9,5 bilhões (R$ 11,5 bilhões) no balanço. Proporcionalmente, a performance da Sendas era a mais brilhante dentre as redes campeãs.

Carlos Henrique

O primeiro slogan da Sendas já vinha estampado nas notas de compra do armazém Casa do Povo: "Brasileiros a serviço da boa alimentação". A frase seguiu por um bom tempo definindo as Casas Sendas, no orgulho do capital 100% nacional e no espírito de servir, como Arthur gostava de enfatizar. E a empresa já chegou, nos anos 1960, com uma ideia simples e genial, coisa preciosa no mundo do varejo, que busca marcar época, criar identidade, ativar a lembrança – e a publicidade tem sorte quando encontra uma pedra desse quilate.

A Sendas dera seu pontapé inicial no mundo da propaganda com a oferta, nas lojas, de "água gelada e cafezinho Sendas", um achado em termos de marketing. A chamadinha, que simbolizava um diferencial de atendimento, era muito boa, evocava diversas dimensões de resultado positivo – além de cativar o cliente com simpatia, vendia o bom café moído na hora, consolidando a marca no café Sendas.

De quem foi a ideia? Hoje, não se sabe com exatidão. Mas também surgiu, como o primeiro slogan, muito antes da empresa, ainda na Casa do Povo. "Ah, o Café Sendas é da década de 60", contou Arthur numa entrevista à *Sendas em Família*. "Desde o pequeno armazém, nós tínhamos o cafezinho Sendas. E isso nos levou a ter uma torrefação própria e mais tarde exportar café. Nossa seleção de grãos é especial. Você pode tomar o Café Sendas hoje, amanhã voltar lá, e o paladar é sempre o mesmo. Porque a gente sabe o quanto é importante a qualidade".

Havia filiais que distribuíam mais de 20 quilos de café diariamente, e as histórias se multiplicavam, como a da gringa que entrava na fila várias vezes, espantada pela fartura do produto: "Tem uma alemã, casada com um diplomata, que quando vem aqui toma dezenas de xícaras de café", contava à revista interna a atendente Sara Teodoro, que servia o café numa das filiais. O delicioso aroma do grão torrado era característico das lojas, um cheirinho bem brasileiro de hospitalidade. E a freguesia levava o café Sendas, moído na hora. Genial e, para muitos cariocas, inesquecível.

Nas décadas de 1960 e 1970, o patrocínio da Sendas na TV era para o programa do elegante Jota Silvestre, na Tupi, às 23h, de terça a sábado. Sempre de terno, sereno e culto, o paulista cravou uma das maiores audiências da TV brasileira de todos os tempos com o programa de perguntas e respostas *O céu é o limite*. Marcava-se assim a diferença em relação à popularesca imagem das Casas da Banha, que patrocinava o iconoclasta Chacrinha.

A conta da empresa, depois de passar por agências publicitárias de pequeno porte, migrou na segunda metade dos anos 1970 para uma das maiores agências da época, a MPM Propaganda. Um marco de mudança. O que não mudava, e não mudaria por muito tempo, era a presença daquele moço alto, sorridente, elegante, a simpatia em pessoa. Era de tal maneira identificado com a Sendas que muita gente pensava que se tratava do próprio Arthur Sendas. E, de fato, por anos a fio, não havia evento, anúncio ou comercial da rede sem Carlos Henrique.

Ele se dizia "carioca de Itapeva" – e começou a carreira na rádio da cidade vizinha, Itapetininga, cidade no sudeste de São Paulo, em 1941, aos 12 anos de idade. O vozeirão sedutor o levou para a capital paulista, onde estrelou radionovelas cinco anos depois, e ganhou programa próprio na Mayrink Veiga, no Rio, em 1951. Mas não era só a voz que seduzia: a estampa de galã de olhos claros também abriu as portas da televisão. Pelas mãos de Walter Clark, chegou à TV Rio em 1965 para apresentar um programa diário. Foi nessa emissora que a Sendas entrou na vida de Carlos Henrique – para nunca mais sair. E foi por causa de um dente.

Ali, em 1967, os intervalos comerciais eram todos ao vivo, assim como grande parte da programação – o videoteipe já existia, mas usado com parcimônia. O garoto ou a garota-propaganda ficava num cantinho do palco ou do estúdio e no intervalo derramava suas ladainhas. As Casas Sendas escalaram o apresentador Raymundo Nobre de Almeida para anunciar em *A buzina de ouro*, com Jota Silvestre, e *A nossa discoteca*, com Murilo Nery, dois astros da época. "Eu já estava na TV Tupi à frente de *A estrela é o limite*, com a Neide Aparecida, e fazia os comerciais da Impecável Maré Mansa", contou Carlos Henrique à revista *Sendas em Família*, em 1999.

"Raymundo tinha extraído um dente na base da emergência e me pediu para ir no lugar, recomendando que focasse nos preços baixos. Cheguei em cima da hora e improvisei um slogan: 'Duvidamos que alguém venda mais barato!'. Na sonoplastia, alguém aplicou uma reverberação... e a frase ficou".

O acaso foi daqueles que mudam o destino – começou ali uma associação permanente com a Sendas. Carlos Henrique abandonou inclusive a apresentação do *Telecatch Montilla*, encenação de luta livre com enorme audiência, transmitido em São Paulo todo sábado: "O avião da ponte aérea quase caiu e eu decidi não ir mais. E veio a exclusividade com a Sendas, que mantivemos na base da palavra. Nunca assinei um contrato!". A amizade com Arthur Sendas era sólida, "apesar de ser vascaíno e eu, tricolor", dizia brincando. E assim permaneceram, próximos. Inauguração de loja, missa, festa da Sendas? Lá estava sempre Carlos Henrique. Ele apresentou ainda a gincana de conhecimentos *Sendas do saber*, com estudantes do ensino médio, em 1975, na TV Tupi.

Carlos Henrique tinha uma curiosa e imbatível capacidade de cravar segundos exatos na locução sem necessidade de monitoramento, o que lhe valeu o apelido de "cronômetro humano". Tinha também talento e muita experiência, que colocou a serviço da Sendas com seu jeito de cantar as frases, quase uma melodia – aliás, chegou a gravar um disco como cantor. Ele reunia sorriso, credibilidade e elegância. E Arthur retribuía a dedicação. Continuariam amigos pela vida afora.

O segundo personagem da publicidade da rede era o radialista Paulo Giovanni, dono de agência desde 1973. A aproximação foi intensa e pessoal – além da pelada domingueira e do exercício, trocavam ideias sobre futebol. E música. "Arthur me dava umas missões impossíveis. Uma delas foi conseguir um show do Roberto Carlos no evento que promovia para os fornecedores", lembra ele. "Mas conseguimos".

Um Papa dos Supermercadistas

A loja do Leblon, joia da rede Sendas, estava particularmente brilhante naquele dia, em meados de abril de 1979. De férias no Rio, um grupo de quatro norte-americanos, fundadores de supermercados e lojas de departamento, visitaria as instalações, guiado por ninguém menos que Arthur Sendas, atendendo a um pedido especial do então vice-presidente da Coca-Cola no Brasil.

Para os funcionários, ver "seu" Arthur não era uma ocasião rara. Mas para Arthur Sendas essa visita tinha um sabor diferente: no grupo estava George Washington Jenkins, o criador e comandante da rede Publix, da Flórida, cadeia de lojas que era uma espécie de meca dos operadores de supermercados do mundo todo. Frequentemente, brasileiros do setor supermercadista em viagem à convenção anual do FMI, o Food Marketing Institute, davam aquela passadinha na Flórida para visitar supermercados Publix, checar novidades, métodos e ideias de Jenkins. Pois é, só havia Publix na Flórida. Era uma rede poderosa, inovadora, importante, referencial... e regional. Como a Sendas.

Naquela manhã, os visitantes percorreram a loja do Leblon, ciceroneados por Arthur Sendas e Arthur Filho, que, aos 18 anos, desdobrava-se para ajudar o profissional contratado para traduzir as conversas entre os empresários. No fim da visita – eles iriam se encontrar à noite, num jantar na casa do Alto da Boa Vista, com as esposas –, Jenkins perguntou a Arthur Sendas se conhecia a rede Publix. A resposta do brasileiro foi imediata: "Como operador de supermercado, ir à Flórida e não visitar a Publix é como um padre ir a Roma e não ver o Papa". Jenkins ficou deliciado.

Dizem os que conheceram George Jenkins (1907-1996) desde os primeiros tempos que era um homem extraordinário, absoluto *self-made man* com grande carisma, ideias arrojadas e coragem – e a Publix nasceu da sua determinação. Em 1930, na cidade de Winter Haven, na Flórida, foi aberta a primeira Publix Store. A princípio, uma mercearia tradicional. Dez anos depois, se reinventou como uma loja imponente e repleta de inovações: espaço bem iluminado, comida congelada, ar-condicionado e até uma porta automática que virou atração turística. A ideia era tornar agradável a experiência da compra – o livro que celebra as cinco décadas da rede se chama *50 years of pleasure* (Cinquenta anos de prazer), referência ao slogan "Publix, where shopping is a pleasure".

A expansão não demorou e, ao longo de décadas, a cadeia de supermercados se espalhou por todas as regiões da Flórida. Até 1991, a rede se manteve nos limites do estado, mas crescendo consistentemente. Em 1974, já faturava US$ 1 bilhão. Continuou inovando na logística, nas instalações, na tecnologia – foi, por exemplo, uma das primeiras no mundo a adotar códigos de barras, no início dos anos 1970.

Tamanho sucesso é creditado, em grande parte, aos valores que George Jenkins implantou na estrutura desde o início: gentileza com o cliente, irrepreensível limpeza, ambiente agradável e um corpo de funcionários leal. Nascido na Geórgia, filho de um dono de armazém, começou a trabalhar com o pai aos 12 anos e apostou tudo nas primeiras lojas que abriu, enfrentando a rebarba do crash da Bolsa de Nova York. Mantinha um relacionamento sempre amigável e entusiasmado com funcionários e clientes. Uma história com muitos pontos em comum com a de Arthur Sendas – inclusive representatividade num ranking nacional, mesmo sendo uma rede regional.

Um dos episódios emblemáticos do livro do cinquentenário da rede se passa numa vista de George Jenkins a lojas. O gerente de uma delas se apresentou contando, orgulhosamente, que conseguia disfarçar produtos avariados, como latas amassadas, e "empurrá-los" para os clientes. Jenkins assentiu e, ao encerrar a visita, pegou um carrinho e saiu recolhendo todos os produtos avariados da loja. Passou pelo caixa, pagou e saiu, deixando o gerente constrangido e assustado. Ainda disse, gentilmente, que o cliente merecia apenas o melhor, mas não penalizou o funcionário – que se tornou, algum tempo depois, o diretor de qualidade da rede. Impacto profundo.

Quando os convidados chegaram à casa do Alto da Boa Vista para o jantar, Arthur Sendas já tinha um pacotinho ao lado. Numa plaquinha de metal, lia-se a frase, em inglês, que Jenkins havia adorado: *As a supermarket operator, going to Florida and not visiting Publix is like a priest going to Rome and not seeing the Pope.* Durante o jantar, Jenkins contou que supermercadistas do mundo todo mandavam seus filhos trabalharem na Publix e perguntou a Arthur qual dos três jovens Sendas ele ia enviar para uma experiência com ele. Não deu tempo nem de traduzir: Arthur Filho se candidatou.

No fim desse ano, 1979, ele já estava de malas prontas para a Flórida, onde estudou administração de empresas e marketing na University of South Florida e trabalhou por dois anos na Publix em Lakeland – região onde a rede nasceu. O pai, orgulhosamente, contaria, mais tarde, em reportagem do *Jornal do Brasil* em 1985: "Agora [Arthur Filho] está estagiando junto ao gerente de uma das lojas. Mas lá nos Estados Unidos ele fez como qualquer empregado nosso faria: começou pelo setor de descarga de caminhões, passou pela remarcação de preços, caixa e depois chegou aos escritórios". Dali, formado – e já casado com a bela equatoriana Jeannette Otero, sua colega no curso de preparação para a universidade –, voltaria em 1984 para imergir na Sendas, assumindo funções desde o chão da loja.

Na mesma reportagem, era enfatizado o "espírito de família", ressaltando o papel de Manoel Antônio, aos 85 anos, uma espécie de "supervisor-mor, centro aglutinador dos mais diversos interesses do conglomerado, que se profissionaliza a cada dia sem abandonar o espírito de uma grande família". Menciona que "o principal executivo de um staff que inclui os irmãos Francisco e Manoel" tem ainda o vice-presidente "Aprígio Xavier, com mais de 20 anos de casa e o direito de ter a mesa no mesmo escritório de Arthur e ao lado da sua".

Na década seguinte, essa estrutura iria mudar com a decisão de estabelecer novas linhas de governança.

No fim dos anos 1970, vivia-se a perspectiva de distensão política. Vozes e movimentos se destacavam na reivindicação de uma nova ordem política e econômica. Uma dessas vozes era representada pelo movimento operário no ABC paulista. O Movimento Contra a Carestia, também nascido em São Paulo, ganhou adesão nacional com apoio da Igreja Católica. Jornalistas e personalidades se mobilizavam contra a censura. No início da década de 1980, os atentados à Ordem dos Advogados do Brasil e a bomba no show do 1º de Maio, no Riocentro, abalavam ainda mais o governo militar. Estava ficando difícil manter a postura de negação e repressão.

Em 28 de agosto de 1979, o último presidente militar do período pós-64, João Baptista Figueiredo, havia cedido à pressão social e assinara a Lei da Anistia, assegurando não apenas o regresso dos exilados e perseguidos como "subversivos", mas dando como virtualmente encerrado o regime de exceção. O texto do documento chega a ser poético: fala no "desarmamento dos espíritos pela convicção da indispensabilidade da coexistência democrática". Diz ainda que o ato, "histórico, reabre o campo de ação política, enseja o reencontro, reúne e congrega para a construção do futuro". Mesmo debaixo de críticas ao formato final – falta de abrangência para um lado, o dos "subversivos"; excesso de benevolência para outro, o dos militares –, tratava-se de uma inflexão na trajetória política do Brasil.

Mesmo esgotado o "milagre", e com a conta sendo cobrada, a classe média urbana havia se habituado ao novo patamar de consumo. Os automóveis, os eletrodomésticos, as TVs e os aparelhos de som faziam parte do cotidiano e habitavam os desejos da maioria. Um novo salto tecnológico também começava a se desenhar.

Em 1979, por exemplo, entrou no mercado o walkman, aparelho portátil para fitas, outra mudança de paradigma no consumo da música – a audição individual e em movimento. Nesse ano, foram vendidos no Brasil 52,6 milhões de discos e cassetes, um número muito expressivo. A Sendas, desde o fim dos anos 1960, tinha abraçado a comercialização de discos nas suas lojas de modo pioneiro. Era campeã em volume de vendas. Não tinha pra ninguém.

> Nada se faz sem trabalho, honestidade, competitividade, simplicidade. E é fundamental ter amor por aquilo que você faz. São os princípios de quem quer crescer e vencer

Arthur Sendas

UMA TRAJETÓRIA INSPIRADORA

DE 1920 A 1940 • OS PRIMEIROS ANOS

O sogro de Manoel, Francisco Soares da Fonseca, e Maria, aos 14 anos

Casamento de Manoel Antônio Sendas e Maria Soares, em 10 de setembro de 1925

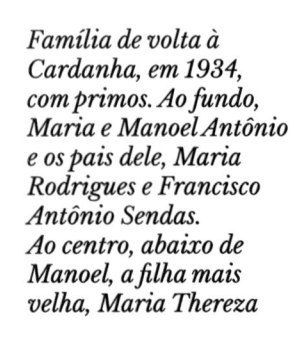

Família de volta à Cardanha, em 1934, com primos. Ao fundo, Maria e Manoel Antônio e os pais dele, Maria Rodrigues e Francisco Antônio Sendas. Ao centro, abaixo de Manoel, a filha mais velha, Maria Thereza

ARTHUR SENDAS

Armazém Trasmontano, aberto em 1925. Na porta do meio, de preto, está Manoel Sendas

Primeira comunhão de Arthur Sendas, no colégio Santa Maria, de freiras alemãs franciscanas, em São João de Meriti

Anos 1950 · Casamento

Casamento de Maria Ablen e Arthur Sendas, em 7 de maio de 1959, na Igreja Matriz de São João de Meriti

A PRIMEIRA GRANDE LOJA

A primeira grande loja de Arthur Sendas, em São João de Meriti, comprada de Nelson da Rocha Deus. Abaixo, já com o nome Sendas

1960/1970 • A FAMÍLIA CRESCE

Os recém-casados Arthur e Maria; nos retratos 3X4, de 1969, Arthur, Maria, Arthur Filho, Nelson e João

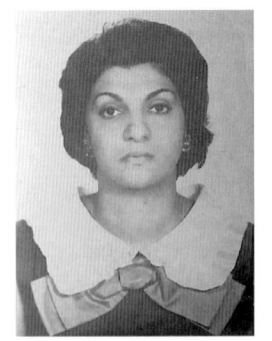

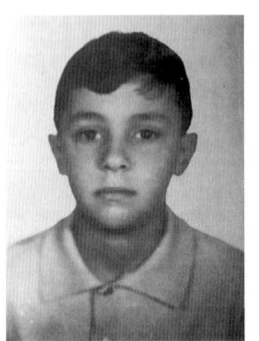

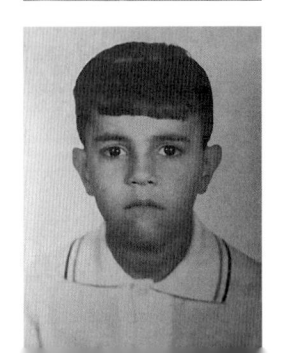

1960/1970 • FORMAÇÃO DA REDE

Ao lado, multidão na inauguração da Sendas Pavuna, em 1964; acima, Arthur e Maria Ablen Sendas na festa

Inauguração da décima loja, a de Madureira, em 1966

Balcão com funcionários na Sendas Penha, ainda sem o autosserviço

INAUGURAÇÕES E GRANDES EVENTOS

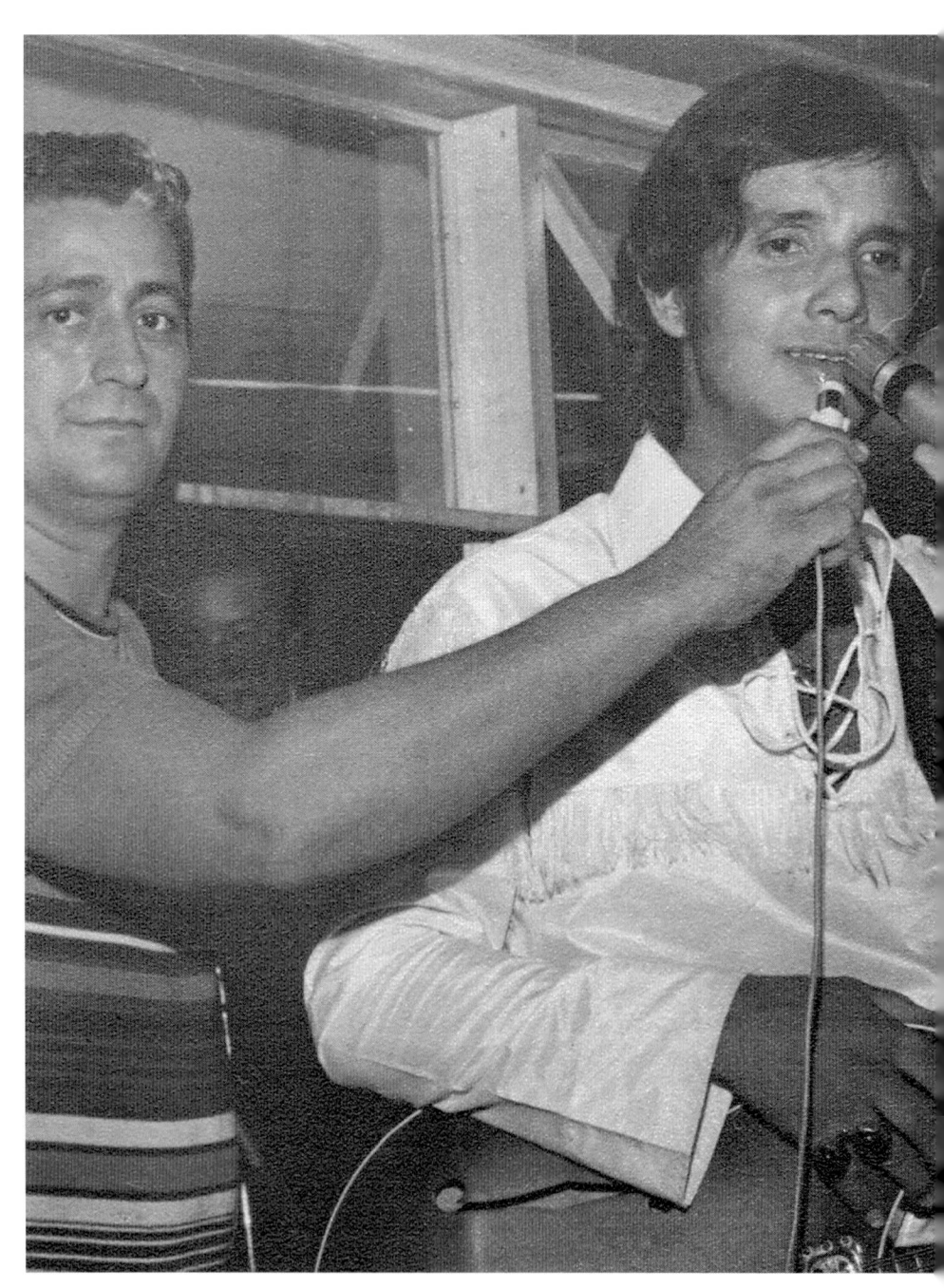

Roberto Carlos, ídolo da Jovem Guarda, atraía multidões em eventos lembrados até hoje

Artistas como Jerry Adriani, Rosemary, Agnaldo Timóteo, Emilinha Borba e Altemar Dutra cantaram em inagurações de lojas e em eventos da Sendas

Carlos Henrique (de terno) no meio da garotada na abertura da Sendas Penha

AFIRMAÇÃO DA MARCA

Arthur Sendas e o símbolo da rede, o Marrequinho, em evento de 1995

Rose Gonçalves com o pai, Carlos Henrique, dupla que fez sucesso na publicidade da Sendas

Gregório Cheskis, o Greg (que acabou conhecido como "Batata", rosto da publicidade a partir de 1994), ao lado de Arthur

Arthur no evento Top 1998, criado para premiar os fornecedores

1960/1970 • Dois endereços

*A casa da Rua Pedro Guedes, na Tijuca,
para onde Arthur e a família se mudaram em 1965*

*A casa do Alto da Boa Vista, residência da
família Sendas a partir de 1975*

1960/1970 • EXPANSÃO

A primeira sede da Sendas, à beira da Via Dutra, concluída em 1971

Abertura da Sendas Pavuna, em 1964; ao lado, a revista interna da empresa noticia a inauguração em 1972 da joia da coroa: a grande loja do Leblon, com 22 mil m²

Leblon ganha filial das Casas Sendas

DIVERSIFICAÇÃO DOS NEGÓCIOS

José Pujol de Faria e Arthur Sendas diante da maquete do Bon Marché-Shopping Del Rey, em Belo Horizonte

Arthur em 2006 no Casa Show, rede de lojas de material de construção

De cima para baixo: o Grande Rio, primeiro shopping center da Baixada, inaugurado em 1995; Superloja Assaí, erguida no local da antiga sede da Sendas, imóvel do grupo; Centro de Processamento de Café em Varginha, Minas Gerais; parques logísticos ultramodernos instalados no terreno de 750 mil m² em São João de Meriti

ARTHUR SENDAS

Paixões · Família

Os filhos Nelson, Marcia e Arthur Sendas Filho; ao lado, João Antônio Sendas e o pai

Festa: Arthur dança com a filha Marcia e a mulher, Maria

Milton José, o Miltinho, vizinho e amigo que Arthur considerava como filho

Manoel Antônio Sendas na sede da empresa que leva o seu nome, em 1972, e acima com Biluca, nos anos 1970

Bodas de ouro do casal, na Igreja da Candelária, Centro do Rio

Paixões · Trabalho

Arthur no escritório da empresa, nos anos 1970 e 2000 (acima e abaixo)

Com o primeiro caminhão da Sendas, em exposição na entrada da sede em São João de Meriti

Arthur na reinauguração da Sendas Leblon

ARTHUR SENDAS

Paixões • Funcionários

Vista aérea da Sendolândia, clube de lazer de 46 mil m² para os funcionários; Arthur disputa partida de futebol no local

Acima, Rodney de Albuquerque com o pai Reginaldo, homenageado pelos irmãos Arthur e Néo Sendas, em sua formatura do ensino médio, em 1993. Funcionários e dependentes tinham os estudos custeados pela empresa. Rodney hoje é diretor do Instituto Federal do Rio de Janeiro (IFRJ), na Baixada. No alto, à esquerda, entrega do prêmio anual de funcionário padrão, em 1995. Na foto ao lado, o evento de formandos de 1998

Paixões · Vasco

Time dos jovens na casa do Alto (o goleiro é Arthur Sendas Filho); abaixo, Arthur num jogo do Vasco

Roberto Dinamite leva uma camisa do Vasco à reunião de diretoria para o rubro-negro Aprígio Xavier, depois de uma derrota do Flamengo para o time de Arthur; abaixo, Arthur com Bebeto no Maracanã

ARTHUR SENDAS

GRANDES PARCEIROS

Nelson da Rocha Deus, o "segundo pai"

Com o grande amigo e parceiro Aprígio Xavier, em dois momentos: nos anos 1970 e nos anos 2000

FAMÍLIA UNIDA TAMBÉM NO TRABALHO

Arthur com Aprígio Xavier, Arthur Filho e Nelson; ao lado, Arthur Filho e o pai na sede da empresa

Liderança, influência e inspiração • Economia

Com Marcello Alencar e Pedro Malan, na Associação Comercial do Rio de Janeiro, 1998; acima, com Dilson Funaro, ministro da Fazenda, nos anos 1980; com o ex-ministro e embaixador Marcílio Marques Moreira

Arthur Sendas com o ex-ministro Delfim Netto

Liderança, influência e inspiração • Política

Em Minas Gerais, em 1984, o então governador Tancredo Neves recebe Arthur, que foi tratar da expansão da empresa no estado

Acima, com Juscelino Kubitschek nos anos 1970; viagem ao Canadá com o presidente Figueiredo, em 1982

Arthur com o presidente Fernando Henrique Cardoso na celebração dos quatro anos do real; à direita, com Leonel Brizola, governador do Rio de Janeiro, em 1992

Inauguração da Sendas em Niterói, nos anos 1970, com Wellington Moreira Franco, então prefeito da cidade

LIDERANÇA, INFLUÊNCIA E INSPIRAÇÃO • VIDA EMPRESARIAL

Revista da Associação Comercial do Rio de Janeiro de agosto de 1997 traz a eleição de Arthur Sendas para o primeiro mandato como presidente

Governador do Rio de Janeiro, Marcello Alencar entrega a Arthur a placa do Prêmio Homem de Comunicação 1988

Com Abilio Diniz no dia do anúncio da fusão com o Pão de Açúcar, em dezembro de 2003

Liderança, influência e inspiração • Mídia

Com Roberto Marinho na entrega do Prêmio Sendas de Saúde, em 1989

Em um jantar com o apresentador Jota Silvestre

O colunista Ibrahim Sued e Arthur em evento da Associação Comercial do Rio de Janeiro

Com o apresentador e humorista Jô Soares no evento Top Sendas

LIDERANÇA, INFLUÊNCIA E INSPIRAÇÃO • VIDA CULTURAL

Roberto Carlos entre Marcia Maria Sendas e Arthur; abaixo, com Chico Anysio e Aprígio Xavier na Expo 98

Dorival Caymmi visita a sede da Sendas, em 1990; abaixo, com Xuxa, garota-propaganda de muitas campanhas

Arthur com a cantora Alcione em evento para funcionários na Sendolândia

FÉ E DEVOÇÃO

Arthur entre os retratos do pai e da mãe, no escritório da sede

Com o Padre Navarro, conselheiro e amigo

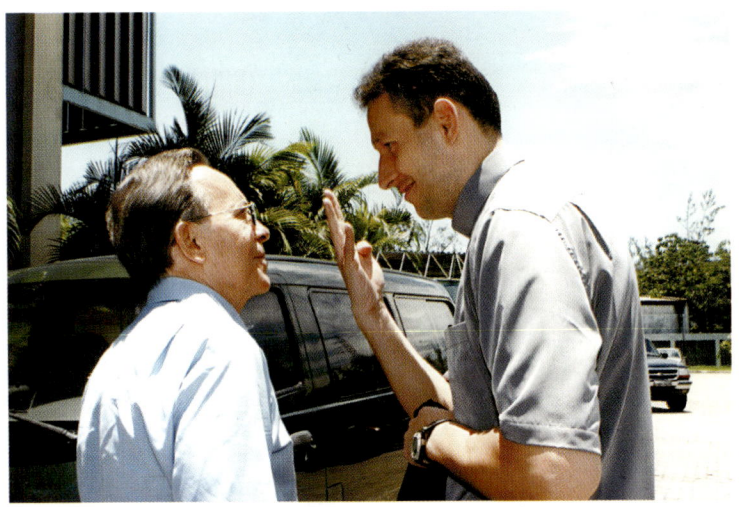

A Capela Santo Cristo dos Milagres, no Alto da Boa Vista, vizinha à casa da família

Arthur Sendas com o Padre Marcelo Rossi

Arthur cumprimenta o cardeal Dom Eugênio Sales, diante de Humberto Mota

O Papa João Paulo II em visita ao Rio em 1991, com o cardeal Dom Eugênio Sales, encontra Arthur Sendas e sua filha, Marcia

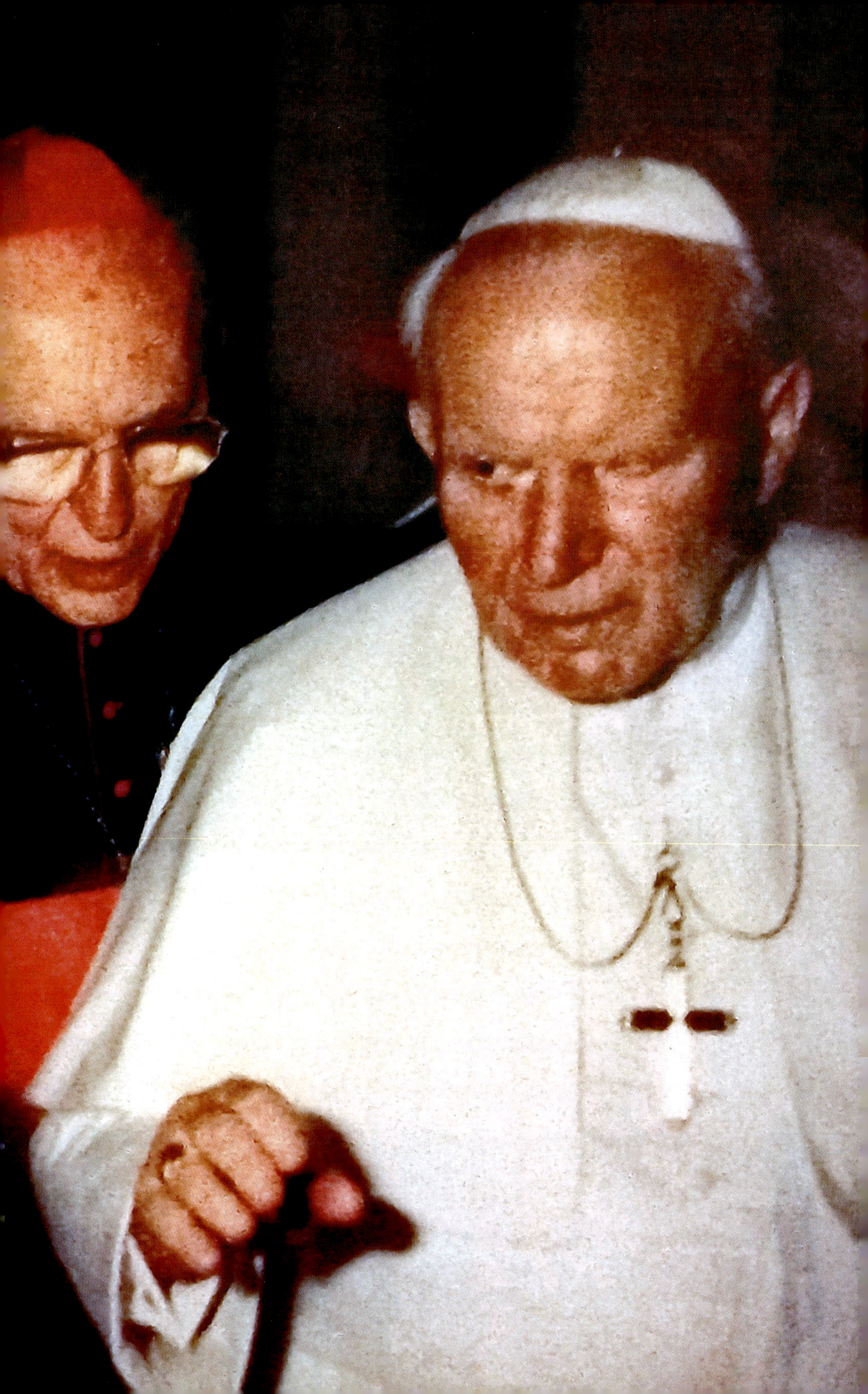

No escritório, Arthur e seu altar com um time de santos protetores

> A cada dia em que você acorda, a cada noite em que você vai se deitar, deve agradecer a Deus e ter em mente que aprendeu uma coisa. A vida é uma escola permanente

Arthur Sendas

Arthur Sendas em reunião de empresários com o ministro Maílson da Nóbrega

CAPÍTULO 6

LIDERANÇA E NOVOS NEGÓCIOS

Na primeira semana de novembro de 1981, aterrissaram no Rio de Janeiro os irmãos Karen e Richard, vindos da Europa. Mais conhecidos como The Carpenters, estavam lançando seu álbum *Made in America*, o último da carreira – Karen morreria em 1983, aos 32 anos. Mesmo sendo uma dupla de sucesso planetário, não esperavam a tumultuada e entusiasmada recepção dos fãs no aeroporto. Pelo menos foi o que disseram numa entrevista a Fernando Mansur, na Rádio Cidade, na qual entoaram *Garota de Ipanema* e elogiaram o Rio, onde até os vendedores de mate na praia cantavam.

Simpáticos, disseram que não fariam shows por aqui nessa passada, "quem sabe depois, com a banda toda". Mas, por incrível que pareça, subiram ao palco, sim: em São João de Meriti. Num intervalo vespertino, espremido entre conversas com jornalistas e a gravação de um clipe para o *Fantástico*, a dupla que vendeu 14 milhões de discos esteve no Shopping Sendas, à beira da Via Dutra, num show surpresa no estacionamento para algumas dezenas de passantes espantadíssimos. Cantaram sucessos usando playback instrumental, enquanto aos poucos se juntavam mais clientes em frente ao pequeno palco.

A cena inusitada não foi longa, porque uma tempestade de verão vinha se armando. "A imagem que eu tenho na lembrança foi essa: eles saindo na carreira debaixo de chuva", lembra Jozias Castro, então assistente de planejamento do setor de vendas da Sendas e mais tarde gerente de marketing.

A história pode parecer incrível nos dias de hoje, mas fazia todo o sentido numa época em que a indústria fonográfica estava entre as mais lucrativas, já que a música dependia de um suporte físico – o disco – e do rádio para divulgação. E a Sendas havia saído na frente ao colocar estandes de discos e fitas cassete nos supermercados já no fim dos anos 1960. A ideia de vender LPs no mesmo salão em que se empilhavam latas de azeite e pacotes de sabão em pó ainda não havia ocorrido a ninguém – aparentemente, no Brasil, e certamente, no Rio – quando Arthur Sendas implementou as discotecas nas lojas. Já no início da década de 1970, outros supermercados aderiram.

A instalação de "discotecas", como foram batizadas, foi um tremendo acerto de estratégia. Havia de tudo, mas o grosso eram mesmo álbuns de artistas populares como Xuxa, Wando, Alcione, Agepê... e Roberto Carlos, naturalmente. "Eles compravam 200 mil LPs e cassetes de lançamentos do Roberto e colocavam à venda quase a preço de custo, bem abaixo – algo como 30% a menos – do que lojas especializadas cobravam", lembra o produtor e homem de marketing Armando Pittigliani, um dos pilares da indústria fonográfica do Brasil à época. "A Sendas vendia abaixo até do que a loja pagava à gravadora. Acontecia de o lojista comprar mais barato na Sendas do que direto na gravadora". Jorge Lopes, que foi diretor de marketing da Polygram, reforça: "Eram líderes, tinham uma forte ligação com a Zona Norte do Rio, região mais popular. Era primeiro lugar em vendas".

Todo esse poder de compra em escala se traduzia na presença de artistas em tardes de autógrafos, visitas às lojas, participação em inaugurações e festas internas da empresa – tudo de graça, como retribuição e estímulo às vendas de discos. Os supermercados Sendas continuaram a oferecer discos até o início dos anos 1990, quando as mudanças na indústria fonográfica, progressivamente esvaziada, e ajustes de foco na administração da rede se consolidaram. Mas quem viveu a época dos ídolos ao alcance da mão, nas lojas e nos eventos, não esquece jamais.

Em 1980, naquela virada de década, Arthur seguia duelando. Tabelamento versus falta de estoque; passeatas de donas de casa; invasões de supermercados; o jogo de empurra entre atacado, varejo e governo, cada um culpando os outros dois. "O que falta não é o produto, mas uma adequada política de preços", dizia o empresário, em março de 1980, ao *Jornal do Brasil*. Na sua visão, o supermercado não era um vendedor, mas um prestador de serviços à população. E, como tal, não estabelecia preços finais; apenas os calculava de acordo com custo, lucro e despesa. Era uma briga cansativa. Mas a Sendas crescia, e muito.

Você é mais, você é Sendas

A pequena multidão ocupava a pista do aeroporto de Jacarepaguá, na Zona Oeste do Rio. Todos sorridentes e vestidos de branco e laranja. Na manhã da terça-feira, 12 de agosto de 1980, 1.500 funcionários da Sendas desembarcaram de 27 ônibus para filmar o comercial que celebrava os 20 anos da rede, assinado pela MPM e dirigido por ninguém menos que Carlos Manga, um dos maiores nomes do cinema e da televisão no Brasil. Produção no capricho, com helicóptero e tudo, embora a aeronave tenha dado trabalho por um vazamento de óleo, antes do sobrevoo. Mas o ambiente era uma alegria só.

Um irresistível jingle, criado por Adilson Xavier – talentoso publicitário e músico, filho de Aprígio –, era a trilha sonora da peça. A canção fazia um desdobramento da campanha lançada em 1974, a partir do primeiro jingle composto por Adilson, com o mote "Pra nós, você é mais, você é Sendas", achado genial do compositor, um deslocamento da imagem da rede: passava a focar no bom atendimento, pedra de toque da empresa. Agora, eles cantavam:

> *Mas quem diria, tá fazendo 20 anos*
> *Tanto sonho, tantos planos*
> *Tanta coisa já passou*
> *Mudou o mundo e mudou a nossa idade*
> *Mas ficou a amizade que a gente cultivou*

Você de lá e nós de cá dá gosto ver
Somos um time que se entrosa pra valer
O que importa não são compras nem são vendas
Se pra nós você é Sendas, nós também somos você

Do meio-dia às 16h, as câmeras rodaram. No meio da turma – todos empunhando bandeirinhas brancas – não podia faltar o rosto da empresa nos comerciais de televisão e de rádio: Carlos Henrique. Havia sido precisamente o apresentador quem levara Adilson Xavier para o mundo da publicidade, a partir daquele primeiro jingle, criado sem compromisso pelo então estudante de direito e aspirante a músico profissional. A composição virou assinatura musical da empresa. "Arthur ficou tão feliz com o resultado que me deu um Corcel zero de presente", lembra Adilson, que foi, então, abduzido por aquele universo da publicidade. E engrenou uma carreira de sucesso.

Carlos Henrique ocupou, com a total confiança de Arthur, as duas posições: dentro da empresa e dentro das agências. Foi além da figura à frente das câmeras e microfones, tornando-se sócio da agência do radialista Paulo Giovanni. Capitaneou para a Sendas a criação, em julho de 1982, da Casa Propaganda, em sociedade com a MPM Propaganda. A agência, quatro anos depois, foi absorvida pela Giovanni. Entre idas e vindas – houve um momento de distanciamento e uma retomada – a Giovanni, que virou Giovanni FCB, seguiu em frente com a Sendas.

A figura simpática e referencial, sempre de terno alinhado, ganhou nos comerciais, bem mais tarde, no fim dos anos 1980, a companhia da filha Rose, fonoaudióloga de profissão, uma dupla afinadinha, que a princípio intrigou os espectadores. Reportagem do jornal *O Globo* de 1988 "desvendava" o mistério. Título: "A esposa que era filha".

A capacidade de comunicação de Carlos Henrique, porém, não deixou de ser um verdadeiro pilar da rede. Se o público às vezes o confundia com o dono da Sendas, ali no cotidiano da empresa ele era, de fato, uma referência na publicidade, mesmo depois de sair da frente das câmeras. Continuou trabalhando nas agências e na empresa praticamente até as vésperas de morrer de doença renal crônica, em 2006, quando já havia cedido o lugar de garoto-propaganda para um rosto mais jovem, com novo estilo irreverente e relaxado.

GUERRA DO TABELAMENTO

"A ideia que ficou é de que os supermercados estavam ganhando 20 cruzeiros por quilo. Vocês estão nos jogando contra a opinião pública. Desse jeito, vão acabar quebrando nossas lojas."
(Arthur Sendas em reunião com a Sunab sobre tabelamento de preços, em janeiro de 1980)

Brasília, última semana de janeiro de 1980. Arthur Sendas e mais sete supermercadistas que compunham a linha de frente do varejo alimentício brasileiro estavam reunidos com Carlos Viacava, titular da Secretaria Especial de Abastecimento e Preços, um jovem pitbull do governo – estrela ascendente, com 39 anos, ele seria ministro da Fazenda do governo João Figueiredo de 1981 a 1983. Não era uma reunião tranquila, longe disso. A reclamação contundente dos empresários se voltava para a mão pesada do Estado no tabelamento de produtos de primeira necessidade e a crise de abastecimento associada à intervenção. Aliás, "maciça intervenção" é o termo que o repórter Marcelo Netto utilizara para definir a "guerra contra os preços" declarada pelo ministro do Planejamento Delfim Netto.

O confronto com o mercado já vinha escalando nos cinco anos anteriores, com a redução violenta das margens de rentabilidade. "Antes, o governo e nós [supermercadistas] conversávamos", já dizia Arthur Sendas à revista *Veja* numa reportagem de 1975. "Mas se houve aumento de salários, do petróleo, das embalagens e dos alimentos, por que não enfrentar a realidade?". Naquele ponto, o lucro líquido do setor caíra de 4% para 1,4%.

Reportagem da mesma *Veja*, cinco anos depois, apontava que Viacava passou "um sermão" nos supermercadistas, "disfarçado em explicações sobre por que o governo resolvera tabelar o arroz e o feijão". Havia, sim, uma sequência de desastres naturais atingindo as safras, com perdas de 20% a 50% das colheitas. E o remédio amargo do tabelamento – repleto de "efeitos colaterais", como pontuava Marcelo Netto na *Veja* – tentava estancar uma possível especulação desenfreada. José Carlos Paes Mendonça, então na presidência da Abras, mostrou o descontentamento com a postura beligerante do governo: "Mas nem ao menos fomos avisados com 24 horas de antecedência!".

Na área alimentícia, estavam tabelados o feijão preto, o arroz, os óleos comestíveis, a farinha de trigo; liberava-se a importação do alho para contrabalançar uma quebra de safra nacional. A Sunab, Superintendência Nacional de Abastecimento, caía na boca do povo como o órgão controlador com poder de confisco dos estoques, protagonizando operações como a que descobriu duas toneladas de feijão no Rio de Janeiro. "A intimação foi clara: ou desovava os estoques ou eles seriam confiscados", escreveu Netto. Via-se, mais uma vez, uma presença imperativa do governo no jogo econômico.

A disputa era clara: controle estatal versus mercado. Um técnico do governo ouvido no anonimato pela revista da Associação Comercial do Rio de Janeiro, na mesma época, admitia que as crises no abastecimento não eram de responsabilidade dos varejistas: "Os preços do feijão superaram as tabelas do governo e os supermercados se desinteressaram em comercializar o produto. (...) Existe uma corrente do governo defendendo a liberação de preços de vários produtos agrícolas, deixando que sejam determinados pelo mercado", dizia a fonte. Em dezembro desse mesmo ano, noticiavam-se invasões da população a supermercados cariocas em busca dos produtos em falta. Consumidores se mobilizaram, com uma onda de boicote à carne que fez o consumo cair, em alguns pontos do país, em 40%.

Em sua gestão à frente da Associação dos Supermercados do Rio – a entidade patronal inaugurava nesse ano sede própria no edifício da Bolsa de Gêneros Alimentícios do Rio de Janeiro –, Arthur Sendas reforçou: "Há a preocupação da Asserj em entender o abastecimento de gêneros de primeira necessidade como serviço de utilidade pública, muito mais do que uma atividade puramente comercial". Ele evidenciava a sua ideia de que comerciantes de alimentos não eram meros intermediários, mas prestadores de serviço.

Crescimento horizontal

Em 1980, a Sendas, quinta maior empresa privada do país, tinha 18 mil funcionários e registrava lucro de Cr$ 200 milhões (R$ 93 milhões em 2022). Era a segunda do setor, atrás do Pão de Açúcar. Proporcionalmente, estava no primeiro lugar – com 238 lojas, o Pão de Açúcar faturava Cr$ 20 bilhões (R$ 9,3 bilhões). A Sendas, com 62 lojas, marcava vendas de Cr$ 10,4 bilhões (R$ 4,8 bilhões). Mesmo com a voracidade inflacionária, que iria se acelerar nos anos seguintes, o faturamento crescia.

O crescimento horizontal, ampliando a rede, alargando o círculo de atuação no Rio de Janeiro, mantinha-se consistente. Nos anos 1970, atingira toda a Baixada Fluminense, a cidade do Rio de Janeiro e os principais pontos no outro lado da Baía da Guanabara – Niterói e São Gonçalo – e, na década de 1980, a velocidade seguiria intensa.

As lojas também ganhavam cara nova, perdendo o jeitão de armazém. A Sendas mantinha inclusive um departamento inteiro de engenharia e arquitetura, com centenas de funcionários que se ocupavam de construção e reforma. Em outubro de 1979, a rede promoveria uma das primeiras implosões do estado para erguer a filial Penha. A construção da loja de Alcântara, bairro de São Gonçalo, também foi espetaculosa: ocupou, em 1984, o imenso terreno de uma antiga fábrica de papel, com a demolição de dois silos de armazenagem, cada um com 20 metros de altura, e uma caixa d'água de 70 toneladas.

Ainda no ramo comercial, a década trouxe novas áreas de atuação para o grupo. Um primeiro complexo foi erguido em 1980 no terreno que veio na compra do Mar e Terra, dois anos antes. O Shopping Sendas, em São João de Meriti, tinha 35 mil m², com 45 lojas e uma churrascaria, que a Sendas acabou encampando em agosto de 1982.

As âncoras do Shopping Sendas eram uma loja gigantesca – o "Sendão", com variedade inédita de produtos e já se apresentando como hipermercado – e o Estoque, primeira experiência da Sendas com o modelo que já ganhava destaque, o de atacarejo. "Com 17 mil m² e computadores que emitem a nota fiscal do cliente", diziam os anúncios, tornou-se sucesso quase imediato, abastecendo o pequeno comércio da Baixada Fluminense. Em dezembro de 1984, o Estoque também ocupava uma loja grande ao lado da filial Leblon. A filosofia era a das instalações mais simples para baixar os preços. Em 1987, o Estoque do Shopping Sendas quase dobrou de tamanho, tal o sucesso – passou para 30 mil m², com doca para 15 caminhões. Imenso.

Em maio de 1985, surgia a primeira menção de um novo ramo comercial: "No galpão onde foi realizado o Pavilhão de Natal, no Shopping Sendas, será aberta uma loja de material de construção", dizia a revista *Sendas em Família*. A inauguração da primeira Casa Show, um ano depois, apresentou "a maior loja de materiais de construção do estado do Rio: 4.700 m² no Shopping Sendas". Não se tratava simplesmente de uma "loja". Era um supermercado de insumos para o setor da construção. A segunda unidade veio ao mundo em agosto de 1987, em Campo Grande, Zona Oeste da cidade, e um showroom foi montado no Leblon em 1988. Nos anos 1990, já eram sete Casa Show espalhados pelo Grande Rio.

Em números: na exata metade da década de 1980, a rede incluía 50 supermercados, dois superatacados, sete escritórios de compras pelo Brasil, o Estoque – com 12.500 mil m², atendendo às pessoas jurídicas cadastradas. Dos 357 mil m² de área construída em lojas, somente 17 mil m² eram de terceiros. Um colosso patrimonial e comercial.

Começava também um movimento para fora do estado. No primeiro semestre de 1984, Arthur Sendas havia comprado terrenos em São Paulo e em Belo Horizonte. Cautelosamente. Em 1985, ele declarava ao *Jornal do Brasil*: "Aqui já temos consolidada nossa posição e podemos até expandi-la um pouco mais a partir da experiência adquirida. No plano nacional, porém, a coisa é mais complexa, a começar pelo acirramento da concorrência num mercado entre a contração e a estabilidade".

INVESTIMENTOS PESADOS

"Após a inauguração do Shopping Sendas em 1980, sentimos a necessidade de mudança na política de crescimento, partindo então, no ano de 1982, para a adoção do chamado crescimento vertical, com maiores investimentos na área agropecuária e industrial, visto que, desde 1974, já tínhamos atividades agropecuárias em Minas Gerais."
(Arthur Sendas, em palestra do Rotary Club, no Hotel Glória, em março de 1985)

A diversificação das atividades na expansão vertical, criando ou comprando empresas complementares à atividade principal, era uma tendência de grupos de varejo alimentício dos anos 1970 e 1980 – as Casas da Banha e o Disco, maiores concorrentes da Sendas no Rio, iam pela mesma seara, até mais intensamente.

Na Sendas, já havia a graxaria desde 1977 para reciclar osso verde e sebo in natura dos açougues e do frigorífico. "A fábrica absorve 500 toneladas de matéria-prima e produz 120 toneladas de sebo industrial, 140 toneladas de farinha de osso e 25 toneladas de canelinha de boi para exportação, usada em indústrias de higiene e limpeza, cosméticos, velas, biodiesel", informava a revista *Sendas em família*.

No portfólio da Sendas estavam as fazendas de gado em Minas, compradas na primeira metade da década de 1970, com incentivo fiscal; a fábrica de sacolas, com produção que atendia a outros mercados; uma gráfica; e a torrefação de café, que seria ampliada e modernizada em 1986 com "investimento de Cz$ 120 milhões (cerca de R$ 180 milhões em 2022) e previsão de produção de mil sacas/mês e, em um ano, chegar a cinco mil sacas/mês", listava a revista interna em 1988.

Em 1983, inauguraram na raiz da serra fluminense o Projeto Magé, uma fazenda-modelo, autossustentável, com criação de pescado, de suínos, hortigranjeiros, com investimento de Cr$ 340 milhões (R$ 17 milhões em 2022). Ali se realizaram experiências de fornecimento de orgânicos para as lojas e de produção de biodiesel, com equipe da região – veterinários, agrônomos e técnicos – para controlar biologicamente a produção sem agrotóxicos.

"Toda a comercialização de hortigranjeiros era feita com fornecedores de São Paulo. Isso encarecia a mercadoria que, muitas vezes, perecia no caminho, sem falar no custo do frete", declarava Arthur Sendas ao jornal *O Globo* em janeiro de 1985. "O consumidor paga 20% a menos pelos hortigranjeiros na Sendas – jiló, berinjela, quiabo, repolho, abobrinha, pimentão, pepino, vagem, batata-doce e aipim, produtos colhidos e colocados à venda no mesmo dia".

Era um conjunto de boas ideias, embora na prática as fazendas não fossem lucrativas. E era ainda excelente marketing essa ideia de que a empresa controlava todo o fluxo, da plantação ao caixa da loja. No mínimo. Em tempos de tabelamento e aperto aos produtores, sugeria uma linha direta com a produção de alimentos. Um anúncio na TV mostrava uma bela moça empurrando seu carrinho de supermercado, passeando entre pomares, hortas, galinheiro e recolhendo produtos frescos, sugerindo uma poderosa cadeia produtiva. "A verticalização não é uma competição com as empresas do setor. É para oferecer um produto de melhor qualidade", dizia Arthur Sendas em 1985. No ano seguinte, foi aberta uma fábrica de condimentos no depósito central, perto da sede em São João de Meriti, produzindo 35 toneladas/mês e abastecendo as próprias lojas com vinagre e temperos da marca Comendador.

Também se juntaram ao conjunto o frigorífico Matisa, em Governador Valadares, comprado em 1983 ("320 toneladas/mês de charque, 18 veículos de frota própria que diariamente saem para São João de Meriti e de lá para as filiais", dizia a revista da empresa), e a agência de publicidade Casa Propaganda, aberta em 1982 – não exatamente uma *house*, como é chamada a agência interna, mas uma *joint venture* com a MPM Propaganda, atendendo também a outros clientes.

Ainda viriam uma administradora de cartões de crédito, em 1988, quando a empresa lançou sua bandeira, e uma companhia exportadora, braço que começou a operar em 1983, com o registro da empresa Nelson Superatacado SA – a mesma do Estoque – na Cacex, carteira de comércio exterior, como *trading company*. "Já nesse ano, exportou para a França 70 toneladas de canelinha de boi (...) e tem como alvos África, Oriente Médio, América Latina, Europa, EUA e Canadá", dizia Arthur Sendas ao *Jornal do Brasil*. "O país precisa de empresários que tenham mais cintura", provocava ele. A princípio, exportaria apenas produtos alimentícios e estudava outros casos. "Em breve, serão 40 toneladas de alimentos para o Iraque", em negócio com a construtora Mendes Jr.

O braço de exportação da Sendas se tornaria bem mais musculoso com uma nova orientação. "A princípio, a *trade* não tinha muito foco", analisa Arthur Filho. "Era uma iniciativa de diversificação de atividades como a de outros grupos de varejo, uma espécie de experiência com produtos variados. Mas no fim dos anos 1980, a empresa decidiu centrar esforços na exportação de café".

Coincidência ou não, a família se mudara para um edifício na Avenida Delfim Moreira, na Praia do Leblon, onde também morava um dos maiores nomes da área, Jair Coser. A proximidade com Coser foi o empurrão final. Arthur contratou para desenvolver o negócio José de Paula Motta Filho, autoridade no agronegócio cafeeiro, diretor do Instituto Brasileiro de Café. Entre 1988 e 1990, investiu na construção de um complexo de armazenagem e beneficiamento em Varginha, interior de Minas Gerais. Era o início da aventura exportadora.

Contabilidade que dava orgulho

Uma guerra entre os supermercados e a Secretaria de Fazenda do Estado do Rio de Janeiro alcançou a imprensa em maio de 1980. Heitor Schiller, secretário do governador Chagas Freitas, acusava as grandes redes de sonegação: estariam usando empresas intermediárias para abater ICM, o Imposto sobre a Circulação de Mercadorias, e aumentando, no papel, em até 300% o preço pago ao produtor. Arthur, na presidência da Asserj, reagiu acidamente e a entidade publicou nos jornais um anúncio de página inteira rebatendo, ponto a ponto, as acusações.

Pouco depois, já no primeiro governo de Leonel Brizola, Cesar Maia, secretário de Fazenda, viria a público exaltar a rede como exemplo de correção. "Casas Sendas são consideradas empresa padrão em recolhimento de ICM dentre todas as outras no setor de supermercado. Para resolver dúvidas, os técnicos da secretaria utilizam os parâmetros das Casas Sendas", declarou o futuro prefeito do Rio de Janeiro.

Em 1983, a Sendas registrava novo recorde de ICM: recolheu Cr$ 2,5 bilhões (R$ 127 milhões em 2022). Era a maior empresa privada nacional do Rio, com 18.200 funcionários e contas impecáveis.

Fato é que um dos maiores orgulhos de Arthur Sendas era a contabilidade. Sob o comando de Aprígio Xavier, a Sendas era uma referência. "Tanto que recebíamos visitas de grandes empresas, como Paes Mendonça, querendo conhecer nossa estrutura", lembra Nildo Pires Alves. "Nossa contabilidade não era fiscal, era gerencial. E para ser gerencial, tinha que ter qualidade". Nildo completa, bem-humorado: "A única coisa que a gente não sabia era calcular multa".

Arthur Filho recorda também uma reunião nos anos 2000 com os novos executivos da rede Bompreço, comprada pelo grupo holandês Royal Ahold. "Ouvimos do vice-presidente, que vinha do Bompreço, que os balanços da Sendas nos anos 1970 eram uma verdadeira lição de contabilidade, estudados em detalhes por todo o setor".

Empresa familiar

"Eu conheço empresa familiar de mais de 200 anos. E dentro do cenário mundial há uma participação muito grande das empresas familiares. Você vê o que aconteceu agora nos Estados Unidos: as grandes empresas, os grandes executivos, não têm a figura do empresário. Estão criando fórmulas de apresentar determinados lucros, por quê? Porque as pessoas, os executivos, têm seus salários agregados a uma produtividade (...) Então, os executivos estão analisando números, não estão olhando as origens, o cliente. Estão olhando o lucro imediato. Isso prejudica muito. Nosso caso aqui é misto, é praticamente mais profissional do que familiar (...) Foi muito gostoso trabalhar com meu pai, com a minha mãe, com meus irmãos naquele dia a dia junto à comunidade, podendo ser útil. Agora, tudo tem seu preço."
(Arthur Sendas, em depoimento ao projeto Memórias do Comércio na Cidade do Rio de Janeiro)

Nas manhãs de inverno do Alto da Boa Vista, quando o frio apertava de verdade – ao menos pelos parâmetros cariocas –, Arthur Sendas não facilitava para Arthur Filho, Nelson e João. Cedinho, entrava nos quartos dos meninos e arrancava as cobertas, numa ordem unida para começarem o dia. Já estavam acostumados com o jeitão do pai, que exigia ritual de benção e cumprimentos formais; não era dado a manifestações de afeto e achava que elogios podiam estragar uma criança. "Quando ele não dizia nada, eu me sentia elogiado", conta Nelson. No espaço privado, Arthur era seco, no estilo português clássico, exatamente como fora criado e como seu pai crescera, incluindo eventual castigo físico. Mas sempre foi profundamente devotado à família, à mulher e aos quatro filhos, com todas as fibras do coração.

Tratava o envolvimento dos filhos no negócio como uma certeza. Empresa e família, família e empresa: para Arthur, desde criança, eram praticamente sinônimos.

A arraigada tradição familiar também abraçava os parentes laterais – irmãos, cunhados, sobrinhos. E incluía os amigos e colaboradores mais próximos na categoria de família. Para Arthur, Aprígio Xavier era "irmão mais velho" e Nelson da Rocha Deus, o "segundo pai", na valorização da lealdade total de uns para os outros. Aprígio, praticamente fundador da Sendas, resistiu à entrada na sociedade. "Ele dizia a meu pai: prefiro ter uma participação nos lucros e liberdade para sair ou ser demitido", lembra Arthur Filho.

Em 1979, a Sendas S.A. passava a integrar um guarda-chuva da Sendas Empreendimentos, a nova *holding* controladora – continuando a ser sociedade anônima de capital fechado –, que então incluía Aprígio, vice-presidente, com 0,03% de participação. A ideia era que ele pudesse assumir a empresa na ausência do presidente. A química fabulosa entre Arthur e Aprígio havia sido, afinal, o que fez a Sendas crescer firme e exponencialmente – os tais talentos combinados nas áreas comercial e administrativa, a sala dividida, com mesas praticamente coladas, a confiança cega um no outro, a dedicação.

Na primeira metade dos anos 1980, por uma decisão de Arthur Sendas, a família e o grupo mais antigo de funcionários começaram a ceder espaço no primeiro escalão para profissionais vindos do mercado. A mudança traria vantagens, aprendizado e os correspondentes solavancos de reajuste – os freios de arrumação. E, como às vezes acontece, surgiram rachaduras.

Olhar externo

Mudanças em estruturas, hierarquias e organogramas dentro de uma empresa envolvem, sempre, questões delicadas na distribuição de poder – principalmente quando lidam com o tipo de relacionamento cultivado na Sendas. A solução era buscar um consultor que trouxesse embasamento às transformações. Uma autoridade no assunto.

O paulista João Bosco Lodi era especialista em desenvolvimento de executivos. Formado em filosofia pela Universidade Federal de São Paulo, a USP, e pela Pontificia Università Gregoriana, de Roma, tornou-se professor da Fundação Getúlio Vargas e publicou copiosamente sobre governança corporativa, formação de conselhos de administração, técnicas de recursos humanos e empresas com estrutura familiar.

Culto, experiente e refinado, tratou de observar e diagnosticar a Sendas. Em um livro publicado quatro anos depois, ele afirmou: "O supermercadista não deve restringir-se ao balcão de compra e venda. Deve assumir a postura de um empresário moderno, se perguntando o que estará fazendo dali a dez ou vinte anos, que tecnologias introduzir para tornar seu negócio mais competitivo, ágil e lucrativo".

Lodi chegou a São João de Meriti para iniciar o trabalho. E apresentou a Arthur um jornalista, advogado e administrador que se tornaria, dali em diante, presença constante na vida do empresário: Humberto Mota. Foi um encantamento pelo mineiro nascido em Minas Novas, 11 anos mais jovem, com uma trajetória em veículos de imprensa e assessoria a políticos, entre eles a Mario Henrique Simonsen no Ministério da Fazenda de Ernesto Geisel, e à Brascan (Brasil Canadá Ltda), empresa com atuação em vários segmentos na qual ocupava naquele momento o cargo de diretor executivo.

Lodi encomendou logo a Humberto Mota um relatório sobre a Sendas. "Fiz nas férias", conta Mota. "Frequentei as lojas, entrevistei pessoas, conheci a diretoria, os filhos, a família, visitei a empresa toda: depósito, administração... Um fusquinha da Sendas me pegava de manhã. O resultado foi um documento sigiloso, meu diagnóstico, feito em um mês, mas refletindo a minha visão". Foram meses de reuniões. "Só Arthur, Lodi e eu", lembra. Arthur Sendas queria levá-lo para a empresa, mas Mota declinou, em função de sua posição na Brascan. Mais tarde, integraria o conselho de administração, "com presidentes de grandes empresas, de bancos, Marcílio Marques Moreira".

Algumas sugestões de Lodi não foram acatadas, como a de afastar os filhos da empresa, deixá-los no Conselho e abrir negócios para cada um. Mas uma das mudanças sugeridas acabou implementada: separar as salas de trabalho – Arthur ficaria sozinho na Presidência. Aprígio Xavier passaria a ter sala em outro edifício administrativo, do outro lado da Via Dutra. A ideia era dar mais independência e autonomia ao presidente. Também foi acertado que as áreas de origem seriam trocadas: Arthur iria para o administrativo e Aprígio assumiria o comercial. Uma decisão surpreendente, dado que os talentos de cada um nas suas áreas eram amplamente reconhecidos.

"Nesse período, a empresa foi trocando as pessoas mais defasadas, para enfrentar a concorrência que era muito acirrada", continua Humberto Mota. "O sonho de Arthur era ser o maior do Brasil na área dos supermercados. Participei de toda a reestruturação interna, de modernização da estrutura organizacional, trazendo gente de fora".

O primeiro trio de executivos chegou em 1985. Segundo nota no *Jornal do Brasil*, "a empresa resolveu abandonar seu velho estilo de administração familiar. O primeiro [executivo do mercado] a ser contratado foi Isaac Motel, homem forte do marketing da Mesbla e, posteriormente, das Casas Pernambucanas, que assumiu a diretoria comercial da Sendas. A rede carioca também contratou Rafael Golombek – ex-Banco Safra e ex-Cisco – para a diretoria financeira e Samuel Benoliel, ex-vice-presidente das Casas Garson, para a diretoria de administração. Arthur Sendas e Aprígio Xavier transferiram-se para o conselho de administração, de onde, 'em vez de ficarem tomando decisões, irão cobrar resultados'". A nota, que não indica o interlocutor dessa última frase, ainda revela que a empresa teria planos de "incursionar por outros segmentos, especialmente quinquilharias e eletrodomésticos".

Ainda na mudança organizacional, os irmãos Francisco e Manoel migraram de área: "Meus irmãos participaram até muito no início", contou Arthur Sendas em entrevista ao radialista Clóvis Monteiro, em 2003. "Depois, com a diversificação das empresas, o mais novo foi cuidar do café, da Trade Sendas. O outro irmão passou a cuidar das fazendas. E evidentemente que eu procurei profissionalizar a empresa o mais rápido possível. Hoje, na realidade, a empresa só tem a mim e meus dois filhos. O restante são todos profissionais que têm o mesmo poder de decisão na mesa. Muitas vezes eu tomo posição, quando a coisa é muito marcante; do contrário, eu me curvo à realidade dos profissionais. Meus filhos também são analisados profissionalmente dentro da capacidade deles".

O investimento de energia e esperança de Arthur nos rapazes era inabalável. Arthur Filho, em 1984, estava voltando para o Brasil depois de se formar e trabalhar na Publix da Flórida. Aos 24 anos, já casado, começava sua jornada de treinamento no dia a dia da Sendas. "Fiquei seis meses sob orientação de seu Aprígio", lembra. "Foi a mentoria mais espetacular que eu poderia ter. Passava uma semana com cada diretor, voltava a ele e discutíamos o que eu observara". Depois desse período, tornou-se gerenete da loja de Alcântara, no município de São Gonçalo, antes de assumir a gerência de marketing e a diretoria de engenharia e manutenção, em 1989. Só em 1993 passaria a vice-presidência da rede.

Nelson Sendas, o segundo filho, estava cursando administração na Universidade Candido Mendes em 1982, quando começou seu treinamento – direto no chão de loja. "Ficava na filial do Leblon cinco horas por dia e fui passando pelos diversos departamentos. Comecei na frente de caixa, no depósito, passei pela peixaria, pelos laticínios. Quando me formei, assumi a gerência da loja no Shopping Sendas, ali perto da sede, em São João de Meriti".

O destino de Nelson era mesmo a área de compras – por preferência e temperamento. "Eu já gostava de lidar com gente, da negociação, do contato com os fornecedores, de descobrir uma solução criativa, uma oportunidade. Meu pai acompanhava de perto. Todo mês, tínhamos reunião para apresentar promoções e campanhas". Até 1989, Nelson foi assistente de compras, comprador e gerente de compras de vários setores. Em 1990, assumiria o setor de importações, com a liberação de barreiras alfandegárias por Fernando Collor, iniciando naquela década uma trajetória de muito sucesso no desenvolvimento das marcas próprias. "Passei depois a gerente-geral e a diretor de compras e de marketing", lembra.

Preocupações e inseguranças

O México quebrara fragorosamente em 1982, afundado numa dívida astronômica. Em 1983, o Brasil mergulhava na brutal crise da dívida externa, como toda a América Latina. Duas maxidesvalorizações de 30% da taxa de câmbio representavam a tentativa de reverter o buraco das contas externas e aumentar os juros, atendendo às determinações do Fundo Monetário Internacional, além de cortar despesas e extinguir, por decreto, os benefícios dos empregados das estatais. Inflação crônica. Saques, violência em passeatas de desempregados, paralisações.

O bipartidarismo adotado em 1965 pelo Ato Institucional n° 2 já havia caído em 1980, eleições diretas para governador aconteceram em 1982 e a turma que pedia diretas para presidente ganhava força. A legitimidade do governo do general João Baptista Figueiredo minguava.

Arthur Sendas releu seu discurso. Sabia que estava prestes a passar uma mensagem forte aos empresários reunidos no Rotary Club do Rio de Janeiro naquele 16 de julho de 1983. Era uma cerimônia pelo Dia do Comerciante. Cinco dias depois, os petroleiros fariam uma greve geral, com apoio dos metalúrgicos. No mês seguinte, seria criada a Central Única dos Trabalhadores, a CUT, representando um ponto de inflexão no ocaso da ditadura militar e abrindo um novo ciclo político.

> *"Preocupações que me atormentam sobre o momento que estamos vivendo. Está havendo um clima de insegurança de quantos estão produzindo nesse país. As dificuldades econômicas que assolam o Brasil, com essa inflação desenfreada, a quase impossibilidade de saldar os compromissos externos, a recessão com o consequente desemprego, as taxas de juros nos têm tirado o sono.*
> *Todos sabemos que, em administração, erra-se e acer-*

ta-se. Uma estratégia adotada em determinadas condições pode, bruscamente, ser invalidada com a mudança das variáveis que a justificam. No Brasil, o que ocorreu foi justamente isso: uma estratégia de desenvolvimento baseada no crescimento de todos os países do mundo. A necessidade de criação de empregos para uma população jovem que entrava no mercado de trabalho. O que ia-se fazer? Ficar parados?

As variáveis mudaram com o choque de petróleo, dos juros internacionais, da desvalorização de nossos produtos de exportação e nos deparamos com um ponto de estrangulamento em nossa trajetória. O que temos a fazer é não lamentar o leite derramado. Não é maldizer a escuridão: é acender a vela e entrar no túnel escuro, disposto a enfrentar os obstáculos.

Os empresários, principalmente, têm que sair da cômoda situação de aplicadores do mercado financeiro de enganosos lucros para investir em atividades produtivas com maior risco, até mesmo com a certeza de pequenos prejuízos, para que possam oferecer empregos à massa que se desespera em filas para poder sustentar seus filhos. Não nos deixemos enganar por categorias privilegiadas de trabalhadores que fazem alarde para ocultar seus próprios privilégios. É necessário que tenhamos olhares voltados para outros grupos de pessoas que realmente estão sofrendo as consequências da recessão – em silêncio. Caros companheiros, desculpem se não lhes disse o que gostariam de ouvir, mas na minha simplicidade rude da escola da vida, penso, é o que lhes posso transmitir."

Era um discurso raro esse, em que Arthur se posicionava publicamente com clareza pouco habitual em questões políticas – mesmo que, como nesse caso, falasse em situações do setor e da sociedade. Defensor ferrenho da economia de mercado, ele queria, acima de tudo, saúde econômica e prosperidade para o Brasil e seu povo. Sinceramente. "O partido dele era o país", resume Nelson Sendas.

O economista Carlos Lessa, ex-presidente do BNDES, revelaria bem mais tarde, em entrevista à *Folha de S.Paulo*, que Arthur havia ajudado financeiramente o MDB na pré-democratização, "correndo riscos inclusive", disse. Não é impossível. "Mas meu pai ajudava sobretudo as pessoas de bem, não era uma ação partidária", completa Arthur Filho. Extemporaneamente, dava declarações, como em 1995, quando defendeu doações para campanhas políticas numa reportagem da mesma *Folha*: "Nos Estados Unidos, o maior país do mundo no sentido econômico, é livre o financiamento das campanhas por empresas", destacou. Ele achava fundamental, no entanto, que os financiamentos fossem absolutamente transparentes.

O motor de transformações políticas continuava a rugir em 1984, quando foi rejeitada a emenda Dante de Oliveira, propondo eleições diretas para presidente. Mas o caminho das ardentes reivindicações populares já estava determinado. Em 15 de janeiro de 1985, o Colégio Eleitoral se reuniu e Tancredo Neves foi eleito presidente para um mandato de seis anos, com 480 votos contra 180 dados a Paulo Maluf, do partido governista PDS; os descontentes com a indicação, liderados por Antônio Carlos Magalhães, acabaram fundando o PFL, Partido da Frente Liberal. Houve 26 abstenções, principalmente de parlamentares do PT, orientados a votar nulo pelo diretório nacional do partido.

"Com a eleição de Tancredo Neves, estamos otimistas e temos fé de que a situação, mesmo com todos os problemas conjunturais, tende a melhorar. Este governo que se inicia já mostrou que está preocupado com o mais importante, o bem-estar social", disse Arthur ao jornal *O Globo* em 25 de janeiro de 1985: "O presidente eleito nos dá esperanças de que, em 85, teremos uma inflação até menor que no ano passado. (...) E só há uma forma de baratear os preços dos alimentos: a adoção de uma política bem definida e objetiva na área de abastecimento, com prioridade, de fato, para a produção de alimentos básicos".

Plano Cruzado

"O Brasil viveu nesse início de ano emoções contrastantes: conquista e esperança, angústia, expectativa e tristeza. Nós nos unimos para festejar o grande líder que assumia os destinos da nação, com experiência política, conhecimento dos problemas que afligem a imensa população brasileira, e a capacidade de resolvê-los. Deus não quis que o grande líder Tancredo Neves continuasse entre nós, mas os grandes líderes vivem para sempre pelos seus feitos gloriosos. Nós, das Casas Sendas, estamos de mãos dadas com o novo governo, liderados espiritualmente por Tancredo Neves para que a Nova República seja verdadeiramente marco do desenvolvimentismo da nossa gente."

O editorial assinado por Arthur na revista *Sendas em Família* lamentava a perda de Tancredo Neves, eleito e falecido antes de tomar posse. O vice José Sarney assumia um país em fase de redemocratização, com a economia combalida e promessas por cumprir. Mas, em vez de estabilização, viria pela frente, na segunda metade da década, uma montanha-russa.

Em 4 de agosto, uma carta aberta de 50 empresários pesos-pesados, como Antônio Ermírio de Moraes, Roberto Paulo Cezar de Andrade e o próprio Arthur, fazia cobranças a Sarney, que em 22 de julho havia dito que "a iniciativa privada" era o "carro-chefe do desenvolvimento". Já estava em preparação o Plano Cruzado.

O último dia de fevereiro de 1986 caiu numa sexta-feira. No Rio, o tempo estava encoberto, úmido, e em Brasília a coisa fervia: José Sarney anunciava o Plano de Estabilização Econômica, ou Inflação Zero – essa inflação que ameaçava chegar a 500%. Preços congelados, mudança de moeda com corte de três zeros, alteração dos rendimentos da poupança, fim da correção monetária, âncora cambial com o dólar fixado no valor do dia.

Entraram também no balaio um aumento imediato do salário mínimo – de Cr$ 600 mil para Cz$ 750 (de R$ 1.140 para R$ 1.240, em valores de 2022) – e o estabelecimento de um gatilho a cada vez que a inflação atingisse 20%, além de uma regra que considerava a média de seis meses anteriores para o reajuste de contratos como os de aluguel. Bancos ficaram fechados até a segunda-feira seguinte, para adaptação às mudanças.

Sarney, que caíra de paraquedas no poder em meio à ainda frágil reestruturação da abertura política com descomunal dívida externa, jogava todas as cartas no cruzado. Já havia feito duas maxidesvalorizações do câmbio pelo duro e recessivo programa econômico inicial do ministro da Fazenda escolhido por Tancredo, seu sobrinho Francisco Dornelles. Mesmo assim, a inflação já se anunciava em 300% em 1985. Em agosto, assumiu a pasta Dilson Funaro, industrial e político que presidia o BNDES.

Já estava em gestação o Plano Cruzado, inspirado no Plano Austral argentino e em iniciativas israelenses. No grupo criador, João Sayad, ministro do Planejamento, e nomes como Pérsio Arida, Edmar Bacha, Chico Lopes, André Lara Resende e Luiz Carlos Mendonça de Barros. Uma turma de olhares heterogêneos que, na maioria, não queria o congelamento. Mas, sem reservas e sem fluxo de moeda estrangeira, não havia outro jeito.

Decretado o plano, com os aumentos salariais, uma injeção de recursos da ordem de US$ 10 bilhões entrou na roda – e o consumo, o crédito e o emprego dispararam. Prateleiras se esvaziaram nos supermercados. "Os 'fiscais do Sarney', fruto de uma mobilização jamais vista de homens e mulheres que se encarregaram de monitorar o cumprimento do congelamento de preços, passaram a ser protagonistas da estabilização. Denúncias de remarcação começaram a pipocar por todos os cantos e daí para o Estado usar sua força policial foi um pulo", descreveu o jornal *Valor Econômico*, em fevereiro de 2016, numa reportagem sobre os 30 anos do Plano Cruzado.

Uma população esmagada por dez anos de inflação crescente ganhava, da noite para o dia, a chance de fazer valer direitos sobre os preços. Antropólogos, sociólogos e psicanalistas saudavam a "autoestima recuperada" da população. Mas o congelamento de preços com alta demanda resultou no esvaziamento de prateleiras. Para o trabalhador, havia um novo inimigo número um no Brasil: os comerciantes – principalmente, os donos de supermercados. Todo dia, uma chuva de denúncias de remarcações e aumentos de preços provocava tumulto. Eram os fiscais, armados de papel, caneta, tabelas e fúria.

GERENTES PRESOS

Na filial Sendas do Largo do Bicão, na Penha, ultrapopuloso subúrbio carioca, o gerente Ademir Scarpini via, preocupado, a fila da carne aumentando. Era sábado, início de agosto de 1986, e a falta do produto virava notícia de jornal, um dia sim, outro também. A decisão da empresa fora a de racionar: cada cliente poderia levar no máximo dois quilos de carne bovina. Mesmo assim, o estoque não daria conta da fila que parecia nunca diminuir.

Confusão à vista, pensou Ademir. Ele recebera na hora do almoço 30 traseiros de boi congelados, que só poderiam ser desossados na segunda-feira. Contou os clientes à frente do açougue e achou por bem avisar que a carne disponível só daria para atender a menos da metade da fila. O anúncio foi seguido por uma gritaria raivosa. O ambiente, de tenso, passou a ameaçador. Revolta, descontrole.

Funcionário experiente, Ademir começara no balcão quase 20 anos antes e tinha visto de tudo no chão do varejo. Mas não aquilo. A polícia chegou em minutos. "Resolvi abrir as portas do depósito a um policial e a um dos clientes, que se ofereceu para 'fiscalizar' em nome de todos", lembra. "Eles voltaram à loja para explicar que eu estava dizendo a verdade, que não havia carne".

Em vez de se dispersar, a multidão se adensou, ficou mais e mais compacta em torno de Ademir. "Eu vi! Ele está vendendo carne para churrascarias nos fundos da loja!", gritou alguém. Foi a senha: o policial partiu para ganhar uns pontos com a população: "O gerente vai para a delegacia!". Formou-se um corredor polonês e Ademir foi conduzido entre gritos. "Queriam até me levar na patrulhinha! Protestei e fui no meu carro. Fiquei com muita raiva dessa injustiça", relembra. "Aquilo foi cena. A filial nem tinha porta dos fundos, ficava debaixo de um edifício residencial, isso era até um problema para nós. Mas o povo queria alguma vingança".

Na delegacia, encontrou o gerente regional, foram feitos todos os esclarecimentos, e Ademir acabou liberado. Cenas semelhantes se repetiriam, com fiscais, força policial e exibições de poder – "às vezes faziam questão de conferir notas fiscais bem no meio do mercado", lembra. Já transferido para a loja de Bonsucesso, Ademir foi surpreendido pela Polícia Federal numa blitz à procura de açúcar, também em período de desabastecimento. Ele ouviu do policial: "Se a gente encontrar algum açúcar, você vai sair daqui algemado. Queríamos mesmo era prender o Arthur Sendas, mas levo você".

A revista *Veja* de 12 de junho de 1986 mostrava um Arthur Sendas pouco comum. "Estamos à mercê de facínoras", disse. Dos gerentes das 52 lojas da rede, 16 haviam sido detidos. "Mesmo nas rodas de amigos, todo mundo nos olha como se fôssemos bandidos e traidores", disse à revista semanal. Com um exemplar do jornal *O Dia* cuja manchete era "Ladrões de preços acuados", Arthur falava em nome dos supermercadistas revoltados contra clientes de má-fé, que trocavam as etiquetas para criar tumulto: "Qualquer facínora, comunista ou inimigo do país pode decretar nossa prisão. Muitos artigos sumirão das prateleiras porque sua produção se tornará simplesmente inviável", dizia. "Estamos nas mãos de 130 milhões de brasileiros". Mas ele contemporizou: "Vamos agora com mais calma, porque estamos no mesmo barco – governo, povo e empresários".

Na mesma edição da *Veja*, o jornalista Elio Gaspari dava razão a Arthur: "O comerciante no supermercado da esquina vende mercadorias produzidas por outros. Ganha muito mais o cidadão que fiscalizar seu parlamentar do que aquele que tentar obrigar o supermercado a vender batatas inexistentes por pressão especulativa dos produtores".

Fazendo água

O sucesso inicial do Plano Cruzado, que derrubou a inflação de 15% em janeiro para 0,6% em abril de 1986, encheu os olhos de Sarney, apupado em todo canto. Contra a opinião de muitos da equipe econômica, o congelamento, previsto para durar 90 dias, acabou sendo mantido. A tentação da popularidade falou mais alto.

Com o consumo em alta, as prateleiras começaram a ficar vazias. Surgia o ágio – a cobrança por fora. O congelamento do câmbio impulsionava as importações e reduzia as exportações. O país penava com contas externas frágeis, pequena reserva cambial com baixa liquidez. O ministro Funaro resistia a fazer acordo com o FMI, apesar da pressão dos credores internacionais. André Lara Resende, à frente do Banco Central, batia o martelo da política de juros.

Começavam os ajustes. O plano, definitivamente, fazia água. A previsão para o fim de 1986 era inflação de 65%. Em novembro, seis dias depois das eleições para governador vencidas pelo PMDB na maioria dos estados – emplacando esmagadora maioria também no Congresso Nacional –, saía o Cruzado II, bem mais duro, com aumento de preços de produtos selecionados: 100% do Imposto sobre Produtos Industrializados, o IPI, sobre cigarros, bebidas, automóveis, e subida de preços de 60% para a gasolina e o álcool, 80% para os automóveis, 25% para o açúcar, 30% para as tarifas de telefonia, 80% para as tarifas postais, 40% para a energia elétrica. Na prática, tudo subiu 100%. A inflação mensal, medida pelo IGP-DI, saltou de 0,63% em julho para 7,56% em dezembro e 27,58% em maio de 1987.

Em 20 de fevereiro de 1987, com o país na lona, Sarney declarava moratória da dívida externa. A equipe se dissolvia: João Sayad pediu demissão em março e Dilson Funaro saiu em abril, dando lugar a Bresser-Pereira, que em junho lançou seu plano: novo congelamento de 90 dias, desvalorizando o câmbio em 10% e implementando o gatilho da URP, Unidade de Reajuste de Preços. Ele decretou nova moratória, anunciou o enxugamento da máquina pública e enfrentou violentas greves.

Bresser saiu em dezembro, substituído por Maílson da Nóbrega, que lançava em janeiro de 1989 o Plano Verão. Desindexação da economia, redução de rendimentos da poupança, outro congelamento, outra moeda – o cruzado novo. Mais um fracasso. A inflação acumulada de março de 1989 a março de 1990, quando Sarney passou a faixa presidencial para Fernando Collor de Mello, chegava a 4.853%.

Presidente da Abras

A despeito da montanha-russa na economia, a rede Sendas seguia crescendo. Foram 150% de expansão entre 1980 e 1987, quando a rede contava 50 lojas do varejo e dois Estoques atendendo ao atacado. Em meio à crescente derrocada do Plano Cruzado, os mecanismos de defesa contra a corrosão inflacionária foram se aperfeiçoando. E, por incrível que pareça, quem saiu na frente nesse quesito foi o Carrefour, mesmo sendo originário de um país com economia estável.

"Nós demoramos um pouco a pegar a expertise do investimento financeiro", lembra Arthur Filho. "Na apuração de resultados deles, havia a linha que representava o ganho financeiro entre a compra e a venda do produto. Com o rendimento no mercado financeiro, era possível baixar os preços. Digamos que você comprasse o produto a Cz$ 1. Com a inflação, o prazo de pagamento transformava aquele cruzado em Cz$ 1,20, 1,30. E o Carrefour vendia aquele produto a Cz$ 1,05. Nós aprendemos logo depois essa tática de defesa".

"A receita financeira é importante para nós", dizia Arthur Sendas ao jornal *O Globo* em novembro de 1988. "Permite que façamos promoções, com preços abaixo do custo da mercadoria. Algumas empresas têm o resultado operacional negativo da ordem de 2% a 3% e tiram a compensação no *overnight*".

Era guerra, afinal. E Arthur Sendas decidiu avançar para a luta à frente da mais importante organização do setor, a Associação Brasileira de Supermercados, que surgiu em 1968 da Associação de

Profissionais do Comércio Varejista das Empresas de Supermercados de São Paulo – com a longuíssima sigla APCVESESP. Já em 1967 acontecera a primeira convenção do setor, realizada num depósito do Peg-Pag sob a presidência de Fernando Pacheco de Castro. Na época, existiam cerca 1.700 lojas de supermercados. Em 1980, já eram 13.646. E em 1987, mais de 22 mil estabelecimentos.

Dez anos depois, numa reportagem para a revista da Sendas, Humberto Mota relembraria: "Vivemos juntos a campanha para a presidência da Abras. Pegamos um avião para São Paulo, onde tomamos logo um fora. Depois fomos para Goiânia, Mato Grosso, Mato Grosso do Sul e Brasília. Foram momentos bons e difíceis, mas também uma grande experiência de vida".

Qualquer que tenha sido o "fora", Arthur Sendas se elegeu, motivado pelo desejo de responder ao que sentiu como imensa injustiça, que descreveria no mesmo ano, em editorial da revista interna: "Todos sabemos, porque sentimos na pele, que o congelamento de preços tem consequências desastrosas – porque é em nossas lojas que se sente o efeito de medidas governamentais que afetam o ato de compra. E ainda não somos ouvidos ao se estabelecerem políticas que nos afetam diretamente. Tentam nos lançar ao papel de bode expiatório, desviando a atenção do povo do verdadeiro fato gerador de inflação – os gastos públicos incompatíveis com a receita. Não vamos aceitar provocações nem o papel de bode expiatório".

"Vendas caem 38,1% em um mês, sinal de que a economia desaquece". Reportagem do *Jornal do Brasil* de 25 de março de 1987 desdobrava-se em eufemismos para descrever a derrocada do cruzado de Sarney, falando ainda em "realinhamento generalizado de preços" – ou seja, alta geral e desmobilização da demanda. Na mesma página, tabelamentos suspensos, aumentos, retração do consumo. E, logo abaixo, o *JB* noticiava a escolha de Arthur Sendas para a presidência da Associação Brasileira de Supermercados, substituindo João Carlos Paes Mendonça, dono da rede nordestina Bompreço.

Já na primeira fala à imprensa como o escolhido do conselho deliberativo da entidade, Arthur ressaltou que o varejo alimentício empregava 600 mil pessoas nos seus 18 mil estabelecimentos e estava no âmbito da segurança nacional: "A classe mais pobre da população representa de 70% a 80% do consumo na área do abastecimento". O faturamento do setor, acrescentou ele, alcançou 180 bilhões de cruzados (R$ 191 bilhões em 2022), com pagamento de Cz$ 18 bilhões em impostos. Era um indício de disposição para a guerra pela "volta da livre iniciativa do mercado, com a lei da oferta e da procura". Em nota do Informe Econômico do *Jornal do Brasil*, Arthur comentou que os descontos, promoções e liquidações eram autofágicos, completando com a informação de que "algumas indústrias, como a de óleo de soja, nem estão entregando. Outras entregam pequenas quantidades. Com a alta de juros, estão preferindo o mercado financeiro".

No mesmo dia 25 de março em que Arthur Sendas foi eleito para a presidência da Abras, o primeiro marujo da tripulação original do cruzado saiu do barco: o ministro do Planejamento, João Sayad. Com a recessão, a população se desiludiu. A percepção geral era de que o violento remédio, aplicado em dose continuada, acabara por envenenar o paciente. No dia 11 de abril de 1987, na 2ª Convenção de Supermercados do Rio, o representante da Sendas, Isaac Motel, apontava em entrevista ao *Jornal dos Sports* que o setor tinha "apenas números de sobrevivência, o que não aconteceu com bancos e indústrias".

Era preocupante mesmo: 200% de inflação, 220% de desvalorização cambial. Duas semanas depois, com o desembarque de Dilson Funaro, a bolsa de apostas corria solta no evento de posse da Abras no Hotel Glória, no Rio. Decidido a pegar o touro a unha, Arthur fez do seu discurso a tomada de posição – um mantra que já repetira e repetiria muitas vezes: "O governo, empresário comprovadamente ineficaz, deve procurar se ater aos setores que são suas responsabilidades básicas: educação, saúde e segurança pública". Detalhou em seu discurso de posse, reproduzido pelo *Jornal do Brasil*, o motor de sua candidatura, sem meias palavras.

"Ainda são recentes e dolorosos os ecos de março de 1986, quando a demagogia aliada à irresponsabilidade e à incompetência tentaram transformar os supermercados em responsáveis pela inflação brasileira. Mas a mistificação tem vida curta. Nenhum setor sofreu tanto com a implantação do cruzado como o nosso. Tivemos lojas saqueadas e colegas presos como criminosos.
Sacrificávamos nossa margem de rentabilidade, mas garantíamos o abastecimento. Não se compreende a total ausência de representantes do nosso setor na condução e formulação da política de abastecimento.
Continuamos crescendo e aperfeiçoando nossos serviços, apesar das dificuldades geradas pela ineficiência governamental na elaboração de políticas para o setor. (...) Podemos dizer que o setor supermercadista brasileiro se desenvolve apesar da ingerência sempre desastrada do governo. Infelizmente, aqui no Brasil, ainda existem lideranças que acreditam que a economia pode ser regulada pela vontade das cabeças que se julgam iluminadas. (...)
É só através da riqueza gerada pelo trabalho em liberdade que poderemos resgatar a imensa dívida social que temos com a maioria dos irmãos brasileiros. Não é possível suportarmos essa carga tributária crescente para custear uma máquina estatal ineficiente e administrada com tão pouco espírito público."

CHEGADA EM SÃO PAULO

"Esse ano vamos abrir uma loja em São Paulo, com 20 mil m²", Arthur Sendas declarava ao jornal *O Globo* em janeiro de 1985. Mas ainda não era a hora. No ano anterior, o Paes Mendonça já havia inaugurado uma superloja na capital paulista – o Hipermercado Penha, na Marginal Tietê, com 13.500 m² de área de vendas. No espaço, brilhava ainda o restaurante Baby Beef. A entrada em São Paulo era, provavelmente, uma espécie de resposta ao incentivo do governador da Bahia, Antônio Carlos Magalhães, à rede Disco para que entrasse em Salvador, fazendo frente ao monopólio de Mamede Paes Mendonça na região.

Arthur havia comprado, em 1984, terrenos em São Paulo e Belo Horizonte e planejava a expansão interestadual do Estoque, o atacadão que fazia bonito no Rio. Levaria quatro anos para inaugurar o primeiro desses projetos – que acabou sendo um mix de atacado com hipermercado, na Marginal Tietê, entre a Freguesia do Ó e o Bairro do Limão. O desenvolvimento do projeto teve muitos solavancos, a começar pela construção. A área bordeava o antigo leito do Rio Tietê, resultado do desvio do curso para ampliar a vazão da represa Billings nos anos 1940, e ali é vedado erguer qualquer estrutura. Os primeiros projetos foram embargados. Além disso, opções conflitantes no grupo interno de trabalho atrasaram o cronograma, que só andou com um time de fora da empresa.

Mas a inauguração, em 9 de novembro de 1988, foi estrondosa. Contratada como garota-propaganda, Regina Duarte estava no auge da popularidade com sua Raquel da novela *Vale tudo*. A decisão final foi batizar a loja de HiperSendas, na intenção de remarcar o nome no novo território. A loja tinha 24 mil m² totais e 11 mil de área de vendas, 30 mil itens de alimentação, bazar, eletrodomésticos, padaria, drogaria e a churrascaria Beef Place – o nome, aliás, batizaria também a churrascaria carioca, no Shopping Sendas, a antiga Churrascão da Colina. O investimento foi de US$ 17 milhões. A loja começaria com 900 funcionários para redimensionar quase em seguida para menos de 600.

"Esperamos 28 anos para chegar a São Paulo. Além do orgulho, chegamos com humildade ao maior e mais exigente mercado do Brasil, para oferecer o padrão Sendas de serviço no binômio qualidade e preço", dizia Arthur Sendas no discurso de inauguração. "O faturamento anual previsto para a empresa é de U$ 700 milhões. Empregamos 19 mil brasileiros. Nunca tivemos qualquer ajuda governamental ou crédito subsidiado. Esta 55ª loja da rede é a primeira no Brasil em sistema de atacado em autosserviço com acesso ao público em geral".

O ano de 1988 terminava sob mais e mais pressão inflacionária. No *Jornal do Brasil*, a manchete de 18 de dezembro anunciava: "Produtos da cesta básica superam inflação do ano" – que atingiria 931%, com 28% projetados para dezembro. Mais uma vez, Arthur Sendas, ouvido como presidente da Abras, batia no ponto em entrevista ao *JB*: "Medidas do governo para controle do déficit público e uma política que dê credibilidade para o empresário voltar a investir são o que realmente farão a inflação cair".

Também em 1988 o Brasil ganharia sua sétima Constituição, chamada "cidadã" pela ênfase nos direitos sociais e na proteção ao meio ambiente, com artigos de forte tom humanista, muitos dos quais nunca regulamentados em toda a sua extensão ou que sofreram emendas. Para o comércio, um importantíssimo e inédito item foi abordado: a defesa do consumidor, inserido como cláusula pétrea no artigo 5°, inciso XXXII e tratado como princípio fundamental da ordem econômica. Antes disso, leis esparsas cobriam o assunto – como a 1951, sobre crimes contra a economia popular.

O Código de Defesa do Consumidor, promulgado em setembro de 1990, normatizava em cem artigos as relações de consumo com um olhar de proteção ao que chama de "elo mais fraco". Já havia um movimento mundial em busca dessa proteção. Nos anos 1970, conferências mundiais e a própria ONU garantiam direitos à segurança, à informação, à livre escolha e a recorrer judicialmente.

Em setembro de 1988, a Sendas inaugurou seu SAC, o Serviço de Atendimento ao Consumidor. "Os supermercados estavam se adaptando à necessidade do SAC", lembra a jornalista especializada em defesa do consumidor Nadja Sampaio. "Havia também questões como inserção de datas de validade nos produtos, polêmicas para a indústria e difíceis para o comércio. Arthur Sendas era uma liderança forte em todos os sentidos, se tornou uma espécie de mentor e enxergava longe".

"A Constituinte evolui de maneira preocupante, revelando um descompasso entre o que se vota e a realidade do país a ser governado", ressaltava Arthur Sendas em artigo para a revista da Associação Comercial do Rio de Janeiro. "O Brasil dos próximos anos será a resultante das definições constitucionais a serem adotadas; não serão pacotes fiscais de fim de ano. Nossa opção pelo moderno é sair da especulação financeira para a realidade dos investimentos produtivos".

AUTORIDADE MORAL

Em setembro de 1988 Arthur Sendas estava no Riocentro ao lado do ministro do Planejamento, João Batista de Abreu, na 18ª SuperExpo, megaevento promovido pela Abras no Rio, em paralelo à 22ª Convenção de Supermercados, quando uma das recepcionistas se aproximou para entregar seu brinde: um preservativo em embalagem colorida. Abreu avermelhou e gaguejou. A moça aproveitou para entregar um segundo envelope: "Ministro, fica com mais um para garantir o estoque". A história foi contada em vários jornais.

As risadas foram discretas e o anfitrião se apressou em subir com os ministros – Abreu e Íris Rezende, da Agricultura – num bugre verde para percorrer lentamente o pavilhão. Estavam presentes também o senador Roberto Campos, o governador do Rio, Moreira Franco, e os empresários João Carlos Paes Mendonça (à frente da Associação Latina de Supermercados) e Roberto Marinho.

O pavilhão do Riocentro se apresentava lotado e festivo. Nem parecia que o Brasil vivia numa frágil corda bamba sobre o precipício da hiperinflação. O assustador número projetado era de 820% em 1988. Nos jornais e na revista da Associação Comercial, Arthur repetia seu mantra: "Enquanto o governo não controlar seu déficit público, a inflação não baixa. Congelamento, como vimos recentemente, não acaba com a inflação". E reafirmava: "Nós, do setor supermercadista, temos autoridade moral para defender o fim dos créditos subsidiados, de incentivos fiscais indiscriminados, de vantagens governamentais, pois delas não participamos. Em nossa atividade, a presença do governo só é sentida para atrapalhar. O que exigimos é liberdade para trabalhar e produzir, deixando que o mercado imponha suas regras".

Seu discurso na abertura da convenção não dourava a pílula: "Evitar um processo de hiperinflação foi uma vitória até o momento. Mas soluções definitivas ainda não foram encontradas nessa área". Aprígio Xavier, em fala contundente, foi na mesma linha: previa que supermercados teriam seus custos de mão de obra aumentados em 2% sobre as vendas. De outro, 50% das vendas eram de produtos com preços controlados pelo governo, com margens de lucro fixadas. "É uma situação difícil". Ali divulgava uma pesquisa encomendada pela Abras ao instituto A.C.Nielsen, que cravava: em 1987, o faturamento do setor representara quase 5% do PIB e 57,4% da arrecadação tributária.

A guerra das tabelas não dava trégua. Fornecedores e varejistas duelavam e boa parte da indústria praticava aumentos superiores aos índices permitidos, mantendo a situação de desabastecimentos e conflitos. A verdade é que, desde 1985, os reveses da situação econômica vinham beirando um ponto crítico. A relação entre fornecedores e varejistas azedava. O prazo de pagamento dos produtos, que era de 50 dias, encolhia alarmantemente. "Encerrava-se o ciclo em que o crescimento do setor podia ser financiado pela diferença entre comprar a prazo e vender à vista", disse Arthur Sendas na convenção.

Conselho Monetário Nacional

Para Arthur Sendas, a década também havia sido de maior aproximação com a alta política, mas sempre na missão de representar o setor. Era bom nisso. O advogado da empresa, Eliasar Rosa, contava um episódio exemplar: "Pela sua simplicidade e postura, aberta ao diálogo, as pessoas podem não concordar com a opinião, mas respeitam e simpatizam. Isso facilita com as autoridades. Em visita ao Supremo Tribunal Federal, Sepúlveda Pertence, presidente do órgão na ocasião, ficou deliciado: 'Esse é o Arthur Sendas? Figura encantadora. Imaginava um homem presunçoso e ele é de uma simplicidade quase evangélica'".

Embora tenha sempre evitado a política partidária – e não foram poucas as vezes em que recebeu convites para concorrer em eleições ou a assumir cargos –, o período à frente da Abras consolidou sua participação na vida pública. A gestão de Arthur foi um ponto de virada na instituição como presença política. Além de inaugurar sede própria – prédio de oito andares no Alto da Lapa – e de abrir escritório em Brasília, internacionalizou o encontro anual e tratou de criar um índice próprio de acompanhamento de inflação e de preços, ferramenta essencial para uma argumentação embasada. Também firmou acordo técnico com o Food Marketing Institute, nos Estados Unidos. Afinal, a luta pela saúde econômica, quatro planos de "estabilização" depois, era contínua.

Arthur saiu da presidência da Abras em março de 1992, emplacando como sucessor seu vice, o mineiro Levy Nogueira, que venceu Luís Fernando Furquim, diretor executivo do Pão de Açúcar e à frente da Associação Paulista de Supermercados. E mais: em 1989, havia sido convidado a assumir um assento no Conselho Monetário Nacional, a mais alta instância reguladora do sistema financeiro do país, responsável, entre outras ações, a autorizar a abertura de bancos e fixar metas de inflação para o Banco Central.

Nomeado em abril de 1989 pelo então ministro da Fazenda, Maílson da Nóbrega, substituindo Abílio Diniz, e reconduzido outras duas vezes ao posto, Arthur Sendas fez parte da última turma de 20 membros, formada por ministros, presidentes de banco, empresários e representantes das classes trabalhadoras. Em 1994, a composição do órgão foi alterada para incluir apenas o presidente do Banco Central e ministros da Fazenda e do Planejamento. Uma redução que provavelmente pôs a perder a representatividade de grupos diversos na definição da política econômica.

O conselho consultivo avalizava decisões e fazia recomendações. "Eu considerava importante essa composição mais ampla", diz Marcílio Marques Moreira. "Ali ouvíamos os setores da sociedade trazerem assuntos de suas áreas". Uma reunião marcante foi a de maio de 1991, quando o então ministro da Economia, Marcílio Marques Moreira, levantou a possibilidade de desbloqueio antecipado dos cruzados retidos por Collor. "O estilo soft de administrar chegou ao CMN", reportava o *Jornal do Brasil*. "O ministro da Economia deu a palavra a todos os integrantes do Conselho, inclusive aos representantes do próprio governo. Ao deixar a reunião, Arthur Sendas mostrava-se entusiasmado com o estilo do ministro: 'Foi tudo muito democrático', disse".

Arthur costumava dizer: "Gosto da política, mas a empresarial". Era indiscutível sua influência nos círculos do poder e sua projeção nacional tinha crescido muito a partir da chegada à presidência da Abras. Havia quem lamentasse um certo distanciamento tomado da própria empresa desde então. Outros viam nessa projeção uma alavanca importante para o fortalecimento da Sendas nos anos 1990.

E havia a presença nas comitivas presidenciais, claro: depois de acompanhar o general-presidente Figueiredo ao Canadá, em 1982, e à China e ao Japão dois anos depois, Arthur Sendas estava em outubro de 1988 no grupo de José Sarney na visita à União Soviética de Mikhail Gorbachev – a primeira de um chefe de estado brasileiro a Moscou. A ExpoBrasil, feira num hotel da capital, reunia 36 empresas brasileiras expondo produtos e serviços. A estrela da viagem foi o sistema de automação bancária apresentado pela SID-Informática, de Mathias Machline, para "acabar com as intermináveis filas nos bancos soviéticos", defendia o industrial brasileiro.

"Temos que rezar por Gorbachev para que ele complete sua missão", declarou Arthur Sendas ao *Jornal do Brasil*. "A URSS era um pesadelo para todos nós, ocidentais e capitalistas. Ele ensinou que lucro não é pecado, mas uma necessidade da sociedade moderna". E sim, não faltavam "vontade nem sonho" de abrir supermercados por lá. "Existe um relativo poder de compra e pouca oferta, em quantidade e qualidade".

Morre o Comendador

Maria Thereza Sendas ajeitou no colo o bolo de pão de ló, com cuidado. Era o doce favorito do pai. Naquele domingo, 17 de setembro de 1989, estava a caminho de Miguel Pereira, cidade fluminense, onde Manoel Antônio estava morando, cuidado por uma acompanhante. Nos últimos anos, já não se animava a jogar sueca nos fins de tarde com o pessoal da sede da empresa.

Manoel Antônio era uma espécie de talismã para Arthur Sendas, que fazia questão de tê-lo nas reuniões. Às vezes não chegava na hora e ficava zangado porque achava que não tinha sido avisado. Arthur dava toda a razão e dizia que chamaria a atenção das secretárias pelo "engano". Nas reuniões festivas de almoço às sextas-feiras, na casa do pai em São João de Meriti, fazia questão de puxar palmas: "Viva o Comendador!". Ele havia recebido uma comenda do Instituto Histórico e Cultural Pero Vaz de Caminha e uma série de pequenas homenagens ao longo da vida. Circulava pelas lojas, fazia a administração das embalagens de papelão da rede; era celebrado.

Histórias divertidas corriam a seu respeito: demitia empregados em rompantes e depois mandava recontratar, fiscalizava o uso do elevador na sede, bronqueava com o decote ou a saia curta de funcionárias. E, claro, era vascaíno apaixonado. "Papai era uma pessoa de temperamento muito explosivo e até, em determinados momentos, rude", relatou Arthur à filha Marcia no livro *Meu avô, Comendador Manoel Antônio Sendas*. "Mas na verdade ele tinha um coração muito bom; no fim, a pessoa tiraria até a roupa dele. Ele chegava na loja, via coisas de que não gostava. Brigava, parecia até que ia bater na pessoa. Quando se descarregavam caminhões na loja, dali a pouco ele abria a carteira e dava dinheiro pra um, pra outro".

Mesmo com mais de 80 anos, seu Manoel ia a São Januário assistir aos jogos do Vasco e a Portugal, acompanhar os embarques de produtos na época do Natal – mas ligava para Arthur, louco para saber dos resultados dos jogos do time do coração.

Naquele domingo de setembro de 1989, as filhas Maria Thereza e Erika chegaram a Miguel Pereira de manhã e estranharam ver o pai ainda deitado. Aos 89 anos, o patriarca ainda era um homem forte. "Levanta, meu pai, que a vida não se ganha na cama", brincou Erika, repetindo a frase que ouvia quando criança. Manoel estava deitado, mas não por preguiça. Uma hemorragia abdominal o atingira. Hospital, cirurgia de emergência. Morreu no dia seguinte. "Nunca vi meu pai chorar tanto", lembra Nelson Sendas. O menino que desembarcara no Rio de Janeiro 74 anos antes, apenas com a roupa do corpo e um cobertor vermelho, partia.

A década acabava com herança dos fracassos econômicos e retração nas vendas – foram 9% de perdas em 1989, em relação ao já catastrófico 1988. Nas eleições presidenciais de 15 de novembro de 1989, a primeira ida às urnas do brasileiro para escolher o cargo máximo desde 1960, vencia Fernando Collor de Mello, até então um jovem desconhecido em âmbito nacional e que se promovia como "caçador de marajás" e paladino contra a corrupção.

Arthur Sendas não deixava de ser esperançoso. "Um país com a dimensão e o potencial do Brasil não tem o direito de conviver com a miséria, com brasileiros deixando sua terra, terra que já foi o sonho dos imigrantes", discursou na ACRJ. "A crise é a parteira da história, e o Brasil vive uma de suas crises mais complexas". E reiterava: "Os supermercados não são sócios privilegiados da loucura inflacionária. E nenhum grande país se mantém com uma minoria de ricos dentro de um universo de miseráveis. Não é possível construir uma sólida democracia, fundada no livre mercado, sem que haja justiça social. O eleitorado está cansado, desiludido, revoltado. Nas urnas, o cidadão Brasil vai falar e o amanhã será consequência das eleições".

Fernando Collor recebeu 35 milhões de votos contra 31,1 milhões de Luiz Inácio Lula da Silva, com promessas de estado mínimo, liberdade econômica e desenvolvimento. Tomou posse em 15 de março de 1990, após o país fechar 1989 com uma inflação, nos últimos 12 meses, de 1.800%.

Arthur em frente ao Bon Marché de São Paulo: expansão dos negócios

CAPÍTULO 7

A ERA DA AUTOMAÇÃO E DOS HIPERMERCADOS

O comercial que celebrava os 30 anos redondos da Sendas tinha mais um jingle gostoso de ouvir, de Adilson Xavier, já diretor de criação da Giovanni Comunicações, e Ary Sperling:

> *Tudo 30, tudo Sendas*
> *Tudo pronto, vem com a gente festejar*
> *Tanto tempo faz que a gente faz acontecer*
> *Tanto já se fez e ainda há tanto por fazer*
> *Tanta emoção que só nos resta agradecer*
> *Trinta anos de sorriso – se você é Sendas, nós também somos você*
> *Pra nós, você é mais, você é gente*
> *Pra nós, você é mais, você é Sendas.*

Com direção de Chico Abreia, da Jodaf/Yes, o filme foi rodado em quatro dias, de 19 a 22 de dezembro de 1989, no barracão da escola de samba Beija-Flor de Nilópolis, nas ruas do Rio e na filial do Leblon. Trazia celebridades – Xuxa e o carnavalesco Joãosinho Trinta – e funcionários, com o gesto de três dedos erguidos. Além da referência às três décadas, o mote era "atendimento", acrescentado aí "qualidade e preço".

Os 30 anos da rede chegavam em curva de crescimento. "Transformamos um armazém numa empresa de US$ 1 bilhão em vendas anuais", discursou Arthur num seminário interno. "Nos anos 80 tivemos problemas que afetaram nosso ritmo de crescimento.

O que buscamos agora, inclusive com a incorporação à empresa de novos e vitoriosos profissionais, é retomar a trajetória dos anos 60 e 70, para brigar não apenas para manter a 3ª posição no ranking nacional ao longo de 1990, mas sim para buscar a liderança do setor supermercadista brasileiro nessa década".

No início de março de 1990, era reinaugurada a filial da Casa Show do Shopping Sendas, em São João de Meriti, ampliada de 7 mil m² para 15 mil m². Isso "no momento em que o país enfrenta a mais complexa crise econômico-financeira da sua história (...) mas continuamos preferindo investir, sem procurar o abrigo fácil da especulação financeira", discursou Arthur Sendas. Também repisava que as relações entre fornecedores e comerciantes estavam tensas. "[Devemos evitar] que as turbulências de uma conjuntura anormal levem a situações que possam ameaçar a própria estabilidade de um sistema que funciona baseado na existência regular de prazos". E encerrava: "O governo do presidente Collor, que se instala no próximo dia 15, assume o compromisso de reverter esse quadro".

O projeto da rede para os anos que se seguiriam era ambicioso. Arthur Sendas anunciava que em 1990 "a empresa investirá US$ 30 milhões no Shopping Del Rey e no Hiper da Ilha, e na construção de novas lojas, abrindo duas por ano". Mas a inauguração da década traria mais uma vez violentas mudanças para o Brasil. O barco sacudiria muito antes de se estabilizar.

A inflação de fevereiro, mês anterior à posse de Fernando Collor de Mello, batera os 84%. A chegada ao poder do primeiro presidente eleito pelo voto popular depois da intervenção militar não impactava o país apenas na seara política: atendia a uma expectativa das classes produtoras – industriais, empresários, agronegociantes – na direção liberalizante da economia. O setor público, afundado em grandes dificuldades fiscais, precisava urgentemente de reforma.

A promessa era de ruptura dos padrões vigentes, para recuperação do país. A inflação acumulada batera, em 1989, o patamar dos 1.782,90%. O Brasil patinava no mercado mundial, em função da moratória da dívida externa, do protecionismo, da pesada dívida interna, da estagnação. Embora os inegáveis avanços da Constituição de 1988 garantissem a continuidade da democratização, havia alguma dissensão entre as elites política e econômica. A proposta de Collor, baseada na "integração competitiva" (referência a um projeto do BNDES lançado em 1980), apostava na inserção internacional do Brasil – diplomática e economicamente – e no "combate ao estatismo", com o recuo do intervencionismo estatal, uma clara inspiração dos ideários keynesianos. Uma segunda abertura dos portos, diriam alguns, em direção ao mundo capitalista, movimento estimulado pela derrocada da União Soviética e da simbólica queda do Muro de Berlim.

No dia seguinte à posse, 16 de março, os jornalistas atenderam à convocação para uma entrevista coletiva com a ministra da Fazenda, Zélia Cardoso de Mello, transmitida em cadeia nacional. Maílson da Nóbrega, seu antecessor, havia decretado feriado bancário de 14 a 16 de março. Vinte e sete medidas foram anunciadas no pacote Brasil Novo, entre elas a volta da moeda para cruzeiro, o congelamento de preços e salários por 45 dias, a extinção de 24 estatais, a demissão de mais de 80 mil funcionários públicos e a criação do IOF, Imposto sobre Operações Financeiras.

Mas o maior choque para os quase 150 milhões de brasileiros foi o anúncio do confisco do dinheiro da população nas contas correntes e aplicado em cadernetas de poupança, que seria devolvido em 12 parcelas a partir de 1992. Bloqueou-se qualquer quantia acima de Cz$ 50 mil (pouco mais de R$ 20 mil em 2022). "O boato mais recorrente era que o governo congelaria o *overnight*: aplicações em títulos da dívida pública com liquidez diária", escreveu Miriam Leitão em seu livro *Saga brasileira: a longa luta de um povo por sua moeda*, de 2011. "Todo dia, toda noite, o dinheiro crescia. Era ilusão, porque a inflação crescia também. Não precisava ser economista para saber que ali havia um problema. Por isso, muitos foram para a caderneta de poupança, achando que assim se esconderiam da avalanche que poderia vir". Caos.

O confisco – que alguns chamaram eufemisticamente de

"congelamento" – rendeu US$ 100 bilhões, correspondentes a 30% do PIB, e muita confusão. O dinheiro retido continuava a ser cruzado novo. "O plano não foi apenas mal explicado: era ruim e violento", avaliou Miriam Leitão. Empresas brasileiras, que mantinham seu dinheiro no Brasil, estavam sendo punidas. O recuo da demanda produziria uma recessão de dois anos. O Brasil, de novo, patinava depois de um violentíssimo choque econômico. Os meses seguintes foram de balbúrdia, desordem e improvisos diante de diretrizes mal amarradas. A indústria e o comércio de bens não essenciais, perplexos, batiam cabeça tentando pagar funcionários e retomar atividades.

Para uma parte do varejo supermercadista, houve um repeteco do pesadelo no Plano Cruzado. Polícia buscando etiquetas nos produtos, prisão de gerentes e até de proprietários de supermercados. Mas, assim como os transportes públicos, foi um setor que não deixou de funcionar: os parcos cruzeiros circulantes iam para arroz, feijão e ônibus, não para eletrodomésticos ou viagens. Em março de 1990, a inflação foi de 81,3%. Caiu para 11,3% em abril, 9,1% em maio e estacionou em 9,05% em junho. Em julho, porém, voltou a crescer. Em fevereiro de 1991 cravou 21,1%. A Confederação Nacional das Indústrias previa, já em 2 de janeiro de 1991, "um ano negro".

Neste janeiro de 1991, mais um plano de ajuste, o Collor II, extinguiu o *overnight*, o BTN e outros indexadores. Sem efeito duradouro. Em agosto, os preços dispararam com aumentos entre 18% e 148%. Até meados de 1994, a inflação ficaria nos espantosos 2.000% ao ano, um tormento, carbonizando o valor da moeda e dificultando a vida – principalmente a dos mais pobres.

Zélia Cardoso de Mello ficou um ano e dois meses no ministério. Sua negociação da dívida externa não correu bem – manter a moratória de Sarney foi decisão criticada em todas as instâncias. Estava fortemente desgastada por diversas razões, incluindo a vida pessoal indo a público.

Havia, é claro, o outro lado do momento radicalizado e confuso do governo Collor. Mais uma vez recorrendo a Miriam Leitão, "naquele governo, que começou confiscando os cidadãos e terminou deposto, foi iniciada uma das partes mais importantes da agenda de modernização do Brasil. A agenda, como se verá, é do Brasil e não de um governo fugaz, porque continuou nos governos seguintes. A abertura comercial, a negociação da dívida externa e a privatização foram passos essenciais para a estabilização".

Quem viveu a época lembra de uma frase emblemática de Collor: "Nossos carros são umas carroças". A taxa de importação de automóveis chegava a 350%. Mas carroças, mesmo, eram os computadores "nacionais" – montados no país, mas com tecnologia e peças importadas. Com Collor, finalmente, as barreiras de importação de uma longa lista de produtos e insumos cairiam, dentro do chamado Plano de Abertura Comercial.

Implementou-se uma extensa, muito extensa, liberação tarifária, finalmente tratando de desfazer as "substituições de importação" do pensamento varguista. Cerca de 1.500 produtos foram, aos poucos, retirados da reserva de mercado; as taxas de importação não estavam convidativas no primeiro momento, mas era um passo importante. Saíram da proibição automóveis, eletrodomésticos, a cadeia de informática, cimento e alimentos, por exemplo. A primeira lista saiu já em maio. A queda das tarifas, prometia o governo, seria gradual e constante – e começou em janeiro de 1991. Nessa lista estavam desde insumos para indústria química até quebra-cabeças e máquinas de waffle.

Em julho, o governo retirava 28 produtos da lista da Sunab e liberava os preços de automóveis, cimento, vidro e da linha branca de eletrodomésticos, entre outros. "Quando cheguei em maio de 1991 ao Ministério da Economia do governo Collor, a tarifa era, em média, de 40%", conta Marcílio. "Zélia tinha começado a liberação, mas não avançou. Havia restrições ideológicas a certas aberturas – a exemplo da área de informática, que ela queria manter fechada". Com a troca no ministério, as liberações passaram a ser feitas de quatro em quatro meses. O brasileiro também ganharia o direito de ter cartão de crédito internacional em 1991.

Paralelamente, o caminho das negociações da dívida externa – que não iam bem – aplainou-se um pouco mais com a chegada de Marcílio ao ministério, ajudado por novas condições internacionais e operado por Pedro Malan. "O Brasil devia a 880 bancos", relembrou Miriam Leitão em seu *Saga brasileira*. Credores privados ainda demoraram um pouco a ser atendidos, mas acabaram aceitando conversar; questões de patentes farmacêuticas foram sendo resolvidas e as sanções correspondentes, levantadas. E tomou forma o Mercosul, união aduaneira assinada em 1991 entre Brasil, Argentina, Uruguai e Paraguai.

"Encontrei Arthur Sendas pela primeira vez numa reunião do Fundo Monetário Internacional em Washington", conta Marcílio Marques Moreira. "Ele fazia parte do Conselho Monetário Nacional e se mantinha interessado na política econômica". Mais tarde, Marcílio integraria o Conselho da empresa e estaria lado a lado com Arthur na Associação Comercial do Rio.

Foi Marcílio, comandando uma equipe enxuta, quem assegurou a credibilidade em diversas ocasiões, fazendo a diferença entre a beira do abismo e o passo à frente. Uma dessas situações foi a devolução dos cruzados novos confiscados – "o meu primeiro desafio, porque representavam, na época, 7% do PIB", lembra Marcílio. "E jogar esse volume de recursos sem criar inflação parecia impossível". Com Armínio Fraga, que representava a área externa "e era o grande articulador da política econômica", diz, criou-se um mecanismo para remunerar melhor quem deixasse os recursos na caderneta. Deu certo.

Outro desafio foi a desvalorização do cruzado novo, acertada "em estrita confidencialidade", conta Marcílio. "Nem o presidente sabia. Ele ficou um pouco amuado". A taxa de câmbio não estourou e evitou-se o ataque especulativo. "E aí estávamos criando as bases para o Plano Real: estabelecemos o câmbio flutuante, abrimos mão do controle de preços, fizemos a primeira privatização", completa Marcílio.

O Conselho Monetário Nacional secundava essas decisões. E Arthur Sendas estava lá.

Valorização dos Funcionários

"Não faço nenhuma obra de benemerência. Apenas invisto no material humano."
(Arthur Sendas, em depoimento à revista da ACRJ, em 1981)

Nos primeiros números da revista interna *Sendas em Família*, que começou a ser publicada em agosto de 1975 com a espantosa tiragem de dez mil exemplares, havia uma seção com veteranos da empresa – alguns com 15 anos de casa, então a idade da organização, e outros até com mais tempo de serviço, vindos da época dos armazéns.

E lá estava Dolores Pan – a primeira cozinheira, na época prestes a se aposentar. "Fui eu quem descascou o primeiro chuchu aqui na firma", disse ela na primeira edição. "Era na loja de São João [de Meriti], posto 4. A comida, no começo, não era tão farta e variada como hoje. E a turma reclamava demais. Diziam que era só chuchu com carne moída, mas tinha também carne moída com chuchu. Vez por outra, tinha carne moída com abóbora. Era duro descascar nove caixas de chuchu, cozinhar 50 quilos de macarrão e desmanchar um saco de arroz por dia. E só com uma ajudante", contava, bem-humorada.

Em 1975, a Sendas tinha 10.500 funcionários e todos com direito a alimentação gratuita nas lojas. A tradição vinda do armazém de São Mateus, onde Biluca servia almoço para os empregados na mesa da família, foi reforçada quando Arthur conheceu o esquema que Nélson da Rocha Deus implantara nas suas lojas, construídas sempre com refeitório para os funcionários.

Quem estava à frente do Departamento de Recursos Humanos era um mineiro de São João Nepomuceno, o fidelíssimo e incansável Newton Furtado. "Quando entrei, a área de RH era muito primária", conta. "Havia oito mil empregados e carecia de um olhar mais moderno. O grande viés da política de RH era mesmo o espírito de família. Seu Arthur era muito sincero, não fazia as coisas para ter propaganda de nada".

Além da alimentação gratuita no local de trabalho, funcionários e dependentes tinham assistência médica e odontológica integral, em posto próprio – o Semed, serviço médico perto da sede, que chegou a ter 42 médicos – e atendimento conveniado.

O terceiro item na cartela de benefícios era a educação. Lá em 1975, qualquer funcionário com mais de dois meses de casa e boa avaliação ("excelente, muito bom e bom", diziam as regras) tinha direito ao "reembolso integral de matrícula e mensalidades escolares, incluindo a universidade, de filhos solteiros até 25 anos", desde que o estudante não repetisse a série; nesse caso, o ano repetido não teria o reembolso, voltando a ser possível no ano seguinte. Todos os anos, a empresa reunia em seu auditório os formandos para uma festa com presença da diretoria e do próprio Arthur. Eram dezenas, até centenas de crianças e jovens completando ciclos de estudo – aí incluídas faculdades de qualquer área, mesmo as mais dispendiosas ou que não fossem diretamente relacionadas à atividade comercial, como medicina e direito. Escolha livre.

Também oferecia cursos de madureza – o antigo nome do supletivo. E, nos anos 1990, abriu uma frente junto às universidades, coordenada pelo amigo e consultor Francisco Gomes de Matos. "A programação veio para atender à necessária qualificação da alta gerência", explica Gomes de Matos. "Eram cursos externos para os executivos na PUC-Rio e no Coppead da UFRJ. Também se criou um MBA interno coordenado por Patrícia Tomei, da PUC. Outra ação era a realização de palestras e workshops em universidades públicas e privadas do estado do Rio, com a coordenação de Jozias Castro".

Além disso, ouvia-se o funcionário. "Foi realizado nas lojas um processo visando à integração e ao bem-estar social, o Ciclo de Felicidade no Trabalho", conta Gomes de Matos. "Num método desenvolvido pela consultora educacional Maria Martha Moreira, grupos de até 15 funcionários debatiam ideias, problemas e possíveis soluções a partir do meu livro, *Empresa feliz*. Muitos problemas crônicos, já não percebidos, vieram à tona e foram resolvidos. Um deles tornou-se emblemático: as funcionárias de caixa ficavam em pé por toda a jornada – isso acontecia em todos os supermercados. Fadiga e varizes eram comuns. A questão foi levada a Arthur Sendas, que colocou banquinhos, solução encampada pelas demais redes".

Outro item não menos importante: lazer e congraçamento. No início dos anos 1970, o sítio em Jacarepaguá de Nelson da Rocha Deus era usado para lazer de fim de semana de grupos pequenos – e neles, Arthur servia pessoalmente os funcionários. Foi um balão de ensaio para o grande projeto da Sendolândia.

A primeira menção ao centro recreativo foi feita em setembro de 1977 na revista *Sendas em Família*: uma página dupla mostrava fotografias das obras de expansão da área próxima à matriz, perto do novo centro administrativo e da gigantesca central de abastecimento, com 186 mil m^2, dos quais 80 mil m^2 de área construída em três módulos.

Com 46 mil m^2, o espaço reunia parque aquático, campos de futebol e quadras de esportes na Rua Floriano, junto à Rodovia Presidente Dutra. Um megaclube, que passaria a ser a sede de festas, campeonatos, gincanas. Com direito a vestiários profissionais no campo de futebol – o Flamengo chegou a treinar ali, e os jogadores elogiaram a estrutura –, piscina olímpica e parque infantil. Um sonho.

A inauguração da Sendolândia aconteceu no feriado de 1º de maio de 1979, época em que a empresa cravava o número recorde, até então, de 18 mil funcionários e um total de 50 mil dependentes. O corpo de funcionários compareceu em peso. Ali se faziam festas juninas e de Natal – com direito à chegada de Papai Noel de helicóptero. Na Sendolândia muitos meninos e meninas aprenderam a nadar, praticaram esportes e confraternizaram; astros e estrelas da música se apresentaram, em ações de divulgação e retribuição das gravadoras de discos. O centro recreativo funcionou por 20 anos.

Não havia dúvida de que tamanho programa incentivava a fidelidade dos funcionários, despertava um desejo de evolução na hierarquia e estimulava o bom atendimento ao cliente. O *turnover*, a rotatividade do corpo funcional, é um dos maiores problemas no setor supermercadista. Treinar, retreinar, deslocar, construir hierarquias e manter relacionamentos, o compromisso e a identificação com a empresa são desafios de um negócio que envolve milhares de pessoas.

O diretor de operações George Washington Mauro, que esteve em duas ocasiões no time de executivos da Sendas vindo do Carrefour e do Pão de Açúcar, testemunha: "A gente ia buscar funcionários no mercado e era muito difícil tirar gente da Sendas".

Arthur atribuía a cristalização da "família Sendas" à filosofia das Casas Sendas das décadas de 1950 e 1960 e à origem de tudo com a mãe, Biluca, servindo refeições aos empregados do armazém junto com a família. Havia festas para funcionários que completavam cinco, dez, 20, 30 anos de casa, com prêmios e diplomas. A visão de que a equipe também era um ativo – assim como o conhecimento acumulado e a fidelidade de cada um dos funcionários – sempre foi muito clara para Arthur Sendas.

"O resultado do bom atendimento ao funcionário é maior produtividade na empresa, com bom relacionamento com fornecedores e clientes", escrevia Arthur Sendas em editorial. "Nossa filosofia é não demitir ninguém, mas aproveitar nosso empregado em outras funções à medida em que ele vai evoluindo nos seus estudos. Mas quando um funcionário é demitido, não fico com a consciência pesada porque sei que tudo foi feito para evitar sua demissão. A maior parte dos nossos funcionários começou em funções subalternas, como balconista, fiscal de caixa. Muitos deles chegam a gerentes de loja, conselheiros e até diretores".

E mais: a empresa criou um programa pioneiro de treinamento profissional para adolescentes de 14 a 17 anos: o Marrequinhos, que se tornou uma marca da Sendas, carregada de simpatia. Os meninos empacotadores, que ajudavam a carregar as compras dos clientes, eram proibidos de aceitar gorjeta. Ganhavam salário mínimo em carteira, tinham que apresentar desempenho escolar e aprendiam muito. "O trabalho não sacrifica ninguém, não mata ninguém. Você tem que ter disciplina como tudo na vida", comentava Arthur numa entrevista sobre o programa que dava aos meninos uma primeira chance. Suspenso em 1988, o programa voltaria com força sete anos depois, quando os jovens tinham patrocínio de várias indústrias, que anunciavam nos macacões cor laranja.

O primeiro marrequinho da empresa foi Wanderley Alves, admitido em março de 1979. "Minha mãe trabalhava na casa do Carlos Henrique", conta ele. "Eu tinha 16 anos e seu Arthur e Carlos Henrique começaram, por minha causa, esse projeto para adolescentes. Fui o primeiro, sozinho na filial do Leblon. Uma tremenda formação para a vida e para o trabalho".

Diversos marrequinhos acabaram sendo contratados e subiram na hierarquia da empresa. Manuel Antônio Filho foi um deles. Seu pai trabalhava numa empresa fornecedora e, aos 14 anos, ele virou marrequinho na loja n° 1, em São João de Meriti. "Foi um aprendizado extraordinário. Da loja, fui para a matriz como office boy e seguia estudando à noite", ele relembra: "Seu Arthur tinha uma preocupação genuína com o funcionário. Já na faculdade de administração, paga pela empresa, entrei para o Comercial, trabalhando com gente que era lenda no varejo". Com a abertura das importações, em 1991, Manuel Antônio foi para a área de bebidas e trabalhou com Nelson Sendas no boom dos produtos importados.

Esse esquema, incrivelmente generoso, vigorou até março de 1996. Num editorial da revista interna, Newton Furtado explicava que os benefícios teriam que ser reajustados, baixando os percentuais de reembolso escolar, aumentando as carências e reduzindo as opções de cursos superiores. "[É preciso] Adequar-se à realidade atual, para garantir a sobrevivência num mercado cada vez mais competitivo. A opção de rever as regras de concessão de benefícios se dá para evitar cortar postos de trabalho e dos próprios benefícios".

"A responsabilidade social está no DNA da nossa empresa", disse Arthur Sendas ao jornal *O Globo* numa reportagem em 2003. "Quando você trabalha com amor, com certeza produz muito melhor. Eu acho que o empresário deve colaborar, participar, fazer a parte dele. Mas não dá para assumir totalmente. O empresário faz o que pode, mas tem limites, e o governo precisa atuar. Afinal, nós contribuímos para ele".

Saindo do âmbito interno, Arthur também implementou em 1985, com a parceria do professor Clementino Fraga Filho, o Prêmio Sendas de Saúde. Foram cinco edições, contemplando jovens pesquisadores na área da saúde pública, com premiação em dinheiro, correspondente a US$ 15 mil para cada um. "Para se ter educação tem que ter saúde, as duas coisas se completam. O Brasil não é um país para ter fila de gente nos hospitais", repetia Arthur.

MODERNIDADE NAS LOJAS

Em retrospecto, parece difícil pensar na vida sem a tecnologia da informática. Mas, antes de 1995, computadores, chips e redes eram ausentes do cotidiano dos brasileiros e incipiente nas empresas. Nos anos 1970 e 1980, pesadas e imensas máquinas eram chamadas de "cérebros eletrônicos". Foi bem na virada para a última década do século XX que o processo se acelerou, num caminho sem volta que mudou a vida do planeta – internet, computador doméstico e o salto para o mundo dos chips.

No varejo supermercadista, algumas redes se adiantaram nesse quesito. Em 1971, começou a funcionar, instalado na Matriz da Rua do Trevo, o primeiro computador da Sendas. Era um Burroughs B-500, máquina lançada em 1963, com 19.2 kilobytes de memória e armazenamento de 100KB. A evolução foi para o "computador Burroughs b-3 700 [que] produz boletins do que é mercadejado na empresa", como escreveu *O Globo* em setembro de 1975. Sim, um computador: a estrutura imponente usava fitas magnéticas e cartões perfurados rodando em salas refrigeradas, com três "formidáveis" módulos de memória de 400KB cada, em gabinetes de dois metros de altura e dois discos físicos de 20MB. Pouco depois, um Burroughs 3800 duplicava a capacidade do CPD. O jornal trazia a declaração apaziguadora de Arthur Sendas: o computador "opera dia e noite, assessorado por 46 funcionários Sendas" e que, "apesar de toda a eficiência e sofisticação, nenhum funcionário foi dispensado".

"A figura do remarcador de preços nos supermercados está com os dias contados", começava a reportagem do *Jornal do Brasil* de 10 de abril de 1993, de Marion Monteiro e Liana Melo, reportando que, "ainda de maneira tímida", as redes entravam "na era da automação comercial". Traduzindo: códigos de barras para controlar estoque e agilizar o pagamento nos caixas – além de impressoras automáticas de cheques, descritas como "máquinas sofisticadas".

A reportagem também anunciava a adoção crescente do "cheque eletrônico", ou seja, o pagamento com "cartão 24 horas, em que o dinheiro sai direto da conta do cliente". Dentre os supermercados, "o pioneiro do mercado carioca é o grupo Sendas, que há dois anos automatizou três de suas 44 lojas no Grande Rio – as duas do Leblon e a do Shopping Sendas, em São João de Meriti". A empresa havia importado *hand scanners*, embora apenas 20% dos produtos trouxessem código de barras. Era o mundo contemporâneo chegando. Três anos antes, já estava sendo implantado o projeto Micro nas Lojas, com microcomputadores PC-XT, para planilhas eletrônicas e Word na administração.

Seis anos depois, a Sendas implementava seu projeto de compra para entrega em domicílio através de um catálogo em CD-Rom, a princípio, e em seguida pela internet. Aí, sim, era o início da modernidade. "Em 1995, quando entrei na Sendas, a sede não tinha internet", lembra o diretor de marketing da época, Luiz Ratto. "Havia alguma resistência, sim".

Em meados dos anos 1990, a rede ganhou uma uniformização dos sistemas – tardia, mas finalmente implantada nas 50 lojas pelo então diretor financeiro Abelardo Puccini, que destacava na revista *Sendas em Família* de fevereiro de 1994 que "alguns dos sistemas [substituídos] estavam em operação há mais de dez anos". Compraram 2.600 *check-outs* da IBM e os *mainframes* da HP. "Foi um *case* de tecnologia. Atualizamos uma rede inteira. O pessoal dormia nas lojas para conseguir fazer a implantação", lembra Abelardo. Roberto Fioravanti, diretor financeiro de 1996 a 1999, avalia o investimento nessa tecnologia em US$ 500 milhões. "Parece muito dinheiro, mas era fundamental. Seu Arthur dizia: 'A Sendas recebia a cada mês 30 mil notas de uma empresa grande, como a Coca-Cola. Se não tiver um controle, a rede quebra'. E estava certíssimo".

A revista da Abras, *SuperHiper*, reportava em agosto de 1998 que "no início dos anos 1990, apenas 12 lojas do país contavam com leitores óticos ou scanners e cerca de 5.000 produtos, somente, eram codificados. Em 1998 o total de lojas com leitores óticos era de 8.000 e o de produtos codificados, de 410.000". A informatização avançaria com os softwares especializados – os EDI, Electronic Data Interchange – na virada do milênio, otimizando processos e ampliando a velocidade da informação e os dados sobre compras, circulação e vendas.

Foi um tremendo avanço para o setor. A Sendas seria, nos anos 2000, um exemplo de excelência no campo dos sistemas informatizados. "Nas primeiras horas da manhã, já sabíamos quais mercadorias e quanto havia vendido em cada loja. Era excepcional", diz George Washington, diretor comercial em 2003.

UM TEMPO DE MEDO

Engenheiro de formação, Samuel Benoliel havia acabado de entrar para o time da Sendas, depois de 16 anos na tradicional Casa Garson, rede de venda de móveis, eletrodomésticos e discos fundada em 1950. Com Isaac Motel e Rafael Golombek, formava o trio executivo na reestruturação da Sendas. Mas o horror alcançou o novo diretor administrativo logo nas primeiras semanas de trabalho. O horror inimaginável. Sua filha Denise, de 21 anos, foi sequestrada e morta no dia 6 de junho de 1986, por um vigia do prédio em que moravam, em Ipanema.

A imprensa escancarou os protestos de conhecidos e desconhecidos, bradando pelo fim da violência. O governador Leonel Brizola pedia reforço da instância federal e culpava o Plano Cruzado pelo aumento do número de assaltos. O Rio de Janeiro ganhava a indesejável fama de cidade onde a violência campeava sem controle. Mas o cenário ainda iria piorar: uma onda de sequestros que explodiria no fim da década de 1980 e teria como principais alvos empresários e seus parentes.

O boom do sequestro veio das mudanças circunstanciais na atuação dos criminosos. Os assaltos a banco e a carros-fortes estavam se tornando mais complicados, arriscados e custosos para as quadrilhas. O nível de segurança das empresas de transporte de valores havia aumentado. Organizações do crime – algumas derivadas dos banqueiros do bicho, que perdiam clientela com as loterias oficiais e com outros grupos nascidos em presídios – estruturaram-se e criaram a Falange Vermelha, que se nomeou depois Comando Vermelho. O dinheiro era farto no varejão da maconha e da cocaína e na baldeação internacional das drogas e de armas. As novas "empresas" criminosas se consolidaram na primeira metade da década de 1980, com muitos dos chefes de facções comandando a operação de dentro das cadeias.

Essas organizações – no Rio, fincadas nos morros e em bairros da periferia – viram no sequestro com pedido de alto resgate uma modalidade mais ágil e segura de capitalização para comprar armamento de ataque e defesa de territórios. A exigência de manter a polícia fora dos casos era, muitas vezes, cumprida à risca – outra vantagem. Era um crime que custava pouco e exigia pequena estrutura: um informante dos hábitos do sequestrável, poucos bandidos e um cativeiro seguro. Grampo telefônico estava na pré-história.

O investimento das quadrilhas no sequestro oscilava de acordo com o lucro da atividade básica: quando os "consumidores" se apertavam, fazendo despencar o poder de compra como na escalada inflacionária dos anos 1980, ou quando a repressão policial crescia por circunstância pontual, os sequestros aumentavam. Houve um momento de grande queda nos "rendimentos" no início da década seguinte, com o confisco do Plano Collor tirando moeda de circulação – e aí a atuação das quadrilhas se multiplicou. Foi quando os supermercadistas e donos de empresas de transporte urbano se transformaram em vítimas preferenciais: seus negócios não paravam, com dinheiro vivo circulando nos estabelecimentos e veículos.

Ainda na década de 1980, havia diversos nomes do setor de supermercados na lista dos sequestrados. Muitos ficaram em segredo, mas pelos menos dois foram divulgados: o de Belmiro Bragança de Andrade, proprietário dos Supermercados Guanabara, levado em

5 de julho de 1989, e o de Arthur Salles, diretor da rede Três Poderes, em 31 de outubro de 1989. Ambos acabaram libertados depois de pagar o resgate: NCZ$ 1,2 milhão (R$ 4,4 milhões em 2022) no caso de Belmiro e NCZ$ 1 milhão (R$ 3,7 milhões) no de Salles. Em dezembro de 1989, em São Paulo, o caso de Abílio Diniz, mantido por seis dias em cárcere, ganhou enorme repercussão – mas ali os criminosos alegavam confusas motivações políticas.

A repórter Vera Araújo, que cobriu o período pelo jornal *O Globo*, ainda traz uma observação importante: naquele momento, a Polícia Militar ganhava protagonismo: "A Polícia Civil estava mal equipada, não era de campo; os policiais militares, ao contrário, patrulhavam, tinham informantes nas comunidades. Foi criada a Divisão Anti-Sequestro. Os PMs eram requisitados como 'adidos' junto à Polícia Civil. A função trazia esse nome no *Diário Oficial*". Além disso, delegados, militares de carreira e PMs tinham empresas de segurança e ofereciam esses serviços.

A DAS do Rio de Janeiro surgiu em março de 1990, em meio a polêmicas, com cinco agentes acusados de sequestro. Nesse ano, o publicitário Roberto Medina foi levado, e devolvido mais tarde com um gavião engaiolado, presente do carcereiro. Uma teia de integrantes dos poderes públicos vinha à tona através da figura do Professor Nazareno, mentor intelectual do sequestro de Medina, que foi preparador físico do ex-presidente Figueiredo, assessor de Nelson Moreira Franco (irmão do ex-governador do estado do Rio) e funcionário do Tribunal de Contas do Estado. O valor do resgate teria sido de US$ 2,5 milhões.

"Indústria do sequestro já rendeu US$ 15 milhões", dizia a manchete da reportagem de Paulo Roberto Matta de 10 de junho de 1990, no jornal *O Globo*. Era isso: indústria, sem mais nem menos. Multiplicavam-se as medidas de segurança no dia a dia dos empresários, com guarda-costas, blindagem de carros, escolta, proteção para toda a família dos proprietários e dos principais executivos das empresas. Tensão em doses cavalares.

A mesma reportagem informava a existência de uma lista de cem nomes recuperada pela polícia numa ação contra os bandos cariocas. "Os alvos dos sequestradores têm sido, em geral, empresários de médio porte", escrevia o repórter. "Mas a polícia já tem indícios de que, em função do grande número de integrantes de cada quadrilha e do desejo dos chefes de aumentar os lucros, a tendência seja de realização de sequestros de empresários de projeção nacional, com maior poder aquisitivo. (...) Entre os cem nomes, estariam os de um proprietário de uma grande empresa de distribuição de gás; o de um armador; o do dono de uma cadeia de lojas de departamento; o do presidente de uma indústria de cigarros; o do proprietário de uma grande cadeia de supermercados". Trinta anos depois, o repórter se lembra do nome de Arthur Sendas, em destaque.

Arthur suspirou e continuou a leitura do relatório confidencial da empresa de segurança, encomendado pelo diretor de RH, Newton Furtado, para convencê-lo da necessidade de mudanças na rotina, incluindo a presença constante de uma equipe reforçada de guarda-costas. Outro suspiro.

A ideia de um time permanente e onipresente de seguranças armados causava-lhe profundo desconforto. Era uma inconveniência. Chatice. Uma violação da privacidade. Mas o frio na barriga ia aumentando a cada linha do texto impiedoso: "Sequestros estavam se tornando cada vez mais comuns e empresários do setor de varejo estavam entre os alvos preferenciais". Newton Furtado ainda ressaltava que os filhos dos empresários eram frequentemente ameaçados.

Esse foi o argumento final. Convenceu-se. Afinal, a sede ficava numa região problemática, onde vários cativeiros haviam sido estourados pela polícia. A segurança da empresa já estava terceirizada, de acordo com as determinações legais; decidiu submeter-se aos cuidados recomendados. Disciplinadíssimo, e assustado com a frequência dos crimes, seguia a cartilha e tentava obrigar os filhos a manter as mesmas atitudes preventivas. Isso significava manter três guarda-costas por pessoa da família, um segundo carro para escolta e a blindagem de todos os automóveis. A recomendação incluía mudanças constantes na rotina e nos trajetos para evitar emboscadas.

E havia ainda uma última e enfática recomendação, essa muito dolorida para o empresário: suspender as visitas às lojas. Deu um aperto no coração. Encontrar funcionários e clientes firmara-se como um hábito prazeroso, de troca, de identificação. A presença do "seu" Arthur numa das filiais causava um doce alvoroço nas meninas dos caixas, nos carregadores, nos balconistas. A clientela vinha conversar. E ele não se furtava a cumprimentar e a trocar um dedo de prosa. Um tempo do qual ele ia sentir muita, muita falta. Não foi fácil. Mas deu certo. As ameaças não se concretizaram.

Depois de 1990, essa modalidade de crime diminuiu, para refluir em seguida: de 1993 em diante, os casos voltaram a se multiplicar. Em abril de 1996, o dono da rede Três Poderes foi levado e ficou 43 dias em poder dos sequestradores. A polícia não atuou a pedido da família e foi pago um alto resgate, de valor não revelado. Até aquele momento, cerca de 30 pessoas dos setores de atacado e varejo de alimentos haviam sido vítimas de sequestro, pelas contas do presidente da Bolsa de Gêneros Alimentícios, José de Souza – inclusive ele próprio, levado por bandidos dois anos antes. Ramiro Alves, dos Supermercados Barra, sequestrado em novembro de 1993, nunca foi encontrado. O diretor de compras da Sendas, Aylton Fornari, e os proprietários do Rainha e do Cereais Mercado Novo preferiram sair do país.

Os sequestros fariam ainda muitas vítimas até começarem a arrefecer na virada do milênio, mais uma vez substituídos gradualmente por outras formas de capitalização de grupos do crime organizado – principalmente as milícias.

OS HIPERMERCADOS

Dizem que há uma injustiça histórica em relação ao empreendedor pioneiro no formato "hipermercado". Atribui-se a abertura do primeiro hiper ao grupo francês Carrefour, em 1963, o que já representa uma pequena surpresa – afinal, os americanos costumam assinar essas mudanças de paradigma nos negócios. Mas artigos recentes desencavam a iniciativa do grupo belga Grand Bazar que, em setembro de 1961, instalou o Superbazar em Bruges, Auderghem e Anderlecht. Eram três lojas de grandes dimensões (entre 3.300 m² e 9.100 m²) com variedade inédita de produtos, oferecendo alimentos, itens de bazar, eletrodomésticos. À frente do GB, Maurice Cauwe, um competentíssimo comerciante, apaixonado pelos métodos de comercialização norte-americanos. Em 1948, Cauwe havia percorrido os Estados Unidos e levara para a Europa conceitos inovadores como a publicidade maciça, o autosserviço e a venda a crédito. E saíra na frente.

Mas o Carrefour (em francês, "cruzamento" ou "encruzilhada", referência a locais estratégicos, de passagem) atropelou a notícia do pioneirismo. Em 1963, abriu em Sainte-Geneviève-des-Bois, pertinho de Paris, um lojão de 2.500 m². Em 1966, inaugurou o Vénissieux Carrefour, perto de Lyon, com nada menos que 10 mil m². É claro que já existiam informalmente nos Estados Unidos e no Japão lojas com venda de alimentos associadas a produtos de drugstore, bazar, vestuário, aparelhos domésticos. Então, por que a precedência mundial do hipermercado continua sendo da Europa? Talvez por uma questão de terminologia. Foi um francês quem criou ou consagrou o termo, em 1966: Jacques Pictet, fundador da revista *Libre Service Actualités*. Com absoluta certeza, foram competentes.

Mas o gigantismo habitual dos empreendimentos norte-americanos, de fato, confunde a terminologia. Nos Estados Unidos, as *superstores* e *discount stores* proliferavam desde os anos 1930. Em 1962, o Wal-Mart, criação do mítico Samuel Moore Walton (que ficou conhecido como Sam Walton), iniciou sua espetacular trajetória, toda baseada na política de preços reduzidos, batendo recordes em volume de vendas propiciados pela queda de braço constante com as indústrias fornecedoras. O Food Marketing Institute crava um marco da consolidação dos hipermercados do país: a iniciativa da Cullum Companies, de Dallas, numa *joint venture* com o Wal-Mart, em 1986. Outros autores apontam 1988 como data de abertura do primeiro hipermercado Wal-Mart nos Estados Unidos.

No Brasil, as primeiras lojas denominadas hipermercado foram abertas em março de 1971. A iniciativa foi do Peg-Pag, em associação com o Euromarché, grupo concorrente do Carrefour na França. À beira da Via Dutra, na altura de São José dos Campos, a megaloja oferecia uma boa variedade de produtos – bazar, loja de departamentos, alimentos e bebidas. Abrigava também, pioneiramente, uma seção de vendas por atacado. No segundo semestre daquele ano, o Pão de Açúcar inaugurava dois Jumbo – empreendimentos mais robustos ainda, no Centro de Santo André, no ABC paulista, e em Brasília – e incorporava o Eletroradiobraz. O grupo Matarazzo abriu o Superbom, também em São Paulo.

Quase ao mesmo tempo, em 1972, as Casas da Banha instalavam seu hiper, o Porcão, na Avenida Brasil, *hub* da capital carioca. Já o Disco abriu em 1977 o Gigante, o primeiro hipermercado da cadeia carioca. Eram investimentos vultosos, de pelo menos US$ 2 milhões por loja, numa cópia do modelo americano, notadamente do Wal-Mart, com área extensa, de 3 mil a 6 mil m^2. Ofereciam, além dos itens de supermercado, uma amostra de produtos eletrodomésticos, de bazar, vestuário e calçados.

Nessa mesma época, em 1972, desembarcava no Brasil abrindo sua primeira loja em São Paulo o grupo holandês SHV (Steenkolen Handels Vereeniging). A marca registrada seria o Makro. Ao lado da SHV, entravam no negócio do Makro a suíça Metro Holding, o Metro (da Alemanha), Renato de Costa Lima (ex-ministro da Agricultura do governo João Goulart) e a americana International Basic Economy Corporation, uma empresa do clã Rockefeller.

A inauguração do Makro fincou dois pilares importantes. O primeiro, o lançamento do "atacarejo", modelo que combina quantidades de atacado e estrutura de varejo, conhecido nos Estados Unidos como *cash and carry wholesaler*; e o segundo, a chegada do capital estrangeiro no setor supermercadista. A entrada do dinheiro de fora era estimulada pela equipe econômica do presidente Ernesto Geisel, em função do expressivo déficit da balança comercial.

Os atacarejos – autosserviços de atacado, que só davam acesso aos clientes cadastrados com um "passaporte" – eram lojas de enorme área e pouco acabamento estético. Atendiam a negociantes de qualquer porte. Viraram alternativa para o momento de *trade down* de uma classe média perdendo poder de compra, queda intensificada pela crise mundial do petróleo em 1973.

Em 1975, acelerou-se a entrada dos grupos estrangeiros no varejo supermercadista do Brasil. Chegava ao país o poderoso Carrefour, instalando suas primeiras lojas na Marginal Pinheiros, em São Paulo, e na Barra da Tijuca, no Rio de Janeiro – ou seja, nos centros urbanos e não na periferia. Se, por um lado, havia a crise mundial de combustíveis (quem quer gastar meio tanque de gasolina indo fazer compras?), havia outro motivo na escolha de bairros de classe média alta: o grupo investia no conceito lazer + compras com aroma europeu, voltado para o público mais endinheirado. O jingle de lançamento em São Paulo terminava com "Vive la difference!".

O Carrefour entraria no segmento atacarejo em 2007, ao comprar o Atacadão – ano, aliás, em que o Pão de Açúcar arrematava 60% da rede Assaí, nos mesmos moldes.

A expansão do Carrefour para a América do Sul tinha mais um gatilho: em 1973, o governo da França aprovou a Lei Royer, uma dor de cabeça para as grandes do varejo. Entre 1963 e 1973, o número de hipermercados chegara a 207, e pequenos empresários reclamaram da concorrência. Pela nova lei, a publicidade sofreria restrições e as associações de comerciantes e consumidores ganharam força. Na Itália, o mesmo movimento: a rigorosa Lei 426, de 1971, fez com que somente na década de 1990 o país abrisse suas portas a multinacionais.

O Brasil era uma excelente saída para o problema do protecionismo. A expansão começou cautelosamente e logo seria acelerada. Na primeira metade dos anos 1990, o Carrefour abriu 11 lojas, duas como âncora em shopping centers. Mamede Paes Mendonça não esperou tanto: em 1984, inaugurou seu primeiro hipermercado na Marginal Tietê, em São Paulo. Em dezembro de 1989, avançava no mercado carioca, com a centésima loja da cadeia, outro hiper, também na Barra da Tijuca. Em 1989, o Pão de Açúcar lançava sua bandeira Extra, substituindo – e ampliando – a marca Jumbo. Ainda faltava a entrada no Brasil de um *player* de destaque: o Wal-Mart.

"Lá nos anos 80, viajei pelo mundo checando os concorrentes locais no varejo – fui à Alemanha, à Itália, à África do Sul, à Austrália e à América do Sul. Fiquei impressionado com os gigantescos Carrefour do Brasil, que me deram a ideia dos Hypermart, lojas imensas com produtos de mercado e outras mercadorias. O mundo inteiro estava tendo sucesso com o formato, menos os EUA". Assim Sam Walton descreveu, em sua biografia, seu encontro com os hipermercados, contando a seguir que as experiências não haviam sido "desastrosas, apenas desapontadoras". Há uma história folclórica sobre Walton ter sido levado para fora de um Carrefour no Brasil por estar medindo gôndolas com uma trena.

Em novembro de 1995, Sam Walton inaugurava a primeira loja brasileira da mundialmente poderosa Wal-Mart. Ele também instalou o primeiro Sam's Club, seu atacarejo. Com 40% das ações do braço brasileiro bancados pelas Lojas Americanas – parceria que seria dissolvida em 1997 –, a empresa desembarcou cheia de autoconfiança num mercado de alta complexidade. Fazia uma aposta que se provaria equivocada. "Em 1995, os primeiros Wal-Mart abertos no Brasil tinham itens como equipamentos para beisebol e casacos de neve. Até corriqueiros produtos de limpeza e esfregões eram importados dos Estados Unidos. O mix de produtos acabou sendo adaptado. O modelo de negócios, não", analisou o jornalista Marcelo Cabral em reportagem da revista *Época Negócios*, em junho de 2016.

Em retrospecto, é possível avaliar que o Walmart Brasil (a marca perdeu o hífen em 2008) não se ajustou a diversos aspectos da cultura do comprador brasileiro, diferente dos hábitos do norte-americano e até de países latinos como o México. Muitos atribuem esse equívoco à ideia de oferecer preços baixos incessantemente, no espírito do *everyday low price*. A percepção de uma "vantagem" pelo consumidor brasileiro, tão bem aproveitada nas "promoções", não funcionou.

Com o gigantismo da operação – chegaram a ter 558 lojas no Brasil, em 2013, o auge –, os equívocos também geraram perdas imensas; sofreu ainda a concorrência cerrada de outros grandes players, em especial o Carrefour. Na mesma reportagem da *Época*

Negócios, Cabral explicou que o grupo francês "comprou um terreno bem ao lado do local de um dos primeiros hipermercados do Walmart, em Osasco, construiu uma nova unidade e mandou para lá um time experiente, liderado por um de seus melhores diretores. Foi definido que essa loja não teria responsabilidade de fazer dinheiro: seria uma unidade de combate, por assim dizer, com preços mais baixos e promoções frequentes".

A concentração do mercado brasileiro não parou. Em maio de 2019 a bandeira Walmart foi totalmente descontinuada e, em 2021, o Carrefour anunciou a compra do grupo Big – cadeia gaúcha que havia sido comprada pelo Walmart –, incorporando as 181 lojas e o seu patrimônio imobiliário.

Em setembro de 1989, Arthur Sendas fez o anúncio da entrada da rede em dois setores: o de hipermercados e também, mais cautelosamente, o de shopping centers, com o Shopping Del Rey, em Belo Horizonte, em parceria com a Ecisa – "nossa primeira ação em parceria", ressaltava.

Mas no mano a mano dos hipermercados o grande concorrente a ser enfrentado era mesmo o Carrefour. Sendas não teve dúvidas. Para ficar à frente de sua bandeira de hipermercados, o Bon Marché, contratou ninguém menos que o diretor de hipermercados do Carrefour Brasil.

Bon Marché

Para falar de hipermercado no Brasil, vale uma rápida volta no tempo. Quando a família Sendas se mudou, em 1975, para a casa nas montanhas do Alto da Boa Vista, pouco se via de ocupação junto ao mar da Barra da Tijuca. Eram terrenos vazios a perder de vista, um grande areal. Miguel Ablen Quintarelli, sobrinho de Maria Sendas e frequentador da casa, lembra do breu à noite nas ruas à beira-mar.

Piscava a luz do letreiro do Motel Dunas, pioneiro na área, e em seguida a forte iluminação do Carrefour, que abriu as portas em 15 de janeiro de 1976 em frente a um dos primeiros condomínios da Barra, o Nova Ipanema.

Numa entrevista ao jornal *O Globo*, na semana da abertura, o diretor-geral da rede francesa, Jacques Defforey, afirmava que "dentro de poucos anos [a Barra da Tijuca] terá um mercado local excelente", apostando na urbanização rápida do bairro. Uma instalação de Cr$ 90 milhões (R$ 236 milhões em 2022), mesmo valor do hiper de São Paulo, "que terá funcionários treinados na França para as áreas de confeitaria, padaria e restaurante", informava ainda a reportagem. "Minha tia Maria saía escondida para comprar baguete no Carrefour, que ela adorava", diverte-se Miguel – se Arthur soubesse da traição, a fúria seria líquida e certa.

Um ano antes, em 1975, com a inauguração do primeiro Carrefour da América do Sul, em São Paulo – nas instalações compradas do Makro –, a luz amarela havia, naturalmente, se acendido no setor. Num editorial para a revista *Sendas em Família* de janeiro de 1976, Arthur escreveu: "Este [1975] é o primeiro ano em que não se inaugura nova casa. (...) O mercado sofre alteração com a presença de fortes grupos oriundos de países irmãos, tanto no setor de varejo como de atacado. Não temos razão para temer que os empresários, produtores, industriais, comerciantes e representantes possam conceder privilégios para os novos que chegam em detrimento dos iniciadores e desbravadores do mercado. E porque nossa confiança é irrestrita no consciencioso empresariado fornecedor é que pretendemos continuar crescendo".

No ano seguinte, o senador Cattete Pinheiro tentaria, em vão, emplacar uma lei para regular a entrada do capital estrangeiro no setor alimentício, obrigando que empresas comerciais ou indústrias do setor de abastecimento fossem propriedade de pessoas físicas de nacionalidade brasileira. Mas a política econômica de Ernesto Geisel estimulava a entrada do dinheiro de fora. A lei não foi sancionada.

No encontro da Abras, a 11ª Convenção Brasileira de Supermercados, em setembro de 1977, o presidente da entidade, João Carlos

Mendonça, chamou a atenção para a queda de rentabilidade dos supermercados. E, segundo a cobertura da imprensa, "denunciou as facilidades dadas pelo governo à entrada no Brasil de multinacionais do setor, que têm avançada tecnologia e recursos de bancos estrangeiros, aumentando o endividamento da nação e criando problemas para o abastecimento". No mesmo evento, Mário Henrique Simonsen, ministro da Fazenda de Geisel, prometeu reabrir uma linha de crédito para os supermercados, "em retribuição ao esforço para conter a inflação".

Não se sabe precisamente quando Arthur Sendas bateu o martelo para a ideia de montar um hipermercado nos moldes consagrados do Carrefour. As lojas HiperSendas eram grandes, mas não ofereciam a variedade de produtos nem operavam com autonomia em relação à rede, para compras diretas junto ao fornecedor e reposição/giro de produtos. Mas sabe-se que, na segunda metade dos anos 1980 – depois do fracassado Plano Cruzado de Sarney – o diretor-geral do Carrefour, Jacques Defforey, procurou Arthur Sendas propondo uma *joint venture* no Brasil. Quem conta é Humberto Mota: "Eu, Arthur e Aprígio fomos conversar. Havia uma perseguição aos supermercados, surgira o boato de que uma legislação proibiria a instalação de supermercados no Brasil por empresas estrangeiras. Defforey foi direto ao ponto: 'Gostaria de me associar à Sendas'. Foi um silêncio pasmo. Ninguém esperava isso. Para ganhar tempo, disse que era preciso refletir, que não se toma uma decisão dessas intempestivamente. Ele só disse: 'Eu tenho pressa'".

Defforey gostava muito do Brasil – teve até uma casa na serra fluminense e passava temporadas no país. Apesar do carinho, tinha um português pior que sofrível; incompreensível, na realidade. E zero inglês. Humberto Mota e Arthur Filho, que também participou da reunião, falavam inglês, mas não francês. Aprígio e Arthur eram definitivamente monoglotas. Decidiu-se chamar um tradutor de confiança para um segundo encontro – e quem mais confiável que um religioso? O padre belga Paul Guerry, velho amigo de São Mateus, dispôs-se a traduzir a reunião. Mota relembra: "O Defforey, no fim das contas, queria um acordo que Arthur nunca aceitaria: incluir uma cláusula que abria espaço para que o grupo francês exercesse a opção de compra das ações e tomada do controle. Arthur reagiu de imediato. Não e não. Eu divergi desse ponto de vista, mas ele bateu o pé. 'Nós vamos ganhar essa parada. Estamos na nossa terra'. E disse: 'Temos que buscar alguém do Carrefour'". O projeto dos hipermercados precisava de um comandante experiente – um artilheiro, digamos, com muitos gols na carreira.

José Pujol de Faria é o quinto dos sete filhos de um caminhoneiro e uma dona de casa. A família, estabelecida na área rural perto de Passos, Minas Gerais, migrou para São Paulo em 1950, em busca de oportunidades, literalmente montando acampamento na casa de um irmão da mãe: os nove num único quarto – José tinha 5 anos. A vida foi melhorando devagar. As irmãs e os irmãos mais velhos se empregaram em oficinas, salões de cabeleireiro; o pai trabalhou como verdureiro, pipoqueiro e, em 1958, como guarda-noturno na loja n° 2 do Peg-Pag, no Itaim. Certo dia, o menino José, que engraxava sapatos na rua, foi com a mãe levar a marmita do pai e chamou a atenção do gerente. "Quando você fizer 12 anos, pode vir trabalhar aqui. Quer?". Opa: de engraxate na porta da barbearia para empacotador com uniforme e tudo? E assim ele começou lá. Era 1959.

Estudava à noite e foi aprendendo depressa: de fatiador de frios e balconista na mercearia a office boy na tesouraria do escritório central; seguiu para o almoxarifado, a contabilidade e, aos 23 anos, já conhecia de trás para a frente a dinâmica do negócio. Aos 25, virou gerente da área de alimentos do hipermercado Jumbo em Londrina e, em seguida, gerente-geral. Sete anos depois, já comandava os hipermercados de São Paulo, São José dos Campos e Londrina. Em 1978, o Peg-Pag foi arrematado pelo Pão de Açúcar – e lá se foi Pujol de Faria para a nova rede. Mas a chegada do Carrefour ao Brasil mudou o rumo da história. Dele próprio e do setor.

"O Carrefour transformou o mercado brasileiro", conta Pujol, que foi alçando postos na rede francesa: diretor comercial, diretor para o Rio de Janeiro, Norte e Nordeste, ajudando a levar o plano ambicioso de expansão na virada dos anos 1970 e toda a década de 1980. "Eu era conhecido como Mr. Esteira Rolante", ri, lembrando que comprou as primeiras do Brasil para a loja Carrefour do NorteShopping – filial, segundo ele, "responsável pelo recorde mundial na empresa em venda de baguetes". Em 1989, duas propostas vieram praticamente juntas. No Carrefour, foi convidado para se transferir e integrar a diretoria na França – seria o primeiro brasileiro no círculo de comando. "Recusei, a família não quis ir. O setor estava se agitando, com o Makro no balaio da então poderosa Mesbla e o Wal-Mart começando a se mexer para entrar no país".

A segunda investida veio em um telefonema de Humberto Mota, em nome de Arthur Sendas, convidando-o para uma conversa. "A primeira reunião se desdobrou em mais duas, tudo muito sigiloso. Estava presente ali também Arthur Filho. Eu não era próximo do Sendas, o Carrefour não estava na Abras que ele presidia. Mas ouvi um desafio que me intrigou: 'Eu quero fazer um Carrefour sem o Carrefour', disse ele. Avisei que hipermercado era um conceito totalmente diferente de supermercado – descentralizado, funcionava em ritmo independente da matriz, precisava ter estrutura, terreno, treinamento, tudo muito específico". Arthur topou. No segundo semestre de 1989, Pujol se tornava o novo diretor dos hipermercados da Sendas.

Arthur Sendas não gostou nada dos resultados da pesquisa encomendada à Giovanni logo nas primeiras semanas depois da chegada de Pujol de Faria. Ficou, na verdade, muito decepcionado. Era um levantamento da imagem, junto ao público no Rio de Janeiro, das diversas redes de supermercado, associando esportes, hobbies, personalidades a cada uma das empresas. A Sendas não aparecia bem, especialmente na comparação com o Carrefour. Era dominó versus tênis, desleixo versus elegância. Arthur também havia pedido a Pujol um relatório a partir de visitas anônimas às lojas – que foi na mesma direção. O projeto do hipermercado ganhava mais peso ainda na ideia de renovar a empresa. Seria o sexto do Rio de Janeiro, que contava com dois Carrefour, o Freeway, o Paes Mendonça e o Boulevard.

A filial da Ilha do Governador já estava em construção. Era a dramática ampliação de uma Sendas modesta, antiga loja Mar e Terra, de 1.500 m², mas assentada num terreno generoso, espaço essencial para erguer depósitos de bazar, mercearia, câmara frigorífica, abrir pátio de manobras para carretas, assentar docas para a entrada e saída de mercadorias, com área de vendas de 7 mil m². Além disso, o bairro abrigava meio milhão de clientes potenciais das classes A, B e C, já frequentadores dos hipermercados da Barra da Tijuca.

O novo diretor passou 30 dias imerso em plantas e projetos, enquanto corriam as obras. Restava escolher o nome. Ele já tinha na cabeça Bon Marché, referência à famosa loja parisiense fundada em 1838 – e, não por acaso, um nome francês. Houve resistência de Arthur Sendas, um nacionalista ferrenho, que ainda gostaria de manter o nome da rede de alguma forma. "Fizemos uma reunião final com uma dezena de opções de nomes", lembra Pujol. "Era muita gente na sala. Nenhuma das sugestões ganhou a adesão incondicional. Eu tinha levado um cartaz com o nome Bon Marché. Fiz uma defesa apaixonada, contando a história da loja em Paris e do que significa a expressão 'bon marché', uma saudação alegre. Convenci", completa Pujol. Faltavam somente três meses para a inauguração.

Em 11 de junho de 1990, o Bon Marché da Ilha do Governador abria as portas, depois de sete meses de obras. Arthur Sendas se mostrava, ali, até mais otimista do que se esperaria àquele ponto, com o Plano Collor já fazendo água. Dois meses depois, numa convenção de supermercados gaúchos, ele próprio diria que 1990 já seria "o pior ano desde a época do arrocho monetário do governo Castello Branco, em 1965. (...) Nos últimos 20 anos, nunca estivemos numa situação tão difícil". A reportagem do *Jornal do Brasil* sobre o encontro em Porto Alegre dava conta da queda em vendas de

26,09% em julho, comparado ao mesmo mês no ano anterior, e que os supermercados brasileiros tiveram redução de 15,82% nos resultados dos primeiros sete meses do ano.

Mas na festa de abertura era hora de jogar a bola pra frente. "O Bon Marché nasce no 30º aniversário e no momento em que o Brasil resolve romper com a cultura inflacionária e criar as bases de um futuro socialmente mais justo e economicamente desenvolvido. (...) Em 205 dias, implantamos o mais moderno hipermercado do Brasil, com área total de 32 mil m². Criamos 470 empregos diretos, com um investimento de US$ 13,5 milhões e centro comercial com 36 lojas", discursou Arthur. Um balcão refrigerado de 106 metros de comprimento era um dos orgulhos da loja. E contava ainda com fraldários, que, nas reportagens da época, ainda tinham que ser explicados aos leitores.

Na abertura, o então prefeito do Rio de Janeiro, Marcello Alencar, discursou, em tom menos otimista: "Num momento como esse, de incertezas em relação ao futuro, precisamos de homens como Arthur Sendas, que acredita em si mesmo e assume suas responsabilidades perante a sociedade".

Era mesmo um salto de fé, em meio a uma recessão em forma de queda do poder aquisitivo da população somada ao aumento de preços das indústrias. O próprio Arthur declarava no mesmo mês ao *Jornal do Brasil*: "Estamos adiando ao máximo repassar os aumentos das tabelas da indústria, além de lançarmos mão de promoções. Mas chega uma hora em que isso é impossível e somos obrigados a aumentar os preços ou então trabalhar no vermelho". O segundo hiper Bon Marché seguia em gestação, e seria em Belo Horizonte.

Descentralizando e avançando

Lá nas primeiras conversas com Pujol de Faria, Arthur Sendas ouviu, com todas as letras, do executivo: "Hiper e super são como água e óleo. Não se misturam. É preciso trazer uma nova filosofia".

O princípio da independência do hiper em relação à matriz era um pilar do conceito – política de preços, recrutamento e seleção de funcionários, estoque e controle de vendas em cada loja. "É uma vantagem enorme poder negociar direto com o fornecedor, por exemplo, quando as condições forem melhores do que as da matriz... O Sendas me deu todas as condições. Não tive a menor dúvida de que ele honraria tudo o que conversamos", disse Pujol.

Em tempos de inflação crescente – de novo –, essa agilidade para comprar, repor, negociar com fornecedores no universo de cada loja era decisiva. Pujol levou para o Bon Marché da Ilha do Governador um time de funcionários, a maioria vinda do Carrefour: 14 na primeira contratação, outra equipe para as gerências de setor e já colocava na ponta da agulha mais 40 para a frente de loja. "Eu intuía que daria certo. Fiquei confiante porque Arthur, apesar de todo o tradicionalismo, era uma pessoa muito vanguardista nos negócios. Fazia lojas boas, fortes, melhores do que as dos outros", avalia Pujol.

Não errou. Mesmo em tempos de recessão – a tumultuada reta final de Fernando Collor na presidência –, o Bon Marché teve uma excelente performance. Já em 1993, a pioneira loja da Ilha do Governador crescia uma média anual de 9% em vendas e 13% em número de clientes. Um público de três milhões de pessoas por ano, com nada menos do que 250 mil clientes por mês; 70% de fora da região.

Na cola de Pujol de Faria, Arthur Filho mergulhava nesse novo estilo de administração. A chegada do novo contingente de funcionários e as transformações da operação do Bon Marché foram o início de uma mudança também na cultura interna, no ambiente da direção. Na verdade, um choque, que ecoaria no grupo por algum tempo. "Fiz questão de mudar também a cara da Sendas nos comerciais", completa Pujol. "Nossas peças publicitárias traziam o ar da novidade. A mais marcante dessa primeira leva foi a que mostrava as esteiras de bagagem do aeroporto do Galeão, vizinho à loja, se fundindo com as esteiras rolantes do Bon Marché". O slogan: "Um negócio bon pra você".

Shopping em Belo Horizonte

Na edição de fevereiro de 1984, a revista *Sendas em Família* trazia duas fotos clicadas no gabinete de Tancredo Neves, então governador de Minas Gerais. Uma delas mostrava Arthur Sendas em momento de argumentação com o governador; a outra era um sorridente aperto de mão. No texto, não são dadas pistas da conversa: "Nosso presidente expôs os planos de expansão do grupo Sendas no estado de Minas Gerais, revelando estar previsto para esse ano um grande investimento totalmente com recursos próprios". Seguia lembrando que a Sendas tinha quatro empresas agroindustriais em Minas: o frigorífico Matisa e as fazendas.

Arthur fez ali um circuito de visitas, ao lado de Humberto Mota e do diretor Humberto Xavier, incluindo reuniões com a Associação Comercial do estado, banqueiros e o secretariado de Tancredo. "Prometi ao governador Tancredo Neves que abriria um supermercado aqui", revelaria Arthur Sendas mais tarde.

A primeira ideia era expandir o Estoque, o atacarejo que tinha excelente resultado no Rio. Os lotes foram sendo adquiridos aos poucos na área da Pampulha, numa região estratégica da Grande Belo Horizonte – o Anel Rodoviário, no entroncamento de rodovias federais. Os planos mudaram no correr da década e a entrada no segmento de hipermercados definiu o rumo da loja. Seria um Bon Marché.

A obra começou em 1º de novembro de 1990, com orçamento de US$ 20 milhões. A inauguração, exatos 252 dias depois, foi um evento gigantesco, com a presença dos governadores de Minas, Hélio Garcia, do Rio, Leonel Brizola, e do Rio Grande do Norte, José Agripino Maia, além de dezenas de prefeitos, incluindo Marcello Alencar, do Rio, Eduardo Azeredo, de Belo Horizonte, e Anthony Garotinho, de Campos. O Bon Marché Pampulha abria as portas em 24 de julho de 1991, com o slogan "O melhor hipermercado de todos os tempos". Eram 9.200 m² de área de vendas, aquário com carpas e esteira rolante.

"Na alegria daquele instante, pensei nos meus pais e em Nelson da Rocha Deus", discursou Arthur na abertura. "Lá do céu, foram eles que intercederam junto a São Sebastião e São Judas Tadeu para que conseguíssemos, nessa hora tão difícil, concluir um investimento tão arrojado. Com o Bon Marché da Pampulha, entramos em uma nova praça, conhecida por ser a mais exigente do Brasil. É aqui, em Belo Horizonte, assim como em Curitiba, que as agências de pesquisas mercadológicas testam seus produtos. Além de ser a nossa primeira loja em Minas Gerais, também é nossa primeira experiência com sócios".

Arthur se referia à Ecisa, tradicional empresa de construção de shoppings, à Valia e à Petros, fundos de previdência da Vale S.A. e da Petrobras. O passo seguinte seria mais ousado: a abertura do Shopping Del Rey. Shopping centers, hoje onipresentes – eram mais de 600 no Brasil em 2021 –, contavam apenas 91 em 1991, e 63% deles no Sudeste. O Del Rey teria 125 mil m², 215 lojas, três cinemas, várias lojas-âncora, além do colossal Bon Marché. O investimento subia a US$ 60 milhões.

O pulo foi corajoso. O Brasil, mais uma vez, não ia bem das pernas. O horizonte nublava. O país ainda não começara o mergulho na profunda instabilidade política e econômica do biênio 1992-93, sacudido pelo processo de impeachment de Fernando Collor. Mas os indícios já estavam lá.

CASSANDRA OU D. QUIXOTE?

Na mitologia grega, Cassandra é a profetisa que anuncia a Guerra de Troia e, por isso, sua figura está associada às más notícias. Já D. Quixote representa o idealista. Arthur Sendas usou essa comparação no discurso de abertura do Shopping Del Rey, no dia de São Judas Tadeu: 28 de outubro de 1991.

A fala de Arthur, mais uma vez, era de esperança, mas dava conta da realidade, traduzida nos 25% de inflação daquele mês. Tinha até um tom de convocação: "Esse evento é também um ato político", disse o empresário na abertura do discurso. "A superação dos desafios de uma conjuntura social perversa, em que as disparidades sociais estão criando um clima de insegurança e um desconforto cada vez maior, reclama a participação de todos: homens do capital e do trabalho, lideranças partidárias, classistas e comunitárias, governantes. Todos os que detenham parcelas de liderança não podem se omitir". E encerrava: "Entre Cassandra e D. Quixote, preferimos seguir o fidalgo espanhol".

Além de uma capelinha dedicada a São Judas Tadeu, o Del Rey ganhou a réplica de um busto de Manoel Antônio Sendas que Arthur mantinha em seu escritório. Empresa, família e religião, a trindade reunida.

Dois meses depois da abertura do primeiro hipermercado, Pujol de Faria já havia assumido a diretoria comercial da rede, que englobava 40 lojas Sendas, dois Bon Marché e a coordenação do terceiro, em São Paulo, além da torrefação e do frigorífico. Convocara seu companheiro de Carrefour George Washington Mauro para a divisão dos hipermercados.

Em 9 de agosto de 1993, a Sendas reabria a loja paulistana como Bon Marché. A transformação levou meras cinco semanas e custou Cr$ 126 milhões da época (R$ 22 milhões em 2022). "As vendas até que foram melhores do que antes, mas a concorrência com o Carrefour e o Extra era muito grande", avalia Pujol. "O lado positivo foi alavancar o nome Bon Marché junto aos fornecedores". Ele conta, com orgulho, que o ex-chefe Jacques Defforey, do Carrefour, passou nos hipermercados Bon Marché e deixou um recado: "Diga ao Faria que ele conseguiu fazer Carrefour". Com o negócio do hipermercado à moda Carrefour, a Sendas passava a abrigar uma turma diferente.

Inquietação permanente

"Desde o início, nossa empresa sempre foi uma família. Como todas as famílias, também tem suas dificuldades, suas incompreensões". No discurso de abertura do Bon Marché Pampulha, a frase destoava um pouco do caráter institucional da fala. Mas refletia uma situação comum nas empresas familiares, a da evolução para estruturas administrativas diferentes, externas ao núcleo fundador.

A primeira mudança na estrutura da empresa, nos anos 1980, teve a consultoria de João Bosco Lodi, especialista convocado por Arthur para redistribuir o organograma e implementar uma nova visão administrativa. Ali, foi reduzida a participação familiar no círculo decisório e chegaram profissionais do mercado, ao custo de alguma cisão e aspereza residual.

O segundo momento de transformação emergiu na mudança implementada pelos conceitos de hipermercado por Pujol de Faria, vindo do Carrefour. Um choque de culturas. "Lá dentro, todo mundo me olhou ressabiado, com a ideia de que eu era o diabo", lembra Pujol: "Mas as pessoas sabiam que a modernidade precisava chegar".

Por modernidade, o diretor-geral entendia reformas de lojas – em 1992, dez das 46 Sendas ganhavam cara nova – e enxugamento de pessoal, caindo de 18 mil funcionários em 1990 para 12 mil. Vendeu a fábrica de sacolas, o frigorífico e desmembrou a torrefação, "empresas que acabavam sendo deficitárias", ele explica. "Também eliminei diretorias, que eram 18 e caíram para nove". O faturamento, apertado – "mercado faz 2%, 3% quando bem trabalhado", diz Pujol –, precisava ser destinado às reformas. Foi voto vencido.

Arthur Sendas costumava brincar com seus diretores oriundos do mercado, com formação acadêmica: "Eu sou ceboleiro, vocês são tecnocratas". Autodidata nas lides comerciais, dono de fabuloso instinto, com um olhar acurado, preciso e muitas vezes genial para as questões comerciais, tinha fascínio pela linguagem e o ferramental de quem estudou bem mais do que ele. Às vezes – não poucas – seu conhecimento prático claramente excedia a tecnocracia. Como diz o diretor George Washington, "a gente falava mesmo era varejês com ele. E é o que importava".

Arthur nutria um encantamento pelos profissionais com formação clássica. "Ele abraçava ideias e trazia para a empresa pessoas que achava fascinantes", lembra o filho Nelson. "Às vezes, percebia uma inconsistência ou o desalinhamento com a realidade da empresa, e aí reavaliava a tal fascinação".

Historicamente ligada a classes menos favorecidas, a atividade comercial, por muito tempo, só entrava na escola pelo lado contábil e administrativo. "O ensino oficial, na época, focava nas atividades de escritório e zero nas vendas e varejo", explica Francisco Gomes de Matos, professor e consultor.

Gomes de Matos assumiu a diretoria do Senac-Rio em período de intervenção pelo departamento nacional da instituição. "Em um ano, promovemos ampla reformulação no sistema de ensino, com ênfase nos cursos profissionalizantes. Criamos a Escola de Treinamento Dentro do Comércio e a Escola de Administração Comercial", lembra. "Parece incrível", continua Gomes de Matos, "mas em 2005, ao ser chamado pelo diretor-geral do Senac Nacional como consultor, verifiquei que o setor supermercadista, um dos maiores contribuintes, era zero em atendimento pela instituição. Sugeri a contratação de Luiz Ratto, ex-diretor da Sendas e da Abras, que desenvolveu um belo trabalho".

Foi em 1993 que Francisco Gomes de Matos se integrou à Sendas como consultor, convocado por Arthur, desenvolvendo programas de integração entre lideranças. "Toda organização implica na distribuição de papéis dentro da cultura desse microcosmo", explica Gomes de Matos. "O evento Bon Marché reforçou essas diferenças que começaram a ser delineadas lá atrás, no primeiro ajuste. É preciso apaziguar as naturais resistências".

A convivência no núcleo duro da empresa não era fácil, no avesso da imagem para o grande público, para os clientes dos supermercados Sendas, para a massa de funcionários da rede. Nesse ambiente, Arthur era um homem acessível e sorridente. De fato, aproximava-se com total abertura de cada empacotador, caixa, recepcionista, fatiador, açougueiro, peixeiro e motorista da empresa. Flagrantes de suas visitas a lojas dando atenção a clientes, principalmente aos mais humildes, eram muito comuns. "Um homem muito simples, mas um iluminado", diz o diretor de RH Newton Furtado, um dos mais próximos parceiros de Arthur. Empatia e carisma eram seus atributos: capaz de se conectar com o homem comum, capaz de criar um ambiente de simpatia com poderosos, de transmitir confiança para o grupo.

Não era fácil no convívio do dia a dia, segundo os mais próximos. "Dizem na astrologia que os geminianos são voláteis e altamente volúveis", lembra o filho Nelson: "Às vezes, ele estava muito bem e, de repente, se aborrecia por algum motivo; passava a um estado de irritação de zero a cem, sem escalas, em segundos".

A grande mesa de reuniões, na sede em São João de Meriti, tremia frequentemente com os socos do presidente. Explosivo. Exigente ao extremo. "Ele dizia: não tem adjetivo, tem é substantivo", lembra Furtado. Mas era justo e pedia desculpas pelos excessos: "Me perdoe, eu estava nervoso, não devia ter falado assim". Diretores, gerentes, assessores, a mulher, Maria... ele não via qualquer dificuldade em se desculpar. Só no campo do futebol era um pouco mais complicado racionalizar. "Meu pai era emocional acima de tudo", testemunha Nelson. "Chorava fácil, sentia intensamente qualquer questão de lealdade, não perdoava o que considerava traição".

Também era um conservador nos costumes – extremamente conservador, a bem da verdade. Nas questões de gênero e sexualidade se guiava pela cartilha mais tradicional, uma característica geracional e da sociedade lusitana-imigrante. Nesse olhar, as mulheres, por exemplo, estavam mais destinadas à casa e à família do que ao mundo do trabalho.

A primeira gerente de loja na rede demorou muito a aparecer. Somente em 1993, Odiléia Silva e Marlene da Costa assumiram lojas. O fato foi noticiado. Antes disso, no meio dos anos 1970, nem secretária havia na sede. "Quem atendia seu Arthur e seu Aprígio era um rapaz, Rogério", lembra Newton Furtado: "Fui eu quem trouxe a primeira moça para secretariar, em 1974". E o varejo supermercadista, pontua Nelson Sendas, "é um trabalho muito pesado mesmo, um mundo que sempre foi masculino, principalmente naqueles anos 1960 e 1970". Por outro lado, ou talvez de modo complementar, muito cedo passou a respeitar a força de trabalho feminina, uma presença forte na ponta final do negócio. "Cada vez mais ele admirava as profissionais com carreiras importantes", diz ainda o filho. "Vejo essa atitude como um reflexo da admiração que ele tinha por minha avó Biluca, verdadeiro motor na família e no armazém".

Arthur não admitia também qualquer atitude de desrespeito à temática religiosa. Num dos prêmios Top Sendas, que celebrava os fornecedores da rede, foi contratado o iconoclasta grupo Casseta & Planeta, que fez uma sátira à vinda do Papa João Paulo II ao Rio. Arthur se retirou da festa intempestiva e explicitamente – furioso, na verdade. Distribuiu broncas para todo o departamento de marketing.

Mas – de novo – Arthur era profundamente bom, pronto a ajudar a quem pudesse, sempre que fosse solicitado. Disposto a sacrificar o tempo por causas coletivas, foi, por exemplo, presidente da Associação de Moradores da Estrada da Paz, no Alto da Boa Vista, e auxiliava as comunidades em torno com cestas básicas. Quando uma chuva catastrófica causou enormes danos ao bairro, colocou-se à disposição, providenciando helicóptero para remoção de doentes e tratores para abrir as estradas.

São numerosas as histórias desse quilate, vindas de todo canto. "Ele mandava preparar, diariamente, milhares de pratos de sopa para os moradores de rua da Baixada Fluminense", recorda Roberto Fioravanti, diretor da Sendas na segunda metade dos anos 1990. "Com D. Mauro Morelli, criou uma cozinha industrial em Nova Iguaçu, para onde os caminhões da Sendas levavam legumes, verduras, mantimentos na volta das lojas. E a sopa era feita. Isso com recursos pessoais, não da empresa", acrescenta.

Era também absolutamente leal aos amigos. Cem por cento disposto a apoiar quem correspondia a essa lealdade. E ciumento. Outro traço indissociável era a vaidade. "Antes dos anos 1970, ele tinha costeletão, usava camisa listrada, blazer de plush, cabelo gomalinado, numa pegada mais popular", lembra Miltinho, o filho agregado. "Depois começou a cuidar da saúde, da forma física, fazia questão de estar sempre bem-arrumado, com ternos sob medida, e bem barbeado". Cuidava da pele, das unhas e dos cabelos com muito apuro.

Arthur trabalhava 16 horas por dia, fácil. Chegava às 7h na sede e subia os 69 degraus do térreo até seu andar. "Passava antes na minha sala, porque eu já estava lá desde as 6h30", conta Newton Furtado, diretor de RH. Ele acrescenta: "Arthur não desconectava da Sendas. Ouvia os anúncios no rádio, ligava para checar tudo". E não tinha problemas com o brilho alheio. "Ele sabia valorizar seu Aprígio, por exemplo, na época em que foi para a Abras", conta Luiz Ratto. "Importante era que a empresa estivesse firme. E ele tinha, mesmo, a capacidade de agregar, que funcionava muito bem, pelo menos até que a empresa atingisse um porte bem maior".

Uma bela definição de Arthur foi cunhada por Aprígio Xavier em 1995, na festa dos 60 anos do empresário: "A cada dia que Arthur entra na empresa é sempre como o primeiro dia. Ele tem sempre uma ideia de realização, de empreendimento, uma inquietação com as coisas que podem ainda ser conquistadas. Nunca está satisfeito com o que realizou, procura sempre uma coisa nova para realizar ou uma coisa antiga para realizar de forma nova".

Arthur Sendas admirava a figura de Sam Walton. Em março de 1993, a área de Recursos Humanos lançou um projeto batizado de Desenvolvimento de Talentos Sendas (DTS), com oficinas, visitas a lojas de concorrentes, leituras guiadas, palestras e debates. Ali, Arthur presenteou cada um dos participantes com um exemplar do livro *Made in America*, de Walton. "Ele comentou que, ao ler o livro, confirmou que é bom ser humilde, trabalhar, ter garra, amor e uma religião. E disse: 'Vocês vão se identificar muito com ele porque tem muito a ver com o dia a dia da nossa empresa. É um exemplo para todos nós, se queremos ser alguma coisa'", lembra Newton Furtado, diretor do RH.

A narrativa de Walton na biografia em primeira pessoa mostra como se construiu a lenda em torno de sua figura de homem simples, sem sinais de riqueza, que exigia o mesmo comportamento de seus executivos. Um dos princípios básicos de Walton se alinhava perfeitamente às ideias de Arthur: "Se você cuida de seus empregados, eles cuidarão dos clientes; e seu negócio tomará conta de si mesmo".

Em 1993, Aprígio Xavier se aposentou e Arthur Filho tornou-se vice-presidente da rede. Era ele quem conduzia as aberturas das reuniões matinais quando Arthur cumpria agendas ou fazia visitas. "Era impressionante", lembra Arthur Filho. "Eu começava a reunião, levava adiante os assuntos da pauta e, quando meu pai chegava, parecia que o ambiente se iluminava. Isso é carisma".

IMPEACHMENT E MUDANÇA

Em novembro de 1990, o governo Collor liberava os últimos preços controlados e, ao mesmo tempo, subia tarifas de energia e combustíveis, entre outras despesas estruturais. Assinala a Fundação Getúlio Vargas que "a inflação acumulada até março de 1991 ultrapassava 400%; a taxa de desemprego era de 5,23%; o Produto Interno Bruto (PIB) tinha apresentado uma redução, inédita, de 4,6% no ano anterior; e a renda per capita regredira a níveis registrados em 1979".

Apesar da entrada de Marcílio Marques Moreira ter baixado a temperatura da economia, o caldeirão político fervia. A inflação robusta só não engordava mais ainda por conta da recessão: as vendas de supermercados recuaram 9,8% ("queda real em janeiro de 1992 em relação a janeiro de 1991"), com margem de lucro de apenas 0,5%.

Arthur Sendas denunciava em outubro de 1991 no *Jornal do Brasil*: "Oligopólios e monopólios chegaram a aumentar os preços em até 60% no mês passado. O setor está trabalhando no limite da rentabilidade. Para evitar demissões, estamos fazendo investimentos na ampliação". Seguia com um discurso excepcionalmente direto: "Sempre somos vítimas de atitudes demagógicas ou visões ingênuas sobre o processo de formação de preços. É essencial que se valorizem mecanismos de mercado em detrimento da intervenção estatal". Em setembro, os jornais anunciam queda real das vendas de supermercados de 2,08% e uma queda geral de 3,7% na atividade econômica.

Em maio de 1992, reportagem do *Globo* refletia as medidas tomadas pelo grupo Sendas para enfrentar a crise: "Extinção de quatro diretorias, arrendamento de dois restaurantes, fechamento de duas lojas, redução de 5.500 vagas no quadro de funcionários e adiamento de planos de expansão". E arrematava: "A empresa, quarta no ranking nacional, tem faturamento de Cr$ 271 bilhões (R$ 1,5 bilhão em 2022) e lucratividade estimada em 0,8%".

Arthur, assim como a maioria do empresariado nacional, recuou nos investimentos: adiou o início da construção do novo Bon Marché, no Shopping Sendas. Apostou em promoções, como Raspadinha de Prêmios, sorteios e listas de promoções da Etiqueta Cor-de-Rosa – a ótima ideia de marcar produtos em promoção com as etiquetas de papel em cor diferente.

Com o maremoto político do impeachment de Fernando Collor, Itamar Franco tomou posse em 2 de outubro de 1992. Os primeiros tempos de Itamar foram conturbados, com três ministros da Fazenda em poucos meses. No dia 10 de março de 1993, surgia o Imposto Provisório sobre Movimentação Financeira (IPMF), de 0,25% do valor de todos os cheques emitidos até dezembro de 1994. A ideia era arrecadar para o governo US$ 600 milhões por mês.

Em maio, o chanceler de Itamar, Fernando Henrique Cardoso, assumia o Ministério da Fazenda, adotando medidas duras de controle de gastos públicos. Em dezembro, anunciava seu projeto de estabilização, em meio a temores gerais de novo congelamento ou de confisco. No fim de 1993, a inflação, segundo a Fundação Getúlio Vargas, tinha alcançado a mais alta taxa anual da história brasileira: 2.567,46%. Em janeiro de 1994, o índice mensal foi a 40%. Alguma coisa precisava ser feita. A impaciência de setores da sociedade e do próprio governo era patente.

Plano Real

A mais forte representação imagética da inflação foi mesmo a do dragão cuspindo fogo, incinerando o poder de compra da moeda. O animal mítico de língua flamejante evocava bem a escalada corrosiva e perversa do processo inflacionário.

O Plano Real representou uma arriscada travessia sobre o abismo de morbidades na economia brasileira. A corda na qual se equilibrava o processo corria o risco de se romper em diversos pontos – um deles, a resistência do FMI ao projeto. O Fundo Monetário Internacional pregava a dolarização como remédio. E renegociar com os bancos e credores internacionais a dívida externa do país, de US$ 55 bilhões, era condição essencial para o sucesso. Deu certo a apresentação de garantias, pelo menos na quase totalidade: um dos credores era a poderosa família Dart, que só fechou acordo dois anos depois. Mas o caminho do plano estava desimpedido.

Itamar Franco cortou três zeros da moeda em julho de 1993 e lançou o cruzeiro real. Era ainda uma moeda inflacionada, mas em fins de fevereiro de 1994, deu-se o pontapé inicial do programa de estabilização, com a Unidade Real de Valor. A URV era "uma espécie de moeda paralela que faria a conversão gradativa de preços e dos salários para a nova moeda, sem levar consigo a memória da inflação passada", definia Liana Melo em reportagem da revista *Época* que marcava os 25 anos do Real. O plano, baseado num projeto de Pérsio Arida e André Lara Resende de 1984, puxava uma transição gradual para a moeda estável, com transparência do processo – sem sustos, congelamentos e freios de arrumação. Com a estabilidade, ancorada no câmbio e inaugurada com a paridade real-dólar, a correção monetária desapareceria. Em outubro de 1994, o dólar chegou a ser cotado a R$ 0,82. Por outro lado, mantinham-se juros altos para desestimular consumo, aumentar poupança e atrair investimentos. O dinheiro custava caro.

Governo e varejo pisavam em ovos. A intenção de reajustes de preços anunciada pelo Pão de Açúcar em maio provocou um ensaio de corrida às gôndolas. Panos quentes gerais. "Segundo o raciocínio, os supermercados vinham enfrentando uma queda de vendas desde o lançamento da URV e a tendência foi revertida após a declaração de Abílio Diniz", avaliava a *Folha de S.Paulo*, ouvindo também Arthur Sendas: "O empresário acha que houve exagero no anúncio das remarcações". Milton Dallari, secretário de preços da Fazenda, partiu para o confronto: "É irresponsável ou incompetente o empresário que falar em aumento de preços agora". Já o superintendente da Sunab, Celsius Lodder, avaliava na reportagem que "com a implantação do real o órgão não vai interferir nem punir quem cometer aumento abusivo".

Fornecedores e comerciantes duelavam publicamente por conta de "abusos", nas acusações de parte a parte. Caso rumoroso foi o da cerveja, em abril. Uma queda de braço com os fornecedores principais foi puxada pela Sendas, que parou de comprar Brahma, Antarctica e Kaiser, marcas que detinham 95% do mercado e haviam subido em 50% seus preços – ou melhor, haviam "suspendido os descontos" que davam aos grandes compradores. A iniciativa foi seguida por quase todo o setor.

Escaldado pelo Plano Cruzado, Arthur desabafou ao *Jornal do Brasil*: "O consumidor percebe a inflação é no supermercado e não queremos ser vistos como vilões nessa história". As cervejarias partiram para a negociação com cada rede. Detalhe: no mesmo mês, o governo reduziu a alíquota da cerveja importada e logo depois, em maio, anunciou uma nova formatação do Conselho de Administração da Defesa Econômica, o Cade, redefinindo critérios de "preço abusivo".

Pelo sim, pelo não, Itamar Franco se preparou para a guerra – que não houve. Em 24 de junho, nota estrategicamente posicionada na *Folha de S.Paulo* dizia: "Nos corredores da Corte – aqueles que importam – comenta-se que tem mira certa a artilharia que Itamar Franco prepara para a implantação do real. Seus alvos favoritos estariam no Rio e em São Paulo. Mais precisamente, Arthur Sendas e Abílio Diniz".

O segredo do Plano Real residia também na capacidade de convencimento da equipe econômica – que seguia aparentemente confiante, apesar de FHC revelar, mais tarde, que "não havia plano B". Na busca da aprovação pelo Congresso, a equipe tentara esvaziar discussões partidárias e ideológicas em torno do programa. "Apesar de o PT e o PDT terem tentado obstruir a sessão de aprovação da Medida Provisória nº 434, que criou a URV, o único voto contrário foi o do deputado federal Jair Bolsonaro, então no PPR", anotou Liana Melo na reportagem da revista *Época*. E de fato era necessário, ou indispensável, criar uma aura de firmeza, um círculo virtuoso de boa vontade não apenas no Parlamento, mas entre público e imprensa, entre banqueiros, comerciantes e empresários.

Reportagem do *Jornal Nacional* no primeiro dia de validade do real, 1º de julho de 1994, mostrava Itamar Franco trocando os cruzeiros no caixa do banco, retirando R$ 40 (em 2022, pouco menos de R$ 500) "para passar o fim de semana". A seu lado, Rubens Ricupero, então ministro da Fazenda, sacava apenas R$ 20 (R$ 243) e fazia um alerta sobre aumentos de preços na conversão, mirando principalmente as empresas de ônibus urbanos. "Em vários lugares, deviam fazer ação popular para bloquear isso", conclamava ele. Nos supermercados, havia dúvidas operacionais, mas boa vontade.

As expectativas de Arthur Sendas eram altas. E positivas. Fernando Paulino Neto, repórter da *Folha de S.Paulo*, fez um pingue-pongue com o empresário no dia 4 de julho, na bica da chegada do real, enveredando pela opinião nas eleições presidenciais.

Folha – Como os supermercados operavam com a inflação alta e como se preparam para a nova realidade?
Sendas – *Praticamente trabalhávamos até com margem operacional negativa (prejuízo). O governo deu, de março até agora, com a URV (Unidade Real de Valor), tempo para que as indústrias e supermercadistas se adaptassem. Com a URV, os operadores passaram a tirar os encargos financeiros. O varejo demorou a se compor. É um setor muito competitivo. Há 35 mil lojas de supermercados no Brasil e as empresas vendem menos do que vendiam há quatro anos. Creio que, agora, a partir de julho, vamos ter até uma queda de preços em relação a junho.*

Quanto o sr. acha que os preços devem cair?
Creio que na área de alimentos industrializados devemos ter uma queda no mês de julho de 2% a 3%, comparando com os preços em URV em junho. Isto de modo bem conservador.

Qual é a margem operacional (lucro) para que os supermercados sejam viáveis com inflação baixa?

Tem que trabalhar na última linha (depois de impostos e despesas) com 2% a 3%. Nos anos de 1990 e 1991, os resultados foram negativos. Em 1992, já foi positivo em cerca de 1%. Com o real e o aumento de vendas, o nosso resultado pode melhorar. Acredito que as vendas devem crescer de 10% a 20% no segundo semestre, comparando com 1993.

O sr. teme que os supermercados se transformem mais uma vez nos vilões da inflação?
Não, não acredito. Os produtos industrializados vão compensar qualquer aumento de preço sazonal. Os produtos industrializados estão muito engordurados e os aumentos sazonais serão neutralizados. Não posso ver como o setor possa contribuir para aumentar a inflação.

O sr. acredita, como o ministro Rubens Ricupero, que quem praticar preço alto vai quebrar?
Eu acho que quem não tiver preço não vai ter condições de vender. Hoje a gente sabe que a dona de casa quando entra em uma loja não vê marca. Ela vê o preço e a qualidade do produto. Então, na realidade, quem não tiver condições de competir vai perder mercado.

O sr. acredita que as declarações de Levy Nogueira, presidente da Abras, de que os preços aumentariam na entrada do real, pioram a imagem pública do setor?
Por questões éticas, preferia não responder. Mas a maneira de falar determinadas coisas e em determinados lugares... Sinceramente, durante os quatro anos em que presidi a Abras sempre procurei, antes de me pronunciar sobre qualquer assunto, levar os problemas para as autoridades. Qualquer coisa que fosse acontecer no mercado, o governo já tinha conhecimento anterior.

Os supermercados se beneficiam com a inflação alta?
O supermercado espelha a inflação que está ocorrendo no país. Ele é o final da linha. Supermercado não forma custo, ele repassa. Quem forma preço é o fornecedor. Mas é no supermercado que a dona de casa sente os reflexos da inflação. Os supermercados são vítimas da inflação. Quando houve inflação de 12%, em 1973, o que quebrou de bancos foi uma grandeza. Com

o aumento da inflação qual foi o setor beneficiado? Foi o setor de bancos. No comércio e nos supermercados muitas empresas desapareceram com o aumento da inflação.

As promoções vão ser mais difíceis depois do real?
Agora, vai ficar melhor. Quem comprar bem vai vender bem. Agora, a inflação, que tumultuava e não dava percepção exata do preço, não existe mais. Os preços vão ficar mais transparentes e o consumidor vai ter condições de memorizar melhor os preços.

Como o sr. vê o plano econômico no longo prazo?
Eu vejo muita firmeza na equipe econômica e, até o fim do ano, não teremos problemas de inflação. Mas o candidato que vencer as eleições não terá outro caminho que não o de seguir com o plano. As medidas que não foram tomadas pelo Congresso na revisão constitucional terão que ser adotadas no final do ano ou no início do ano que vem.

O sr. já escolheu seu candidato?
Não, o candidato vai depender de sua linha econômica. Vamos ter que analisar. Ainda não me defini.

Respostas diplomáticas, mas esperançosas. "Com a queda da inflação, voltei a trabalhar da forma que aprendi em São Mateus, no armazém de meu pai", discursou num encontro de fornecedores: "A busca da produtividade, a racionalização de custos, os ajustes que estamos fazendo desde a estabilização da moeda representam apenas o retorno a práticas e princípios que tínhamos deixado um pouco de lado nos últimos 20 anos". Arthur Sendas celebrava. Pareciam mesmo novos tempos.

"O torcedor tem três estágios: normal, doente e estado de coma. Eu fui até o terceiro"

CAPÍTULO 8

DEVOÇÃO AO VASCO E AO SETOR SUPERMERCADISTA

O mês de maio de 1949 tinha sido bom para a Casa do Povo e Manoel estava contente. Arthur e Néo, com 13 e 11 anos, ajudavam no balcão e no caixa, os tempos corriam mais tranquilos. O ano anterior havia trazido uma alegria incomensurável para a família de torcedores cruz-maltinos: o Vasco conquistara o primeiro título internacional de um clube brasileiro, o do Campeonato Sul-Americano de Campeões – futura Taça Libertadores da América. O time da final, formado por Barbosa; Augusto e Wilson; Eli, Danilo e Jorge; Djalma, Maneca, Friaça, Lelé e Chico, vencera em Santiago do Chile ninguém menos que "La Máquina", o River Plate.

A final, que terminou 0 a 0, consagrou o escrete brasileiro – apesar da arbitragem parcial, dizem. O goleiro Barbosa foi o herói do jogo, com defesas espetaculares, inclusive de um pênalti de Labruna. Glória. O timaço prometia nova campanha arrasadora em 1949. E Ademir Menezes estava de volta após três anos no Fluminense.

Os jogos do campeonato carioca só começariam em julho, mas o sangue dos vascaínos borbulhou com o anúncio de que estava marcada, para a quarta-feira 29 de maio, uma partida amistosa com o campeão britânico Arsenal, primeiro time inglês a visitar o Brasil. Desembarcaram para a temporada no Rio e em São Paulo e saíram vencendo os primeiros jogos: 5 a 1 sobre o Fluminense, 2 a 0 sobre o Corinthians. Com o Palmeiras, empatou em jogo suadíssimo para os brasileiros. Por fim, ia enfrentar o Vasco em São Januário – campeão da Europa versus campeão da América do Sul. O time carioca, apelidado Expresso da Vitória em função das campanhas esmagadoras dos últimos cinco anos, ainda contava com o reforço de Heleno de Freitas, comprado do Boca Juniors, estreando naquele amistoso.

Pois era tempo de alegria para Manoel Antônio Sendas. Tanto que, no domingo anterior ao jogo, quando Arthur havia pedido para sair mais cedo para ver o filme de Roy Rogers – toda semana tinha um capítulo novo –, o pai consentiu, excepcionalmente bem-humorado. Almoçaram, os filhos debandaram, Manoel foi fechar o armazém. E toda a complacência teve fim quando contou a féria no fechamento do caixa. Faltava dinheiro. Pouquinho, mas faltava. Contou de novo. Faltava um trocado. Sentiu a fúria apertar o estômago.

Foi esperar o filho na porta da Casa do Povo. E quando avistou o garoto, mandou de cara: "Quarta não tem Vasco. Pegou dinheiro pra ir ao cinema, que eu sei". Primeiro o choque, depois o horror. "A raiva era tanta que comecei a bater a cabeça na parede", conta Arthur. "E ainda levei uma surra inesquecível. Aprendi a lição. Mas como não ir ao Vasco? Era impensável".

E o garoto não foi mesmo. O Vasco venceu o Arsenal em jogo histórico, num emocionante 1 a 0 naquela noite de quarta-feira – passe de Ademir, gol de Nestor, faltando 12 minutos para o apito final – à frente de um estádio abarrotado, recorde de público em São Januário: oficialmente, 45 mil pagantes, mas há quem garanta a presença de 60 mil pessoas.

Em São Mateus, Arthur Sendas ouvia o rádio – a transmissão pela Mauá, com Waldir Amaral – e chorava de raiva, enquanto Biluca botava arnica na testa do garoto, ainda roxa de tanto bater na parede. Nunca mais. Nunca mais.

As histórias de Arthur Sendas no que diz respeito ao Vasco são de uma intensidade ímpar. Paixão, dor, alegria, exaltação, pesar, tudo era desmedido. Não raro ele usava o termo "fanatismo" para descrever ações e reações da família no terreno do futebol. Lá na infância, saboreava o futebol e a comunhão com o pai no terreno das chuteiras. Depois dos jogos, os rapazes Sendas costumavam se presentear com uma farra gastronômica, que incluía o almoço no restaurante do Vasco, que servia a melhor galinha à cabidela da

Zona Norte da cidade. Às vezes, levavam até Biluca, uma concessão rara no programa masculino por excelência. E depois do jogo, alegria geral – se o Vasco ganhasse, claro. A derrota provocava profunda tristeza e punha os nervos à flor da pele em Manoel, por dias seguidos. Chegara a rasgar a carteira de sócio do clube.

Daquele time de sonhos, o Expresso da Vitória, não resta dúvida de que Ademir Menezes era o rei. "O Ademir pegava a bola e vinha driblando em velocidade. Não havia essa marcação compacta que existe agora. Hoje se joga mais na retranca do que no ataque", analisava Arthur, décadas depois daquele período áureo: "Ademir era fruto de uma época, de um sistema de jogo com goleiro, dois beques, center half, half esquerdo, half direito, na linguagem inglesa, onde nasceu o futebol. E tinha cinco atacantes, então tinha muitos gols".

Ah, o Vasco. Uma ótima frase de Arthur Sendas sobre sua relação com o clube foi incansavelmente repetida em reportagens: "O torcedor tem três estágios: normal, doente e estado de coma. Eu fui até o terceiro". Mas "coma" estava bem longe de definir o ativo envolvimento, na raia da incontrolável paixão. Nelson Sendas lembra de diversas situações extremadas. Certa vez, menininho de 6 ou 7 anos, foi dizer ao pai que desejava torcer pelo Fluminense como seus amigos. Sem alterar a voz, sério, o pai respondeu: "Pode torcer. Mas aí não pode mais morar aqui". O termômetro das emoções ficava descontrolado quando o assunto era futebol. "Lembro claramente da final da Taça Guanabara de 1976, decidida nos pênaltis", continua Nelson. "Estávamos todos no Maracanã, minha mãe inclusive. Quando Zico perdeu um pênalti, meu pai começou a chorar convulsivamente. E acabamos campeões mesmo". Paixão. Total.

"Meu sofrimento pelo Vasco começou em 1944, quando perdemos o título estadual para o Flamengo", contava Arthur numa reportagem de 1995 do *Jornal do Brasil*. "Aos 44 minutos do segundo tempo, o centroavante rubro-negro Valido se apoiou nas costas do zagueiro vascaíno Argemiro para cabecear e fazer o gol da vitória. Estava ouvindo o jogo pelo rádio e chorei muito".

O amor de Arthur pelo clube ia além da tradição portuguesa. Num especial do canal SporTV do fim dos anos 1990 – com participação de Martinho da Vila, do produtor e crítico musical Sérgio Cabral, de Dicró e de outros vascaínos ilustres –, coube a ele contar a bonita história do clube fundado por portugueses, o primeiro a democratizar o futebol: "Era um esporte de elite e o almirante Heleno Nunes tentou levar marinheiros bons de bola para o Fluminense, seu clube, que não aceitou negros. O Vasco abraçou esses jogadores, abriu as portas. E assim muito contribuiu para a democratização do futebol no Brasil". Em 1924, o então presidente José Augusto Prestes comunicava que o Vasco não disputaria a divisão principal do Rio de Janeiro sem seus jogadores negros, como exigiam os dirigentes da liga carioca. "Ser vascaíno é um dom que Deus não pode dar a todos", encerrava Arthur Sendas.

Assistir aos jogos do Vasco era tensão máxima. "Ele não berra, não xinga. Sofre, fica nervoso", contou o filho Nelson na revista da empresa em 1995. "Chora nas derrotas e nas vitórias, grita muito nos gols, tira santinhos do bolso e começa a rezar. Gosta de ir ao vestiário cumprimentar jogadores antes do jogo, e depois para felicitá-los pela vitória ou apoiá-los na derrota. Não pode ver criança sem tentar convencê-la a se tornar vascaína. Dá camisa do time, chuteiras". Quando conseguia, Arthur viajava para assistir ao Vasco em Portugal. Paixão sem escalas.

Em 14 de dezembro de 1969, o periódico carioca *O Jornal* soltava numa notinha a informação: "Dois poderosos da indústria de supermercados figuram como candidatos a presidente do Vasco da Gama na eleição que se realizará em um ano". Eram Arthur Sendas e Avelino Martins, este à frente das Casas Maracanã. Acabava de acontecer um tumulto no clube: o impeachment de Reynaldo de Mattos Reis. "Vasco tira Reynaldo", anunciava *O Globo* em 26 de novembro. O presidente eleito em 1967 era cassado, com direito a fotografia da mão do vice-presidente de patrimônio Eurico Miranda desligando os disjuntores para atrasar a votação e aumentar ainda mais a confusão. Agathyrno Silva Gomes foi nomeado interventor e acabou se elegendo, permanecendo no posto do fim de 1969 a 1979.

Arthur nunca seria candidato a presidente do clube – corre a história de que seu pai, Manoel, teria pedido para ele não assumir o ônus, em benefício da empresa. Outra versão dava conta de que Nelson da Rocha Deus, grande mentor, havia cunhado a frase: "Futebol é para se divertir. E só".

Mas a participação do empresário na vida do clube foi intensa por décadas. Na eleição de 1976, reuniu um grupo de supermercadistas para apoiar Agathyrno. No pleito seguinte, em 1979, passou para a oposição, na frente ampla contra o candidato de Agathyrno, Carlos Alberto Cavalheiro. A turma seria apelidada de "Os seis homens de ouro" – Sendas, o empresário Olavo Monteiro de Carvalho, o cirurgião plástico Pedro Valente e os lendários dirigentes do clube Antônio Calçada, Amadeu Pinto da Rocha e Alberto Pires Ribeiro, com Eurico Miranda coordenando a campanha. A chapa vencedora teve Ribeiro à frente com Sendas e Olavo nas vice-presidências. Eurico Miranda assumiu a assessoria da presidência. Começava uma reestruturação administrativa de fato no Vasco.

"O presidente era o senhor Alberto, dono da Viação Redentor. De 79 a 82 conseguimos arrumar a casa e, no último ano do nosso mandato, o Vasco ganhou todos os títulos. E o senhor Alberto instalou dentro do Vasco a disciplina. O Vasco era administrado como se fosse uma empresa. Agora, eu tenho um peso na consciência, porque quando eu o convenci a aceitar o posto, tinha uns três que poderiam ser presidentes do Vasco, inclusive eu. Mas eu mesmo disse de antemão que não tinha condições, embora frequentasse sempre que podia. Aí tivemos que fazer um apelo ao senhor Alberto. Ele já estava com um início da doença de Parkinson, mas aguentou o rojão, ia toda tarde para o Vasco. Enfim, nós ajudamos e participamos de uma época muito gostosa. Foi quando começou o professor Lopes como técnico. (...) O Vasco estava para trocar de treinador. Falei com o Alberto: 'Por que que não damos uma oportunidade para o professor Antônio Lopes, ele

é gente boa". Conheci o Lopes como preparador físico, já éramos amigos. 'A experiência que ele teve no Olaria, no América, o credencia para o Vasco e ele é vascaíno, a família toda é vascaína". Eu me sinto feliz por ser amigo dele e ter ajudado em alguma coisa. E o Vasco foi campeão contra o Flamengo, em 1982. Ele trocou cinco jogadores na véspera."
(Arthur Sendas, em depoimento ao projeto Memórias do Comércio na Cidade do Rio de Janeiro)

Nessa eleição, em 1982, Antônio Calçada, com o apoio de Sendas e de outros supermercadistas, ganhava a presidência do Vasco concorrendo contra Agathyrno e Eurico Miranda, mas a qualidade da administração, segundo avaliações da imprensa, começava a cair. Eurico seguia firme no clube – na apertada reeleição de Calçada, em 1985, virara diretor de futebol com plenos poderes.

Arthur Sendas e Eurico já tinham uma relação áspera nessa época. Naquele ano, 1985, a convivência de Arthur com alguns dirigentes cruz-maltinos não era das melhores, segundo a reportagem do *Jornal do Brasil*. "Não aceito a imagem com que o clube se apresenta", disse ao jornal. O polêmico Eurico, sem dúvida, arrastava processos e acusações, inclusive de fraude contra a empresa de Olavo Monteiro de Carvalho, a Besouro Consórcios. Ao contrário do que costumava fazer, mantendo a imagem sempre contida e conciliatória, Arthur não economizava nos confrontos públicos com Eurico, que se elegeu deputado federal em 1995 pelo PPR de Paulo Maluf, cumprindo dois mandatos. E Eurico devolvia na lata, frase por frase.

Calçada venceria ainda as eleições de 1988, 1991, 1994 e 1997, mas Arthur não deixou de dar suporte ao clube. Nos anos 1990, ainda que afastado, ele ajudou financeiramente na contratação do zagueiro Alexandre Torres, peça importante da equipe que seria tricampeã estadual em 1994. Eram adiantamentos em geral ressarcidos – coisa normal nos clubes –, mas vale ressaltar que essa ajuda foi feita mesmo com Sendas na oposição.

Grandes felicidades nas décadas de 1980 e 1990 eram um bálsamo. Em 1982, 1987 e 1988, bateu o Flamengo na final do Campeonato Carioca. Sob o comando de Antônio Lopes, considerado por muitos o maior técnico da história do time, o Vasco foi duas vezes campeão do Brasileirão: em 1997 e 2000. E ganhou a Libertadores de 1998. Eurico Miranda continuava como homem forte no futebol e se elegeu presidente do Vasco em 2001, o que resultou no afastamento de Arthur dos meandros políticos, embora continuasse a ajudar o clube: instalou a iluminação noturna do estádio de São Januário, por exemplo.

Em 2002, Arthur emprestou as instalações da Sendolândia para o arquirrival Flamengo treinar enquanto a sede passava por obras. "Isso é provocação", vociferava Eurico Miranda pelos jornais. A mesma reportagem dava conta de que a oposição vascaína comemorava a derrota de Eurico na tentativa de se reeleger para a Câmara dos Deputados – "um avião passará com a faixa 'Vencemos! Vasco, sim. Eurico, não'". Mas, no ano seguinte, o atrito seria amainado. Arthur voltou a falar com Eurico quando agradeceu ao minuto de silêncio em 2003, na abertura de um dos jogos do Vasco, determinado pelo cartola quando Arthur passou por uma das maiores tragédias de sua vida: o falecimento de seu terceiro filho, João Antônio Sendas.

O coração continuaria, sempre, irracionalmente apaixonado pelo clube. Nunca deixou de comparecer aos jogos, com um novo companheiro de torcida – o neto Nicholas, nascido em 1995, outro apaixonado, com quem seguidamente ia a São Januário, ao Maracanã e até às partidas do Vasco em outros estados. Ficou com Nicholas, por exemplo, a camisa autografada pelo craque Edmundo em 1997. Avisado de que o nome do empresário tinha "H", o atacante escreveu: "Para Hartur...". Está emoldurada.

A sólida e profunda paixão cruz-maltina permaneceu intacta a ponto de, assistindo a um jogo em 2007 contra o Atlético Paranaense – na época, sob o comando do amigo Antônio Lopes –, reclamar veementemente para o filho Nelson, enquanto o time levava uma goleada de 7 a 2: "Mas por que o professor Lopes não manda parar de fazer gol no Vasco? Por quê?".

Uma voz respeitada

Primeiro ano do Plano Real, 1995. Com uma nota de R$ 1, dava para comprar um quilo de frango ou dez pãezinhos franceses. Fraldas descartáveis entravam na lista das famílias com renda de até cinco salários mínimos. Em dezembro, a inflação anual foi de 22%. Nos dois anos seguintes, cairia bastante – em 1998, foi de minguadinho 1,65%.

O iogurte também virou índice: nos números da Abras, as vendas do produto cresceram 148% em dois anos de Plano Real. Supermercados venderam, no geral, 36,29% a mais. Venda, mesmo: não era a última linha turbinada pelo *overnight*. E o consumidor voltava a ter possibilidade de planejar despesas em horizonte mais amplo. "As elevadas taxas de inflação nos entorpeceram por mais de 20 anos", dizia Arthur num artigo para a revista da Associação Comercial do Rio, "e trouxeram distorções e ineficiência às empresas".

Mas ele voltava a martelar: "A reforma da Previdência é imprescindível para elevar a poupança interna e obter ritmo sustentado de crescimento. A privatização é crucial para a modernização da nossa estrutura, assim como o saneamento das contas públicas". Era o tal custo Brasil: impostos em cascata, leis trabalhistas obsoletas. "E nós competimos com empresas estrangeiras, que crescem em países sem encargos como os nossos. Queremos a flexibilização da lei trabalhista, com seu excesso de zelo paternalista; queremos a redução da brutal carga tributária que onera a produção, desestimula a geração de empregos e inibe o crescimento". Sem meias palavras.

Importar é o que importa

Lá em 1990, o projeto de Collor para a economia interna, além das privatizações e da abertura do fluxo financeiro, previa medidas de estímulo ao setor industrial e à exportação. Nesse movimento, foram fechadas ainda a Carteira de Comércio Exterior (Cacex), agência coordenada pelo Banco do Brasil, o Conselho de Desenvolvimento Industrial (CDI) e o Conselho de Política Aduaneira (CPA), órgãos que cuidavam das restrições e dos incentivos então eliminados. Também foram desativados os órgãos controladores da produção e do comércio, como o Instituto do Açúcar e do Álcool e o Instituto Brasileiro do Café, que estabeleciam cotas e regulavam esses mercados com mão de ferro.

Derrubadas as cotas, com as taxas sendo gradativamente reduzidas, o varejo abraçou as importações. Diferentemente do slogan martelado nos anos 1980 – "Exportar é o que importa" –, a saúde econômica de uma nação se dá na troca. Era hora de importar e exportar. E havia mais um efeito colateral: as importações baratas serviam de arma contra o ágio, especialmente em indústrias como a automotiva. Todas essas medidas afetaram direta e dramaticamente o setor supermercadista.

"Em 1989, não tinha ninguém na área de importações porque o volume era muito pequeno", lembra Manuel Antônio Filho, que fez carreira na empresa desde menino e, nessa época, estava no setor comercial tratando de bebidas. "Mamede Paes Mendonça importava uísque Ballantine's desde 1985", conta. Importados eram artigos de luxo. Paes Mendonça respondia por 56% de todo o uísque consumido no Brasil. "Mas ele era um dos pouquíssimos que traziam produtos de fora. Nós tínhamos pequenas áreas de bebidas concentradas principalmente em unidades como a do Leblon. Com a abertura, a ideia do seu Arthur era aumentar a oferta de importados. Começamos do zero".

Já nos primeiros meses, o setor ganhou seu gerente: Nelson Sendas. Aos 28 anos, com inglês fluente e conhecendo bem a estrutura das lojas, ele assumiu a área. E decidiu avançar com energia. "Nelson sempre foi da área comercial. E as importações representaram um boom", afirma Manuel. Entre 1992 e 1999, os importados ganharam muito mercado, surfando uma onda gigante – queijos, bacalhau, bebidas, doces, alocados principalmente em pontos-chave da rede, como as unidades do Leblon, do Méier, da Penha, da Tijuca e de Alcântara.

"Papai Arthur Sendas está orgulhoso", dizia uma nota no jornal *Folha de S.Paulo* em julho de 1994. "Desde que seu pimpolho Nelson Sendas, o caçula da família, assumiu as importações da rede de supermercados – a terceira maior do país –, a quantidade de produtos importados subiu de 4% para 6%. Sob o comando do novo especialista em comércio exterior, as importações do grupo devem aumentar até o fim do ano para 8%". E, sim, os importados chegaram a representar 12% da venda total no pico.

Atrelada à nova realidade de importação, a carteira de produtos de marca própria da Sendas ganhava impulso – imenso.

Marca própria

Nos tempos do armazém, os cereais, o feijão, o sabão, a banha, o querosene chegavam em grandes quantidades e eram fracionados para o varejo no cotidiano da freguesia. Nesses produtos, não havia marca, identidade – esse ativo hoje essencial do consumo que, a partir dos anos 1940, as indústrias passaram a oferecer com direito a publicidade intensa.

Em agosto de 1982, uma reportagem do *Jornal do Brasil* sobre a abertura dos supermercados aos domingos se estendeu para uma radiografia da Sendas, "a maior contribuinte de ICM no setor comercial no estado", que faturara Cr$ 57 bilhões em 1981 (cerca de R$ 9 bilhões em 2022). Arthur Sendas analisava a evolução das vendas, com a inflação em rápido crescimento: "Temos que vender quatro ou cinco vezes mais atualmente para cobrir o custo financeiro do nosso investimento, e isso em época de retração, com a classe média sem poder aquisitivo".

Em seguida, falava dos produtos de marca própria: "Diante da possibilidade de influenciar consumidores, os supermercados têm lançado marcas próprias, mais baratas, ao lado das tradicionais, para aumentar a velocidade de vendas. A Sendas oferece sabão em pó, água sanitária, fósforos, temperos e outros produtos que adquire nas indústrias com capacidade instalada ociosa e embalam. Com isso, o grupo, que já tem nove empresas, prepara-se para mais um salto: a exportação". E ainda acrescentava: "É bom ressaltar que o perfil do consumidor também mudou. Ninguém mais se dá ao luxo de ser fiel a uma determinada marca. Hoje, o mais importante é o preço. Se entra na prateleira um novo produto com preço mais acessível e qualidade boa, ele é logo vendido".

Em 1995, Nelson Sendas assumiu a gerência geral de compras – "o pulmão da empresa", define. "É o velho slogan da Casa do Povo do meu avô: comprando bem, você vende bem", explica Nelson. "Se está muito estocado, prejudica o caixa da empresa; com giro bom, gera mais caixa. É um lugar estratégico. Se a concorrência lança uma campanha com preço melhor que o teu, você é cobrado. Se a margem fica mais baixa, você é cobrado. Mas era um negócio muito dinâmico". Já estava em curso nesse período um novo e bem-sucedido projeto de marca própria.

Nos Estados Unidos, as marcas próprias surgiram praticamente em paralelo com as redes, no início do século XX, mas em pequena escala. Produtos com os nomes das redes de varejo começaram a ganhar mais força nos anos 1970. No Brasil, o Carrefour trouxe sua marca em 1982, sete anos depois de instalado no país. "Havia produtos de marca própria antes disso. Mas sem um conceito, uma espinha dorsal", explica Marco Quintarelli, que assumiu o setor em 1994 sob o comando de Nelson.

A Sendas foi pioneira no país: mantinha o café torrado e moído na hora em cada loja desde 1965. E mais alguns produtos isolados, como o arroz Joãozinho e o feijão – "essas coisas simples", dizia Arthur. No passo seguinte, surgiu o primeiro conceito dos produtos Sendas, com o slogan "Mais qualidade pelo menor preço", trazendo no rótulo a assinatura manuscrita de Arthur. Nos anos 1980, já eram oferecidos os produtos Comendador – vinagre, pastas de alho e condimentos fabricados pela rede, com produção de 50 mil unidades por mês – e um leque de itens com marcas diferentes: pizza semipronta, álcool, pão de hambúrguer, panetone, açúcar, fubá e arroz. "Eram produtos soltos, ainda sem posicionamento", avalia Quintarelli.

O que faltava mesmo era estender a confiança na marca Sendas a produtos de prateleira. Qualidade similar ao produto líder do segmento e preço mais baixo – que consumidor não deseja essa combinação? E a vantagem no preço ficava em média nos 20%, podendo chegar aos 40%. "A ideia da marca própria, obviamente, é aumentar a rentabilidade da categoria e criar fidelidade", ressalta Arthur Filho.

Um caso de estudo era o da Inglaterra. Ali, incrivelmente, 42% dos produtos comercializados no varejo já eram de marcas próprias no início dos anos 1990; havia lojas que vendiam apenas sua marca, como a Marks & Spencer. Nelson Sendas e Marco Quintarelli miravam produtos de qualidade bem próxima à do líder de cada segmento.

Na verdade, os parceiros industriais eram precisamente os concorrentes mais próximos à marca líder. Negócio bom para todos: a indústria usava a capacidade ociosa das fábricas, o supermercado posicionava o seu produto com destaque nas gôndolas sem gastar em publicidade – divulgação, somente nos pontos de venda – e o fluxo de produção e distribuição era controlado. Além do mais, com a marca própria, o supermercado tinha uma boa noção do comportamento do consumidor.

> *"Nós temos dois laboratórios que examinam a qualidade do produto que a gente vai adotar como marca própria. Acima de tudo, a marca própria tem que ter a qualidade bem idêntica à do produto líder. Por isso a nossa marca é forte: além da tradição, a nossa preocupação é com a qualidade do produto, com acompanhamento permanente da qualidade."*
> (Arthur Sendas, em depoimento ao projeto Memórias do Comércio na Cidade do Rio de Janeiro)

Na trajetória dos produtos de marca Sendas, e talvez na origem do departamento que cresceu aceleradamente, há um *case* notável remetendo ao tempo inaugural da paridade dólar-real – e Nelson

Sendas se diverte com a bela história de sucesso. Em busca de queijos da Holanda, Nelson descobriu, no portfólio de uma indústria, que ali se fabricava também leite condensado, com preço de custo muito inferior ao praticado pela empresa quase monopolista do produto no Brasil, a Nestlé. Era quase a metade do preço. "Mas a gente vende isso pra África", disse o representante da indústria holandesa, sem saber da popularidade por aqui do leite adoçado e concentrado. "Lá, eles reconstituem, acrescentam água. Não vou fazer negócio, vocês vão devolver tudo".

Nelson insistiu, queria um contêiner – mil caixas. A vantagem era inegável. Enquanto o leite condensado nacional custava cerca de R$ 0,90, os holandeses cobravam R$ 0,47 por lata. Enviado o contêiner, a rede vendeu tudo em um piscar de olhos. Mais três contêineres, mais uma venda relâmpago. Em seis meses, a Nestlé respondia por apenas 5% do leite condensado das vendas na rede e a Sendas importava 80 contêineres por mês. "Todo mundo começou a pedir, a ponto de o lobby nacional pressionar pelo aumento da tarifa, que passou de 2% para 30%", lembra Nelson. "Foi o fim dessa época. Mas fizemos muitos gols na marca própria".

Caso parecido foi o do macarrão instantâneo, mercado dominado no Brasil pela Miojo, que chegava a instituir cotas para os mercados. "Descobrimos na Califórnia uma fábrica e fizemos o instantâneo Sendas", lembra Nelson. "Outro sucesso foi um biscoito wafer austríaco, de qualidade impressionante e preço baixo. Como eu era diretor de compras cuidando da marca própria e também da importação, combinava as oportunidades". No auge do portfólio, cerca de 30% dos produtos de marca Sendas eram importados.

Naqueles primeiros quatro anos do real, os numerosos produtos com a marca da casa fabricados no Brasil e no exterior emplacavam muito bem nas lojas. A Sendas Cola chegou a incomodar as gigantes Coca e Pepsi – pesquisa da ProTeste, entidade de defesa do consumidor, elegeu a bebida a melhor da categoria no país. Já o suco de laranja Sendas representava 40% das vendas na rede e o sorvete ganhou prêmio. Como nos outros grandes players do mercado, a qualidade era monitorada por laboratórios independentes.

"Alcançamos mais de mil itens de marca própria", listou Arthur Sendas em 2001. "E [esses] já representam 7% das nossas vendas. Somos hoje no Brasil a empresa que proporcionalmente vende mais marca própria".

A linha de produtos Sendas continuou ao longo da década. Embora a proporção de importados se reduzisse em 1999, pelas mudanças no câmbio, havia, em 2003, 1.150 itens de marca Sendas, com previsão de mais 200, além das marcas Bionative, de produtos orgânicos, e Espaço Gourmet, de alta culinária. O Casa Show também lançou, em 2002, linha de ferramentas e materiais com nome da rede.

"Mostra aí, Batata!"

Em 1994, um novo acaso trouxe ao vídeo o personagem que sucedeu a Carlos Henrique como a cara da Sendas. O carioca, aliás, carioquíssimo Gregorio Cheskis era editor de vídeo – e ator bissexto – na produtora J.B.Tanko, que finalizava os filmetes da Sendas. Uma nova campanha ia começar e faltou um dos atores para um teste. Buscava-se um personagem, um âncora, e não era hora de dar furo com o cliente. "Sobrou pra mim, fui tapar o buraco... E me escolheram. Queriam uma cara bem local", lembra Greg.

Foi uma unanimidade: a carinha de bom moço, meio atrapalhado, meio alegrão, sempre entusiasmado, encantou o público. O personagem ganhou o posto de "cara da Sendas". "Uma vez, até levei uma enquadrada de um cliente descompensado, reclamando de preços... Cheguei a pensar em desistir". O bordão era "mostra aí, Batata" – o chamado para o cameraman focar nas ofertas. Não deu outra: Greg virou Batata. "Foi uma época de propaganda massiva da Sendas e eu me tornei figurinha fácil. Na tela e no dia a dia da rede: ia acompanhar o caminhão de tomate a um centavo, sorteava carrinho de compras nas lojas, aparecia nas inaugurações", recorda Greg, que tinha 34 anos quando assumiu a propaganda da Sendas.

As produções ganharam sofisticação nos tempos de moeda estável, visitando as fazendas e os frigoríficos da Sendas. Um comercial de Natal mostrava pesca de bacalhau e colheita de castanhas na Europa, outro ia a uma fábrica de cerveja nos Estados Unidos. Batata contracenava com outros personagens ilustres da publicidade brasileira, como o Baixinho da Kaiser e o Garoto Bombril, no embalo de promoções. "As pessoas se identificavam comigo. Comecei usando terno e gravata e fui me soltando, ficando mais natural. Tinha festa quando eu aparecia, as velhinhas iam me acompanhando pela loja!", ri.

Em 2004, quando a rede se associou ao Pão de Açúcar, Greg voltou para trás das câmeras – é um dos fundadores do Canal Curta!, da TV a cabo. "Mas aquele foi um tempo maravilhoso", faz questão de dizer.

Shopping Grande Rio

A Baixada Fluminense, região associada à violência e à pobreza, mostrava uma nova face em 1997. Com quatro milhões de habitantes, ocupava o quarto lugar como maior polo de consumo do Brasil, atrás de São Paulo, Rio de Janeiro e Belo Horizonte.

Em setembro de 1994, o corpo administrativo da Sendas havia trocado de lado na Via Dutra, mudando-se para outro prédio, bem mais amplo, erguido nos anos 1970 para acolher os então imensos computadores – "abrigando a diretoria e 600 funcionários", noticiava *O Globo*. Ao redor, os imensos depósitos, a área da Sendolândia, o Shopping Sendas e vastos terrenos, todos pertencentes à rede.

Arthur tinha um desejo persistente: erguer um condomínio residencial fechado, com três mil apartamentos, hospital, escola, igreja e universidade. "Sonho com esse projeto desde 1978", declarou o empresário ao *Jornal do Brasil*. "Temos um bom terreno de 700 mil m² e um belo projeto". Batizado de Green Park, encomendado ao escritório responsável pelos condomínios Nova Ipanema e Novo Leblon, na Barra da Tijuca, o projeto não foi adiante. Bem mais tarde, aquele terreno se transformaria no maior condomínio de logística do Rio de Janeiro.

Mas o combo dos hipermercados Bon Marché com o Shopping Del Rey, em Belo Horizonte, havia despertado um sabor diferente de sucesso. Esse jeito novo de operar, a face mais requintada, somados à intensa ligação de Arthur Sendas com a Baixada Fluminense, abriram espaço para o projeto do Shopping Grande Rio, turbinado pela inauguração da Linha Vermelha, via expressa que aliviava tremendamente o acesso à capital do estado, desafogando a Avenida Brasil. O modesto Shopping Sendas ia ganhar um banho de loja. "Quero que o morador da Baixada não precise ir à Barra da Tijuca para frequentar um shopping", disse Arthur, referindo-se ao bairro de classe média alta na Zona Oeste do Rio de Janeiro.

Dessa vez, o parceiro seria a Nacional-Iguatemi, com Renato Rique à frente. Como âncora, um Bon Marché no capricho, ocupando as instalações do antigo Estoque. O hipermercado foi inaugurado antes do shopping, dia 27 de junho. Além do hiper, o novo empreendimento abrigaria um Casa Show e um novo projeto: o Sendas Club, primeiro clube de compras da rede. O investimento seria de US$ 40 milhões, com 190 lojas e complexo de cinemas, alimentação e lazer em 154 mil m², com 58 mil m² de área construída e estacionamento com 1.400 vagas. A abertura foi marcada, mais uma vez, para 28 de outubro – Dia de São Judas Tadeu, claro – de 1995, mas acabou acontecendo em 8 de novembro.

Previa-se um crescimento real de 30% nos dois anos seguintes. A concorrência acirrava-se com a chegada do Wal-Mart, em associação com as Lojas Americanas/GP Investimentos. O Pão de Açúcar vitaminava a rede após a crise interna significativa e a reestruturação, abrindo o capital em 1995. O Carrefour preparava expansão adquirindo redes regionais – no Rio, compraria antes do fim da década a Dallas, a Continente e a Rainha. Só em termos de hipermercados, contavam-se 15 projetos em andamento, 12 deles no Rio e em São Paulo.

Em 1992, a Sendas havia faturado US$ 700 milhões (equivalente a R$ 7 bilhões em 2022), mesmo com o país em recessão. Em 1996, chegava a R$ 1,6 bilhão (R$ 13,3 bilhões em 2022). A construção do

Bon Marché da Barra da Tijuca começou em agosto de 1996. "Não temos medo do Carrefour", dizia Arthur em reportagem do *Jornal do Brasil*, um ano depois. "Respeitamos [o Carrefour], assim como achamos que eles nos respeitam. Prova evidente é que abrimos um hipermercado na Barra da Tijuca".

Os planos de ampliação, reforma e inaugurações seguiam a todo vapor. O Estoque, atacarejo do grupo, foi convertido em Sendas Club, espelho do Sam's Club do Wal-Mart, com vendas restritas a sócios que pagavam anuidade. Não durou muito a iniciativa e o espaço do clube de compras acabou se transformando em uma ampliação do Casa Show.

Às quatro da tarde, o garçom entrava na sala de Arthur Sendas com o café. Era um ritual: as xícaras vinham imersas em água quente, o bule envolto em guardanapo branco, uma nuvem de aroma. A cena é clara na lembrança de Roberto Fioravanti, diretor financeiro na segunda metade da década de 1990. "Seu Arthur ligou quando me desliguei da Petrobras, em 1995", conta o economista. "Ele me disse: 'O Plano Real vai mudar meu modelo de gestão. Quero conversar com você'. Um mês depois, eu estava de boca aberta com a operação. A Sendas era uma potência. Vendia algo como cem toneladas de café, 150 toneladas de arroz por dia, tinha 30 caminhões rodando sem parar. Os volumes do varejo são brutais".

A ALMA E O NEGÓCIO

O segundo neto de Arthur Sendas, Daniel, nunca teve a presença do avô nas suas festas de aniversário. E a razão é simples: Daniel nasceu no Dia de São Judas Tadeu, 28 de outubro de 1992. E nesse dia Arthur comparecia a missas sequenciais em homenagem ao santo das causas impossíveis – em geral, cinco, no Rio de Janeiro e até em outras cidades como Belo Horizonte. Jeannette, mulher de Arthur

Filho, lembra que o obstetra decidiu adiantar o parto, marcado para 31 de outubro de 1992. Havia risco: o bebê estava com duas voltas do cordão umbilical em torno do pescoço. "Quando ligamos para avisar seu Arthur, preocupados, ele explodiu de felicidade", conta. "Disse que era um sinal de que tudo ia dar certo".

Daniel era o segundo filho de Arthur e Jeannette; a mais velha, Andrea, nasceu em 1988, e depois de Daniel vieram Nicholas, em 1995, e Alexandre, em 1998. Nasceu e cresceu saudável, reforçando ainda mais a fé de Arthur Sendas – uma fé mais do que profunda. Para ele, a religiosidade era indissociável da vida em todos os seus aspectos. A família de Manoel e Biluca era católica, mas Arthur foi bem mais intenso em sua devoção, principalmente pela convivência, dizem, com Aprígio Xavier a partir de 1960. Para o pai, Manoel Antônio, São Sebastião, o padroeiro do Rio de Janeiro – e da sua aldeia natal –, capitaneava o time dos protetores. Na Cardanha, patrocinava as procissões e festas, além de ter reformado a igreja. No Brasil, em inaugurações de lojas, entrava segurando uma imagem do santo.

Há dois episódios curiosamente parecidos, separados por mais de 30 anos, ocorridos com Manoel Antônio e Arthur Sendas. A irmã mais velha de Arthur, Maria Thereza, contava que o pai, Manoel Antônio, nos anos 1930 – provavelmente 1932 – dirigia na serra fluminense quando o carro perdeu o freio. "Eu era pequenina, estava no colo da minha mãe. Ele gritou 'Valei-me, São Sebastião!' e o carro parou antes de cair no abismo. Desde então, acompanha a procissão de São Sebastião". O segundo episódio, que deve ter acontecido em 1962, foi descrito por Arthur numa entrevista de 2004 para uma rádio: "Sofri um acidente de carro quando era recém-casado e já tinha meus dois primeiros filhos. Ia para o hospital da Beneficência Portuguesa. Quando cheguei a Bonsucesso, perdi o controle [do carro] e entrei debaixo de um caminhão carregado de areia. Era para eu ter morrido, mas acho que Deus me poupou, porque eu tinha de realizar muita coisa na vida".

Muitas outras vezes Arthur Sendas atribuiu à intervenção divina acontecimentos que o favoreceram – inclusive nos negócios. É especialmente impressionante o episódio que descreveu na mesma entrevista de rádio e que a família também lembra com detalhes. O coprotagonista foi o neto Daniel – o que nasceu no Dia de São Judas Tadeu. "Meu neto ia operar a garganta. Mas o problema não era a garganta, ele estava tomando cortisona. Havia risco de acontecer o pior. Na madrugada [anterior à cirurgia], acordei às 4h da manhã chorando. Não queria que ele operasse. Liguei para o dentista da família, nosso amigo há mais de 20 anos, e ele entrou em contato com os médicos para que meu neto fosse reavaliado por um otorrinolaringologista conceituado. Ele reuniu uma junta médica e a conclusão foi de que meu neto não deveria ser operado. Foi Deus, com intercessão de São Judas Tadeu. Eu sei que Deus nunca esquece da gente".

Daniel, aos 12 anos, havia sido internado, sofrendo uma paralisia extensa. O diagnóstico inicial apontava para uma síndrome, a de Guillain-Barré, doença autoimune ainda pouco desvendada. Daniel, que se recuperou inteiramente, recorda que o avô rezava sem parar e que o sonho descrito tinha uma presença: a do amigo Nelson da Rocha Deus. "Mais tarde, comprovou-se que ele estava certíssimo", conta Daniel. "Fomos para Boston e lá chegou-se à conclusão de que eu teria uma síndrome rara, associada ao sistema imunológico, mas totalmente reversível".

Havia missas frequentes na empresa – eventos, celebração, marco histórico e aniversários precedidos por uma missa. Os escritórios e cômodos pessoais de Arthur Sendas tinham oratórios superpovoados, um escrete robusto integrado por São Judas Tadeu, São Sebastião, Nossa Senhora da Rosa Mística, São José, São Francisco de Assis, Santo Antônio e São João Batista. O último a entrar no time fora justamente São Judas Tadeu, por influência de Humberto Mota. O santo padroeiro do Flamengo, por acaso. "Fiz um pedido que parecia impossível e fui atendido", contou Arthur em entrevista ao *Jornal do Brasil* em junho de 1995.

Passou a bater ponto na Igreja de São Judas Tadeu, no Cosme Velho, Zona Sul do Rio, todo dia 28, de todos os meses, liderando procissões. Em 1994, foi o doador dos sinos para a paróquia. Os dois sinos de bronze, um de 200 quilos e outro de 100, custaram R$ 150 mil (cerca de R$ 1,4 milhão em 2022). Aliás, poucos conheciam a longa lista de doações para diversas igrejas, instituições e organizações. Ele seguia, de todo o coração, o preceito bíblico de não deixar a mão esquerda saber o que a direita fazia – "para que a tua obra de caridade fique em secreto", diz o evangelista Mateus.

Além das missas dominicais e comemorativas, Arthur rezava. Duas vezes ao dia, todos os dias, por longo tempo. Pedia por todos, a começar pelo descanso eterno do filho João Antônio e pela caçula Marcia Maria – "que ela estude, amadureça e que Deus a proteja das más companhias" –, pela mulher e pelos filhos, netos, noras, irmãos, irmãs, cunhados, sobrinhos, os amigos de longa data. Seguiam-se páginas e páginas. Funcionários, religiosos, pais e avós de todos, artistas, médicos, beneméritos do Vasco e da Associação Comercial, políticos, o Congresso Nacional, presidentes. Detalhava sobre alguns: "Que deixe de fumar", "que emagreça com saúde". "Protegei todos os povos, que não haja terremoto, maremoto, vulcão, guerra de nações", e, claro, "o povo do meu Brasil, que não haja fome, mas sim paz e harmonia". Impressionantes cinco páginas. Repletas.

Segundo o Padre Navarro, companheiro do dia a dia e das viagens a Portugal onde visitavam Fátima e cumpriam o circuito das procissões, Arthur manteve, pela vida toda, uma devoção consciente. "Não era a fé de barganha que muita gente pratica", define o religioso. "Ele estava sempre meditando e pensando onde poderia fazer o bem. Tudo isso era, sinceramente, profundamente, a resposta dele a Deus".

Arthur participou ativamente das comissões organizadas para receber os papas no Brasil, especialmente em 1997, na terceira vinda de João Paulo II.

Em uma reportagem de abril de 2001 do *Jornal do Brasil*, que mostrava o papel da espiritualidade na vida e no trabalho de empresários, havia uma frase muito bem sacada, a título de trocadilho: "A alma é o segredo do negócio". Claro, Arthur Sendas figurava entre os empresários devotos. E sua frase em destaque resumia, talvez, a postura e a fé que ele acreditava serem sua espinha dorsal: "Acima de tudo, temos que estar em paz".

Um supermercadista na Casa de Mauá

Ricardo Albuquerque, 19 anos, office boy, parou espantado na porta no imponente prédio da pequena Rua da Candelária, número 9, no coração do Centro carioca. Uma banda de música tocava, carros pretos em fila despejavam homens de terno e mulheres elegantes, enquanto seguranças parrudos com walkie-talkies e óculos escuros tomavam conta da entrada. Era 20 de junho de 1997. A multidão se adensou quando batedores abriram caminho para um carro oficial, o do vice-presidente da República, Marco Maciel. Com a missão de entregar um envelope numa das salas do prédio, Ricardo temeu perder a viagem. "Vão me barrar!", falou para si mesmo.

Quem estava por perto – e viu o pânico do rapaz – era a repórter do *Jornal do Brasil* Sônia Araripe, destacada para cobrir a posse de Arthur Sendas na presidência da Associação Comercial do Rio de Janeiro. "Achei essa cena muito simbólica", lembra Sonia. "Era um rapaz simples, como Arthur deve ter sido, em frente àquele alvoroço, com ministros, grandes empresários... Foi uma posse muito prestigiada. Mas olha, Arthur Sendas gostava de manter próximas pessoas simples. Como aquele rapaz".

Aquele dia também marcava a chegada do primeiro comerciante de supermercados à presidência da Casa de Mauá, uma das mais antigas associações civis do Brasil, assim chamada em homenagem a Irineu Evangelista de Sousa, o Barão – e depois Visconde – de Mauá, figura referencial do comércio e da indústria no Brasil. Um nobre que, aliás, também foi um rapaz modesto e, como Arthur, começou a vida profissional atrás de um balcão.

O gaúcho Irineu nasceu em 1813 e não teve um início de vida fácil. Rejeitado pelo segundo marido da mãe viúva, seguiu com um tio para o Rio de Janeiro, onde se empregou como caixeiro no armazém do português Antônio Pereira de Almeida. Era ainda um adolescente. A falência do patrão foi uma sorte: caiu nas graças do credor de Antônio, o escocês Richard Carruthers, um exportador e importador, de quem acabaria virando sócio.

Iniciava-se ali uma ascensão vertiginosa, que o transformou

numa lenda. Foi ungido Barão de Mauá por D. Pedro II em 1854, quando tinha apenas 41 anos e era um fenômeno do empreendedorismo. Já havia presidido a associação – então denominada Sociedade dos Assinantes da Praça – em 1846 e 1847. Abolicionista convicto, patriota, liberal até o último fio de cabelo. E protagonista de uma vida grandiosa.

Eternizado em bronze na Rua da Candelária, no Centro do Rio, Mauá segura uma cartola e olha com pose audaciosa a instituição que ajudou a consolidar. A história da Associação Comercial do Rio de Janeiro, erguida efetivamente em 1820, tem sua origem em 1809, quando um alvará de D. João VI criou o Corpo de Comércio na capital do Reino Unido de Portugal e Algarves.

A associação, desde o seu início, se alinhou pela liberdade de comércio, defendendo proprietários e empresários em constante, estreita e eventualmente atribulada relação com as autoridades. Sua sede atual, no Centro do Rio, foi inaugurada em 1940, com a pedra fundamental lançada por Getúlio Vargas. Sempre teve poder imenso de mobilização, contestando – às vezes, derrubando – leis e medidas que julgava contrárias a seus interesses, rechaçando o intervencionismo estatal e ampliando sua capilaridade e influência pelo Brasil.

Rui Gomes de Almeida, presidente da ACRJ por cinco mandatos, era o modelo de política setorial do jovem Arthur Sendas na década de 1960. Arthur entraria para a diretoria da entidade em 1971 e, em 1978, o mineiro Ruy Barreto na presidência intensificou muito a influência da Associação Comercial do Rio de Janeiro na vida nacional. Segundo o professor e consultor da Sendas Francisco Gomes de Matos, "com Barreto, a Federação das Associações Comerciais se fortaleceu e a instituição se firmou como referência para a classe política, já que assumia o papel de território neutro para debates". Era uma mudança de patamar e Arthur Sendas seguiria por esse caminho nas suas gestões.

Arthur estava cumprindo mandatos de vice-presidente da ACRJ desde 1981, com Amaury Temporal e Paulo Protasio. "O pai dele, Manoel, havia dito que não queria ver Arthur na presidência do Vasco, mas sonhava vê-lo na presidência da Associação Comercial. Arthur entendeu que aquele não era um tempo que estava tirando da empresa, mas agregando", explica Humberto Mota.

"Quando fui candidato à presidência da ACRJ [em 1993], o Arthur não quis ser", lembrava Mota numa entrevista da *Sendas em Família* de novembro de 1997. "Lá em casa, uma noite, estavam Paulo Protasio, Ronaldo Chaer e Sérgio Aguiar. Sendas foi convidado [a concorrer], mas não dormiu à noite e achou que não devia aceitar. Devemos conciliar nossos sentimentos, senão a gente quebra a cara. Então, na falta de outro, eu assumi". Na mesma reportagem, Arthur devolvia o cumprimento: "Humberto veio matar a saudade do Dr. Rui no trabalho de exaltar a casa, veio resgatar a imagem que a casa tinha na época do Dr. Rui, colocando-a como uma entidade de maior projeção política no país, com todo o respeito à Fiesp e à Firjan". Entre outros projetos, nasceria ali, com o apoio da ACRJ, o Movimento Viva Rio, liderado pelo sociólogo Betinho e o antropólogo Rubem César Fernandes.

Em 1997, Arthur finalmente abraçaria a presidência para levar adiante projetos como o cadastro de cheques, a estruturação do programa pioneiro de arbitragens – inaugurado em 2002 – e a produção de um boletim mensal de análises da macroeconomia focado no Rio de Janeiro, com a consultoria de Alberto Furuguem, ex-diretor do Banco Central. Ainda informatizou a casa, abriu um grande auditório no térreo, estimulou a revitalização do Centro do Rio e implementou o Café Parlamentar – encontro de políticos e empresários na sede para acompanhar assuntos de interesse da associação, com ênfase em reformas tributária e previdenciária.

Olavo Monteiro de Carvalho, que mais tarde assumiu a presidência da instituição, cravou: "A passagem [de Arthur Sendas] pela associação comercial foi muito marcante. Depois dele, não há político nesse país que não aceite conversar conosco". O então presidente Fernando Henrique Cardoso e seu ministro Pedro Malan atenderam a várias convocações de Sendas para debates e encontros.

Foi um período intensamente produtivo para a instituição, que abriu caminho para a eleição do candidato de Arthur em 2001: ninguém menos que o ex-ministro Marcílio Marques Moreira, que assumiria em junho de 2001.

GLOBALIZAÇÃO E CONCENTRAÇÃO

Uma palavrinha quase irritantemente repetida ao longo dos anos 1990 é "globalização" – tão martelada pela imprensa e pelos analistas que chegou a perder o impacto. Em retrospecto, porém, essa é uma das chaves para entender a última década do milênio, quando o mundo teve um redesenho. As distâncias físicas foram reduzidas com o barateamento das viagens; o acesso a dados se democratizou com a popularização dos computadores domésticos; a comunicação ganhou ferramentas novas. Nos negócios de grande porte, foram praticamente abolidas as fronteiras políticas. Corporações gigantescas se espalharam pelo mundo, fincando bandeiras próprias e adquirindo negócios locais.

No varejo supermercadista do Brasil, a liberação das importações na gestão Fernando Collor e a estabilização da moeda no governo Fernando Henrique Cardoso, com a baixa da inflação e melhor distribuição de renda, atraíram para o país os maiores grupos do planeta. Fusões e aquisições se multiplicaram entre os supermercadistas nacionais. As primeiras décadas do século XXI aceleraram o processo. Em 1998, eram os líderes do mercado o Carrefour, a Companhia Brasileira de Distribuição/Grupo Pão de Açúcar, o Bompreço, a Sendas e a portuguesa Sonae, detendo, juntas, 46,4% do mercado. Em 1996, havia entrado no Brasil a holandesa Royal Ahold, abocanhando 50% da rede Bompreço – compraria o restante em 2000.

A tendência iria se confirmar e acelerar. Vale a comparação com o panorama de 15 anos mais tarde: as cinco líderes de 2013 já abocanhavam 60,5%: Carrefour, Companhia Brasileira de Distribuição, Walmart, a chilena Cencosud (com o Prezunic entre suas marcas) e Zaffari, do Rio Grande do Sul e São Paulo – as duas últimas com pequenas fatias, de 4,2% e 1,6%. Havia também um crescimento das pequenas redes, fermentando o aumento de 40% no número de lojas do setor de supermercados. Entre 1996 e 2000, foram abertos cerca de 17.500 pontos de venda, dos quais 78% de pequeno porte.

"Criou-se no Brasil uma espécie de cooperativa: os pequenos se juntaram para montar uma operação de compras", analisava Arthur Sendas em 2003. "E eles acabam comprando com uma diferença já não tão grande quanto a que pagavam quando eram menores. Vai haver essa competição permanente. Então depende do volume, da quantidade que você compra, do tamanho que você cresça, o que você representa estrategicamente para o seu fornecedor".

Naqueles anos de 1998 e 1999 a concentração e a busca de vantagens pela compra em escala foram intensas. Os primeiros do ranking, Carrefour e Pão de Açúcar, saíram encampando redes médias, como Peralta e Barateiro, pelo Pão de Açúcar, e Sé, Planaltão, Mineirão, Rainha, Dallas e Continente pelo Carrefour – as três últimas no estado do Rio.

O mercado carioca afunilava-se e exigia reação da concorrência. Cresciam, com bala na agulha, as redes regionais Guanabara e Mundial, com pegada popular, e o Zona Sul, voltado para um público classes A-B. "O Rio de Janeiro ficou conhecido como cemitério de supermercados", avaliava Newton Furtado. No fim dos anos 1900, em São Paulo contavam-se 40% das empresas de supermercado do país, enquanto o Rio de Janeiro atingia os 14%, numa concentração muito mais densa.

Era preciso reagir, reforçar a marca, aperfeiçoar ainda mais o atendimento, polir a imagem e ganhar clientela na acirrada disputa por território. Em junho de 1999, Arthur Sendas também anunciava uma compra vultosa: arrematava, por valor não divulgado, as 17 lojas do Três Poderes, todas no estado do Rio.

O custo final da aquisição, dadas as circunstâncias da rede, do setor e da macroeconomia, seria bem maior do que Arthur Sendas estava prevendo. Ele havia fechado a compra no dia 17 de junho, véspera do casamento do filho Nelson com Marianna Henriques, uma alegria para o empresário, que gostava imensamente da linda nora, talentosa odontopediatra. O casamento seguiria feliz – e dele viriam Maria Antonia, em 2000, e Isabela, em 2002. Mas os resultados dessa operação de negócios não seriam exatamente como Arthur imaginava.

Aquisição do Três Poderes

Como praticamente todos os supermercados pioneiros do Brasil, a rede Três Poderes nasceu de uma família de imigrantes portugueses. Os irmãos Fontes desembarcaram no Brasil em 1952, adolescentes, vindos de Castelo de Paiva, para ganhar a vida no comércio, empregados num armazém em Jacarepaguá. O pai já estava no Rio.

A história segue parecida à de tantos outros: economizaram no esquema de trabalho duro e, em 1960, fundaram sua primeira loja. Chamaria, a princípio, Supermercados Brasília, no embalo da inauguração da capital. Mas já existia um estabelecimento com esse nome e os irmãos, em sociedade com o cunhado Antônio Lopes, optaram por Três Poderes, que se referia também aos três sócios. Foram migrando para o autosserviço a partir de 1967 e, em 1989, tinham 11 lojas – a maioria na Zona Oeste do Rio, em bairros mais populares como Cidade de Deus e Senador Camará.

Quando foi a público que a rede seria vendida – já com o interesse manifesto do GP Participações, dos ex-controladores do Grupo Garantia –, Arthur se lançou no negócio. "Fomos surpreendidos pela decisão. Não pudemos nem visitar as lojas", conta Arthur Filho. A compra era de porteira fechada. "Queremos consolidar a marca Sendas e ser uma das cinco ou seis empresas que ficarão no ramo de supermercados no país. A compra do Três Poderes foi uma questão de oportunidade", disse Arthur ao *Jornal do Brasil* em 22 de junho de 1999. Também foi um impulso turbinado pela ideia de acompanhar a tendência das aquisições. "Se surgirem novas oportunidades, poderemos fazer novas aquisições", completou, na mesma reportagem.

As lojas, além de terem padrão bem mais baixo do que as Sendas ("lojas sucateadas", dizia um diretor da época), também não entravam no negócio como patrimônio. A Sendas passava a ser locadora das lojas e administradora da rede. Os pontos alugados – sete no total – foram desativados quase imediatamente. As dez unidades restantes, propriedades do Três Poderes que permaneciam com os antigos donos, transformaram-se em SuperEx, bandeira surgida em 1998 para distinguir as lojas menores, de até 1 mil m², de sortimento limitado. Com a aquisição, a Sendas somava 77 lojas e previa R$ 2,5 bilhões de faturamento em 1999 (R$ 17,5 bilhões em 2022).

CRISE RUSSA

Dominós. A primeira peça a cair na crise cambial de 1997 foi a Tailândia, empurrando Indonésia, Malásia, Hong-Kong, Coreia do Sul, Laos, Filipinas. Em agosto de 1998, a Rússia desvalorizava o rublo e declarava moratória. Arrastaria junto o Long Term Capital Management, um dos maiores *hedge funds* do planeta. Em meio à campanha pela reeleição, Fernando Henrique Cardoso se comprometia: "Farei tudo para garantir a estabilidade do real". Austeridade, corte de gastos e sacrifícios. Ganhou de Lula, que concorria pela terceira vez, por 53% a 32%.

Mas havia necessidade de mudanças. Por conta da crise russa, o Brasil, como outros países emergentes, era visto mais uma vez como de alto risco. Internamente, a situação balançava, com o varejo apontando inadimplência recorde em cheques devolvidos, no primeiro semestre de 1998. Em outubro, a CPMF – Contribuição Provisória sobre a Movimentação Financeira – praticamente dobrou, de 0,2% para 0,38%.

Em janeiro de 1999, a economia brasileira foi sacudida pelas medidas tomadas pelo novo presidente do Banco Central, Francisco Lopes. Ele substituiu Gustavo Franco e deu a guinada que eliminava o câmbio fixo, desvalorizando o real em 8,9%. Começou um período crítico, com tentativas de segurar o câmbio – não deu certo – e medidas para evitar a fuga de capitais. Em 20 dias, o dólar saltava de R$ 1,10 para R$ 2,17. Brasileiros traumatizados com os planos fracassados e o confisco farejavam o pânico. Francisco Lopes sairia do BC desgastado por episódios de auxílio a bancos privados no curso da desvalorização do real.

Armínio Fraga assumiu o Banco Central em 3 de fevereiro. O *Jornal do Brasil* ouviu industriais e empresários sobre a troca de comando. "Sem desmerecer Chico Lopes, acho que a mudança foi para melhor. Precisamos de alguém como o Fraga agora", disse Arthur Sendas. Ele estava certíssimo. Armínio Fraga traria confiabilidade e solidez num momento de grande solavanco, fazendo valer uma meta de inflação que acabou ficando relativamente quieta. O ano 2000 seria de mar tranquilo, que voltaria a se encrespar logo à frente. Mas na véspera e na passagem do milênio o dragão estava calmo.

O ÚLTIMO DOS MOICANOS

Na aproximação do ano 2000, o perfil do varejo supermercadista mudava aceleradamente. Em abril de 1999, sacramentava-se a falência do histórico concorrente da Sendas no Rio, as Casas da Banha, com passivo trabalhista de US$ 5 milhões e lacre nas instalações da empresa. O processo começara em 1991, com tentativa de saneamento financeiro e fechamento de pontos. No ano seguinte, dispensaram 3.500 dos nove mil funcionários.

Em agosto, o Grupo GPA – Pão de Açúcar – anunciava a venda de 24% da rede para a Casino Guichard Perrachon, um negócio que envolveria US$ 2 bilhões nos cinco anos seguintes, em que os franceses ficariam com 40% do capital votante. Reportagem de Ronaldo d'Ercole no jornal *O Globo* apontava: "Agora, só sobrou a Sendas com capital integralmente nacional".

Em 4 de setembro de 1999, vieram a público as primeiras informações sobre a assinatura de um empréstimo da rede Sendas junto ao BNDES, de R$ 123 milhões (R$ 830 milhões em 2022), em forma de emissão de debêntures – títulos de dívida da empresa, remunerado por meio de juros pré ou pós-fixados. Um empréstimo às empresas, diriam alguns, que pode ser convertido em ações ao fim de um prazo determinado.

A iniciativa, que levaria ainda dois anos para se completar, era a resposta a quem especulava sobre a absorção da rede carioca por um grupo estrangeiro. "Isso não está no nosso calendário. Nunca existiu esse fantasma e peço a Deus que nunca exista", afirmava Arthur à *Folha de S.Paulo* sobre o assunto. "Sempre haverá lugar para uma empresa brasileira de capital nacional no varejo de alimentos". Pouco antes, dia 1º de setembro, o *Jornal do Brasil* ouvia Yves Moyen, consultor do grupo AT Consulting, numa reportagem sobre a expansão do Carrefour em São Paulo: "A Sendas é o último dos moicanos e deve ser vendida no próximo ano".

ESCRITÓRIO NA CHINA

Em 1980, não havia indícios de que a China se transformaria no grande fornecedor mundial de bens e insumos. O país havia se fechado nos anos 1950, restringindo seu circuito comercial aos governos comunistas. Com a morte de Mao Tsé-Tung em 1976 e a decadência do império socialista, a China aos poucos voltou a negociar com o mundo ocidental. Em 1990, Hong-Kong ainda era seu maior parceiro comercial, mas o círculo foi se ampliando. O país asiático exportava principalmente bens manufaturados, eletroeletrônicos e vestuário.

A Sendas, com seus hipermercados, saiu na frente na tentativa de agilizar e otimizar esse contato. Em 1996, montou um escritório na cidade portuária de Tianjin, no norte da China, que tratou das importações de eletroeletrônicos e artigos de bazar. "Foi uma ideia excelente, mas talvez pioneira demais", considera hoje Nelson Sendas. "Mantivemos esse escritório por cerca de quatro anos, mas a perda de valor do real acabou por inviabilizá-la. Nossa ideia de irmos à fonte esbarrou em muitas questões que na época não soubemos resolver, como uma linha de eletrodomésticos cuja assistência técnica no Brasil não funcionava. Mas fizemos alguns ótimos negócios. Por exemplo, uma promoção com o refrigerante Seven Up, um combo que deu, de brinde, 300 mil bolas de futebol, de couro, que compramos por lá. Essa promoção deu muito certo".

A empresa, porém, trilharia o caminho da exportação de maneira mais consistente. Depois de manter nos anos 1980 negócios pontuais, com produtos diversos na base da oportunidade, e se fixar no café, a Sendas Exportadora teve sucesso fora da curva no fim da década. O complexo em Varginha, Minas Gerais, ganhava ampliação na capacidade de armazenagem e maquinaria – de 35 mil m² de área total e 6.500 m² de área construída, chegaria aos poucos a 56 mil m² e 21.500 m², respectivamente.

Até 1999, abririam lojas em ritmo consistente, sem falar nas reformas e ampliações. O Bon Marché de Santa Cruz, na Zona Oeste do Rio de Janeiro, era inaugurado em novembro de 1999, trazendo um diferencial: tinha posto de gasolina com bandeira Sendas. "Arthur queria estar nas grandes cidades do estado do Rio como Petrópolis, Volta Redonda, Macaé, Cabo Frio; expandir ainda a rede nos arredores de Niterói", lembra o ex-diretor financeiro Roberto Fioravanti. As reformas e ampliações também seguiam em batida constante.

A década que findava havia sido de crescimento, mesmo com as contrações e expansões da "sanfona do varejo". Em 1997, tinha 58 lojas e 14 mil funcionários, com faturamento anual de US$ 1,6 bilhão. Em 1999, com 54 lojas Sendas, cinco Bon Marché e sete Casa Show, divulgou faturamento de R$ 2,3 bilhões (R$ 17,3 bilhões de 2022). Mantinha-se no terceiro lugar nacional no setor e era a 11ª maior empresa brasileira de capital nacional.

Mais uma vez, Arthur Sendas afastava a ideia de vender a rede nas reportagens sobre a concentração do setor. Não se furtava também a reclamar dos juros altos e da demora das reformas trabalhista e previdenciária. A Sendas buscava fôlego na virada do milênio.

Arthur Sendas discursa na celebração dos 40 anos da rede, em 2000

CAPÍTULO 9

NOVO MILÊNIO COM RUMOS IMPREVISÍVEIS

Na virada do século, o Brasil enfrentava a possibilidade de racionamento de energia elétrica. Pouca chuva, reservatórios vazios e perigo de corte, já que mais de 80% do suprimento do país vinha de geração hídrica. No dia 5 de abril de 2001, o governo lançou uma campanha de racionalização do uso de energia, conclamando a população a economizar para evitar que se chegasse ao racionamento ou até ao apagão.

Na edição de 1º de junho de 2001, *O Globo* ouviu Arthur Sendas sobre as medidas contra a crise. A foto de arquivo que ilustrava a reportagem mostrava-o junto ao primeiro caminhão da empresa: "Além de recomendar o corte drástico de energia em sua rede de 85 lojas, Arthur Sendas foi ainda mais enérgico com as medidas em sua casa".

A reportagem listava as medidas domésticas: troca de boiler elétrico por gás; reduzir o uso da máquina de lavar, das TVs e da iluminação; proibir o uso do ar-condicionado. "Deixo as janelas abertas", dizia Arthur na matéria. Depois de quase um ano da campanha, o racionamento foi evitado com a redução voluntária de 20% no consumo residencial até que o regime das chuvas voltasse ao normal.

Mas o espírito da economia era parte do cotidiano do empresário e de seu entourage. Há boas histórias a respeito da "contenção" – termo que Arthur Filho prefere. Na sede, em São João de Meriti, o elevador era usado com parcimônia. Arthur não podia ver uma sala vazia com a luz acesa. Desperdício de comida nas refeições era proibido. "A gente só podia levantar da mesa depois que comesse tudo o que havia colocado no prato", lembra o neto Nicholas.

Do ponto de vista pessoal, primava pela generosidade nos campos da saúde e da educação. "Arthur mantinha um fundo robusto, de seus próprios recursos, para ajudar os empregados em dificuldades", revela o ex-diretor financeiro Roberto Fioravanti. "O montante era destinado a empréstimos aos funcionários que precisassem, sem nenhuma intenção de lucro, apenas com os juros mínimos".

A empresa, porém, começava a viver um aperto, aproximando-se do estrangulamento. Vários fatores haviam se combinado, tornando o panorama cada vez mais nublado. A compra impulsiva da rede Três Poderes pesou demais, especialmente com a maxidesvalorização do real resultante das crises asiática e russa. Em março de 1999, com Armínio Fraga assumindo o Banco Central, a taxa de juros subira de 39% para 45% ao ano. "Vai fazer um estrago muito grande", predizia Arthur em artigo para a revista da Associação Comercial do RJ. "É como tomar antibiótico: necessário, mas, passado o tempo devido, começa a prejudicar a saúde". Ele aproveitava para reforçar suas balizas pró-reformas econômica e política: "Equilibrar contas públicas, aumentar a poupança e o investimento, reduzir definitivamente a taxa de juros, combater o desemprego e assegurar estabilidade econômica – único caminho para eliminar a pobreza e os desequilíbrios sociais".

Arthur Sendas repetia que a concorrência das grandes estrangeiras era injusta – sua entrada no país fora acelerada pelo Plano Real e a estabilidade, detonando o processo de aquisições e fusões. Em reportagem do *Jornal do Brasil* de 16 de fevereiro de 2000, data do aniversário de 40 anos da Sendas, ele repisava: "Nenhum país é forte se não tiver empresas nacionais fortes. As multinacionais entram com uma moeda mais valorizada que a nossa e tomam empréstimos [lá fora] a juros de 6% ao ano, enquanto os nossos são de 20%".

E havia, sim, uma inédita concentração nas mãos estrangeiras. A portuguesa Sonae comprou sete redes por US$ 1 bilhão, incluindo os Hipermercados Big e o atacarejo Maxxi; a holandesa Royal Ahold arrematara em 1996 o Bompreço, maior rede do Nordeste; a associação com o Casino deu ao Pão de Açúcar fôlego para engolir uma dezena de redes. Entre 1997 e 2001 a concentração do mercado nas principais redes varejistas subira de 27% para 39%, inflando o poder do varejo frente à indústria. "O varejo está na ponta mais fortalecida e dita as regras", dizia o presidente da Associação Brasileira de Supermercados, José Humberto Pires de Araújo, na reportagem de Nelson Blecher, capa da revista *Exame*, em junho de 2002.

Já as redes regionais também entravam mais agressivamente no mercado fluminense. "Aqui, no Rio de Janeiro, o setor sempre foi muito complexo", analisa Luiz Ratto, ex-diretor de marketing da Sendas. "Redes sólidas nos anos 1980 desapareceram, uma a uma. Quando o Rio perdeu poder aquisitivo e as dificuldades de consumo cresceram, o panorama se complicou muito. A concorrência ficou mais difícil, mais exigente, num processo de seleção natural". Redes como Guanabara e Mundial achatavam preços e investiam agressiva e maciçamente em propaganda voltada para classes mais populares.

ENDIVIDAMENTO CRESCENTE

Pujante e bem estruturada até o fim dos anos 1990, a Sendas estava em momento crítico. Uma pesquisa encomendada em 2001 à agência Research International trouxe informações bem analisadas – e esclarecedoras. A investigação fazia um arco no tempo, buscando a impressão sobre os supermercados de décadas anteriores e a evolução do setor.

A partir da percepção colhida em cinco grupos de discussão, com participantes de bairros variados do Rio de Janeiro, o resultado dividia os supermercados em três grupos: os hipermercados (Carrefour, Bon Marché, Extra), os populares (Guanabara, Mundial, Princesa, Rainha, Champion) e o intermediário, categoria que era ocupada unicamente pela Sendas. Na verdade, três grupos e meio – havia a categoria dos diferenciados, ocupado pelo Zona Sul e o Pão de Açúcar, que ainda apareciam incipientes como redes, mas já engrenavam nos locais mais elitizados.

A posição intermediária significava, segundo a pesquisa, que a

Sendas era vista tanto com características dos grupos mais elitizados ou poderosos, os que tinham lojas grandes e amplas, quanto dos populares, com menos cuidado estético e foco em preços baixos. O que pode parecer positivo à primeira vista – e havia, sim, pontos como proximidade das lojas e marca tradicional – era, por outro lado, uma perda de identidade da rede.

A imagem da Sendas estava fragmentada. Os cariocas e fluminenses mantinham o carinho e a referência pelas lojas, mas já se dispersavam entre os populares com preços achatados – muito achatados, por vezes em níveis que seriam insustentáveis numa rede como a Sendas – e os mercados percebidos como "de primeiro mundo", como discriminava a pesquisa. As promoções nas lojas davam algum resultado, "a sensação de uma marca em movimento", mas não evoluíam para uma ampliação do público consumidor. Familiaridade e tradição, sim; inovação e aspiração, não.

O endividamento da empresa estava em curva de subida, impulsionado pela maxidesvalorização da moeda do fim da década anterior, que turbinou os empréstimos tomados. A taxa Selic em janeiro de 2001 era de 15,25%. Em julho, saltaria para 19% e atingiria em maio de 2003 o pico de todo o período pós-1999: 23,5%. A crise política detonada desde então não ajudava em nada a economia.

AÇÕES NA GÔNDOLA

A rede de supermercados ABC, com 27 lojas, passaria, em novembro de 2001, para o Pão de Açúcar. Com sede em Petrópolis, cidade serrana do estado do Rio, a ABC fora fundada em 1970 e estava sob o guarda-chuva do Grupo GP desde 1998. Chegou a ser oferecida à Sendas, que declinou da aquisição.

O Pão de Açúcar, empresa de capital aberto desde 1995, tivera 25% de suas ações compradas pelo grupo francês Casino e, em 2000, superara o Carrefour no ranking de faturamento do setor, entrando ainda com mais força no mercado fluminense. A Sendas, quinto maior conglomerado do varejo no Brasil, com faturamento de R$ 2,6 bilhões (R$ 14,6 bilhões em 2022) em 80 lojas, era o único grupo que permanecia 100% nacional e de capital fechado.

No fim de dezembro, a Sendas finalmente tornava pública a emissão das debêntures "em ação conjunta com o BNDES": R$ 123 milhões (quase R$ 830 milhões em valores atualizados), uma fatia de 15% do capital da empresa. "A emissão das debêntures é uma estratégia para quem quer levantar recursos sem pagar juros altos", explicava Arthur Sendas no *Jornal do Brasil*, listando a abertura "de três a cinco lojas e reforma de outras 15" como destino do dinheiro. Os papéis, conversíveis em ações, teriam vencimento em sete anos, com rendimento de 4% ao ano e correção da Taxa de Juros de Longo Prazo (TJLP). O contrato previa ainda a entrada das ações da Sendas na Bovespa.

Quando o empréstimo foi anunciado em 1999, a ideia do grupo – primeiro do Rio no ranking de supermercados e 16ª maior empresa de capital brasileiro – era abrir 12 lojas e reformar 20, reservando ainda R$ 101 milhões (R$ 681 milhões em 2022) para somar ao dinheiro captado na praça. "Apostamos num crescimento entre 20% e 25% nas vendas", dizia Arthur na reportagem do *Jornal do Brasil*.

O banco governamental subscreveria R$ 105 milhões e o restante iria ao mercado. "Pensamos, futuramente, em colocar terminais eletrônicos ligados à Bolsa de Valores de São Paulo nas próprias lojas Sendas e Bon Marché, para que os clientes possam comprar ou vender lotes de ações a partir de R$ 200", complementava Arthur. O presidente do BNDES, Francisco Gros, defendia a abertura de capital: "As empresas que querem crescer e se tornar independentes não fecham capital". Isso quase aconteceu – o IPO da Sendas.

A liberação das debêntures, revelava uma reportagem da revista *IstoÉ Dinheiro* de 21 de agosto de 2008, tinha pré-requisitos: "O banco estatal exigiu a abertura de capital e, por tabela, mais transparência e profissionalismo por parte da empresa. O financiamento virá na forma de debêntures conversíveis em ações, equivalentes a 15% do capital. Os papéis têm validade de cinco anos, mas o banco poderá exercer o direito em 'dois ou três anos'. Nesse momento, revela ele em primeira mão, a família poderia abrir mão de outros 10% do capital". A mesma reportagem falava de um acordo em construção para especificar e consolidar as relações entre os acionistas principais – Arthur, "dono de 66% do capital", e seus dois irmãos, Francisco e Manoel, "com 17% cada um" – e de um manual de acesso dos familiares à empresa, com certas exigências de formação, experiência e aprovação do conselho.

"Com faturamento de R$ 2,6 bilhões (R$ 13,5 bilhões em 2022), a empresa apresenta uma rentabilidade modestíssima", prosseguia a reportagem: "O lucro em 2001 foi de R$ 9,1 milhões (R$ 47 milhões). Além disso, a Sendas precisa enfrentar o crescimento de concorrentes como o Pão de Açúcar. A Sendas optou pela tática 'um passo para trás, dois para frente'. Fechou as lojas em outros estados e concentrou forças no Rio de Janeiro".

O que não se noticiou foi que o processo de abertura do capital da Sendas na Bolsa de Valores – o IPO – chegou a ser estruturado, auxiliado pelo mesmo time do BNDES sob o comando de Francisco Gros. O diretor financeiro da Sendas da época, Luiz Felipe Brandão, acompanhou a montagem da abertura. "Arthur aceitou a ideia e trabalhamos alguns meses. Na última hora, ele recuou", lembra Brandão. "Estávamos prontos para assinar o termo final e a expressão que Arthur empregou quando tirou o time de campo foi: 'Eu me sinto violentado com isso'".

A reação não surpreendeu Arthur Filho, vista em retrospecto: "Meu pai tinha, sim, total resistência à entrada de acionistas minoritários. Não era o mundo dele".

Período de dificuldade

Embora a economia já não apresentasse os melhores resultados, o brasileiro teve a alegria de uma grande vitória em 2002. A Copa do Mundo, realizada no Japão e na Coreia, manteve acordados de madrugada milhões de brasileiros, que acompanharam ao vivo os jogos realizados à tarde nos países asiáticos. A final, pelo menos, foi disputada no dia 30 de junho às 8h de Brasília. Cerca de 145 milhões de telespectadores brasileiros assistiram à vitória sobre a Alemanha, por 2 a 0, da seleção de Ronaldo, Rivaldo, Ronaldinho Gaúcho e Roberto Carlos, em Yokohama, no Japão.

Os solavancos do segundo mandato do governo Fernando Henrique Cardoso, torpedeado pelas crises internacionais e o aumento do chamado "risco Brasil", deram impulso à quarta candidatura de Lula à presidência. Em dezembro de 2002, editorial do *Jornal do Brasil* listava a alta de 5,2% no IGP-M, o Índice Geral de Preços de Mercado, e a inflação acumulada bateu 21% nos 12 meses anteriores. Resistências no meio empresarial foram parcialmente quebradas pelo convite ao empresário têxtil e senador mineiro José Alencar, do PL, para compor a chapa, aval que simbolizava um lenço branco ao mercado temeroso, enxergando possibilidades de rupturas e guinadas.

Em junho de 2002, em plena campanha, Lula lançava, para acalmar o mercado, a Carta ao Povo Brasileiro – um longo texto em que se comprometeu com pontos tais como "o caminho da reforma tributária, que desonere a produção". Em um trecho mais impactante, ele tranquilizava: "A premissa dessa transição será naturalmente o respeito aos contratos e obrigações do país".

O início do último parágrafo da carta poderia ter sido escrito por Arthur Sendas, o que denota o ajuste da atitude do candidato: "O Brasil precisa navegar no mar aberto do desenvolvimento econômico e social". Lula ganhou com 53 milhões de votos.

Na noite de 28 de novembro de 2002, Arthur promoveu em sua casa, no Leblon, um jantar com empresários e jornalistas em torno de José Alencar. Mais um editorial no *Jornal do Brasil*: "[A quebra das expectativas inflacionárias] foi o tema que dominou o jantar na casa de Arthur Sendas em homenagem ao vice eleito. Os convidados fizeram ver ao companheiro de Lula o receio quanto à disparada da inflação. Deixaram claro que a alta de juros só agrava a situação do setor produtivo, além de provocar enorme transferência de renda para o setor financeiro. A preocupação dos presentes foi devidamente registrada por Alencar".

Arthur esperava, com ardor, que o novo governo federal traçasse um rumo seguro. "Eu não votei no Lula, mas ele acabou sendo uma grata surpresa: demonstra ser um bom articulador, está tomando atitudes", declararia Arthur Sendas ao jornal *O Globo* em dezembro de 2003. Também nesse ano, em entrevista ao projeto Memórias do Comércio da Cidade do Rio de Janeiro, lembrou: "A preocupação do governo é com essa inflação retardada que aconteceu no segundo semestre do ano passado. Desde que as pesquisas começaram a mostrar que o Lula ia vencer, houve, evidentemente, por parte dos investidores e do setor bancário, uma restrição ao crédito, aumento do dólar, subida do preço das mercadorias; uma retração. Agora, as coisas deverão se normalizar e o Brasil voltar a crescer e se recuperar no segundo semestre".

Desde o início de 2002, porém, a situação do grupo Sendas se aproximava de um ponto crítico. Em fevereiro daquele ano, uma reestruturação das bandeiras Sendas acabava com as lojas SuperEx – de sortimento limitado –, reforçando a Mais em Conta, experiência que começara com duas lojas no ano anterior, com direito a linha de marcas próprias.

O Globo de 2 de julho de 2002 anunciava com destaque a compra dos supermercados Sé pelo Pão de Açúcar e, na mesma página, a abertura de lojas Sendas no interior do estado do Rio – "estratégia de crescimento para Cabo Frio e Macaé, na Região dos Lagos", dizia o jornal. Em agosto, as três lojas da rede Roncetti, em Campos dos Goytacazes, com faturamento anual de R$ 70 milhões (R$ 348 milhões em 2022), foram compradas pela Sendas – uma delas, em princípio, viraria Bon Marché, assim como três pontos da Mesbla. Apesar de relativamente pequena, a loja da Tijuca, uma das ex-Mesbla, inaugurara em novembro de 2000 como Bon Marché, com investimento de R$ 11 milhões (R$ 63,7 milhões) – isso, de um total de R$ 75 milhões (R$ 430 milhões) ao longo daquele ano. "No ano que vem, teremos 90 lojas da rede no Rio", dizia Arthur Sendas à imprensa.

Nesse período, foram fechadas nove filiais e vendeu-se o Bon Marché de Belo Horizonte. O mercado sabia que a Sendas estava em dificuldades. "Os fornecedores eram extremamente leais, confiavam muito na gente, e conseguimos negociar prazos mais longos de pagamento", lembra Nelson Sendas, à frente do Comercial na época. "Mas essas extensões foram ficando cada dia mais difíceis e desgastantes. Lembro que em 2003 tirei uma semana de férias para ver os Rolling Stones em Londres, mas não conseguia sair do telefone. Gastei uma fortuna em ligações de celular no exterior".

As apostas na aquisição da rede por um concorrente subiam. E, a partir de 2001, o Pão de Açúcar intensificou o assédio, ainda que de modo indireto. Arthur resistia.

No fim de 2002, na tentativa de restaurar o índice de vendas que naquele ano, com R$ 2,52 bilhões (R$ 10,6 bilhões), havia registrado perda de 3,8% em relação a 2001, "o grupo Sendas importou do Pão de Açúcar executivos comerciais para as áreas de comércio de mercearia, de comercialização e de gerência de operações", apontava a *Folha de S.Paulo* em dezembro de 2003. Valdemar Machado, o novo diretor comercial, que já havia saído do GPA, estava atuando como consultor. E voltava à empresa carioca George Washington Mauro, que atuara no início dos anos 1990 no Bon Marché. Para a diretoria financeira, chegava Marcos Rocha, vindo de áreas variadas – da implantação de lojas de conveniência ao mercado fonográfico.

Rocha conversou com Arthur na primeira quinzena de janeiro de 2003. Estava na empresa na manhã do dia 30 de janeiro, fazendo os acertos finais da contratação, quando uma notícia trágica interrompeu tudo.

JOÃO ANTÔNIO

Nascido em setembro de 1963, João Antônio Sendas foi um menino e um adolescente agitado e engraçado. Inteligente, muito inteligente; criativo, ligado à música e a histórias em quadrinhos, das quais amealhou imensa coleção. Muito aos pouquinhos, quase imperceptivelmente, foi abrindo uma diferença em relação ao comportamento habitual. Na juventude, pediu para fazer terapia, gesto incomum numa época em que a psicanálise ainda não estava no cotidiano do brasileiro.

Cumpriu diversas funções na empresa. Era unânime: ele sabia ser agradável, divertido – brilhante, diziam muitos –, mas também apresentava uma instabilidade, um comportamento que aos poucos ia ficando mais turbulento. De novo: a escalada era milimétrica, a ponto dos que conviviam diariamente com ele mal notarem o desequilíbrio crescente, ou considerarem suas atitudes simplesmente engraçadas. No máximo, excêntricas.

Gostava da noite, circulava por restaurantes e boates, em geral sozinho. Tornou-se pai aos 25 anos, uma responsabilidade que demorou a aceitar, mas enfim abraçou. Para Arthur, o doloroso diagnóstico da esquizofrenia do filho representou uma nova direção a ser tomada, com acompanhamento médico e medicação permanente. Mas, como acontece em numerosos casos, o paciente não se medicava adequadamente – o que é parte da própria doença. E a realidade alterada imperava.

No fim da noite de 29 de janeiro de 2003, dispensou os seguranças. Disse que ficaria em casa. Seu carro foi encontrado na madrugada, abandonado na Ponte Rio-Niterói. Nas primeiras horas da manhã do dia 30, a notícia de sua morte atingia a família como um tsunami. Para Arthur e Maria, a terra se abriu sob os pés. Nas palavras de um amigo próximo: "A alegria nunca mais se instalou naquela casa. Não completamente".

Reforma com água e sabão

O administrador de empresas George Washington Mauro estivera na Sendas como diretor de compras entre 1990 e 1992, levado por José Pujol de Faria na primeira equipe Bon Marché. Experiente gestor, havia passado pela rede paulista Barateiro e pela gigante Carrefour, onde trabalhou na ponta de lança dos hipermercados. Contratado pelo Pão de Açúcar em 1993 – "na primeira grande mudança realizada na administração da rede", localiza ele –, empreendeu uma tarefa em larga escala: "Chamavam de reforma GW, feita de água, sabão, boa vontade e pouco dinheiro. Reabríamos a loja como se houvesse sido feita uma reforma. Afinal, como dizem, *retail is detail* – o varejo vive do detalhe, do diferencial", lembra o executivo.

Em 2003, ele estava de volta à Sendas, convocado por Nelson, para fazer mais ou menos a mesma coisa: assumir as operações das lojas Sendas e Bon Marché e melhorar como fosse possível a rede – principalmente as lojas Sendas, "muito envelhecidas, precisando de manutenção", define George. O novo diretor comercial, Waldemar Machado, também vinha do Pão de Açúcar.

"Parti para a água e sabão, em 20 ou 30 lojas, inclusive a do Leblon, joia da coroa", conta. "Fizemos isso para buscar mercado. A Sendas havia perdido muito terreno nesse momento e não havia recursos", continua George. Nessa altura, os impasses eram dramáticos e quase diários. Pagar o ICMS ou pagar os funcionários? "Seu Arthur não admitia essa pergunta. Tínhamos que ir ao inferno para buscar recursos e pagar em dia os empregados e também os impostos". E mais: não pagar uma conta representava a morte para Arthur Sendas. "Ele não admitia deixar de pagar fornecedor, funcionário, governo", atesta George Washington.

Mas a situação do grupo já estava beirando o irreversível. Entre o início da aproximação visando ao negócio com o Pão de Açúcar e a finalização, passaram-se pouco mais de dois meses. Nome respeitado no mercado fluminense, marca de confiança dos cariocas, a Sendas representava um avanço não apenas estratégico, mas comercial em diversos aspectos. "Sem dúvida, o Pão de Açúcar era forte", analisa Manuel Antônio Filho, que dirigiu o setor de importações. "A Sendas, com 50 lojas, importava muito mais certos produtos como bacalhau, castanhas, azeite do que o Pão de Açúcar, com 400 lojas".

O arcabouço fiscal e gerencial da Sendas era tão sólido que permaneceu intacto mesmo no momento de maior crise. Não havia questões a resolver do ponto de vista tributário. E o esforço teve resultado: as vendas subiram. "Como prova disso, veja: o Pão de Açúcar colocou o dinheiro e no dia seguinte rodou normalmente. Sem problema algum", garante George. E prossegue: "Eu gostaria de ter tido recursos financeiros para manter a Sendas no lugar dela. Mas era preciso atrair novos clientes, mais jovens, que estavam indo para as redes regionais como o Mundial". No nicho mais elitizado do Rio de Janeiro, os supermercados Zona Sul investiam fortemente, com alta proporção de importados no seu mix de produtos.

Foi então em setembro de 2003 que as conversas com o Pão de Açúcar se iniciaram, em total discrição, na ponte feita por Waldemar Machado e George Washington, egressos da rede. O CEO do GPA era, desde março, o experiente Augusto Cruz.

Para essa negociação, Arthur Sendas chamou de volta ninguém menos que Aprígio Xavier. Dez anos após sua aposentadoria, o parceiro de construção da Sendas estava de volta para ajudar a guiar a empresa. "E foram somente oito ou dez reuniões, entre setembro e dezembro", continua Arthur Filho. "Desenhamos toda a proposta. E meu pai anunciou, junto com Abílio Diniz".

FUSÃO COM O PÃO DE AÇÚCAR

Dia 9 de dezembro de 2003, a associação Pão de Açúcar–Sendas era a principal notícia da editoria de economia nos periódicos brasileiros. "Nos últimos cinco anos, grupos estrangeiros como o Wal-Mart, Royal Ahold, Sonae, Carrefour e o nacional (com parte do capital estrangeiro) Pão de Açúcar tentaram uma associação com o Grupo Sendas. As negociações envolviam compra, incorporação ou fusão. Todas foram rechaçadas", começava a reportagem de Irany Tereza no jornal *O Estado de S. Paulo*. E encerrava: "A associação que será anunciada hoje entre os grupos Sendas e Pão de Açúcar, possivelmente envolvendo troca de ações, é vista pelo chefe do Departamento de Economia da Confederação Nacional do Comércio (CNC), Carlos Thadeu de Freitas, como uma operação natural. 'O nível de concentração do setor na Europa é de 67% para as cinco maiores empresas. No Brasil, as cinco maiores cadeias detêm 40% do faturamento. A tendência do setor é esta'". Na mosca.

A manchete da revista *Exame* destacava os números bilionários: "Pão de Açúcar e Sendas criam empresa de 3,5 bilhões de reais (R$ 13,4 bilhões em 2022)". E dizia: "A empresa reunirá as 106 lojas das duas redes no estado do Rio de Janeiro. Cada sócio terá metade do capital da nova companhia. A gestão operacional da rede caberá à Companhia Brasileira de Distribuição (CBD), controladora do Pão de Açúcar, enquanto Arthur Sendas, que comanda a quinta maior rede varejista do país, assumirá a presidência do conselho de administração". Cada lado mantinha 42,57% das ações.

Todo o ambiente pretendeu sugerir uma união amigável e fraterna, no interesse maior de ambas as empresas. E isso correspondia ao sentimento mútuo naquele momento, já que os interesses se alinhavam. O Pão de Açúcar finalmente entrava no Rio de Janeiro com a rede capilarizada e bem estabelecida da Sendas. As dívidas da empresa carioca eram incorporadas ao negócio, aliviando o caixa espremido pelos empréstimos e junto aos fornecedores.

Como o patrimônio imobiliário gigantesco da Sendas permaneceria com o grupo, as lojas passavam a ser alugadas à nova empresa com contrato de 20 anos. A transição para as bandeiras do Pão de Açúcar seria gradual. De imediato, somente os hipermercados Bon Marché se transformariam em Extra – a mudança foi implementada já em março de 2004. A empresa que congregaria tudo passava a se chamar Sendas Distribuidora S.A.

Não entravam na conta, da parte da Sendas, o Casa Show e as participações nos shoppings Del Rey (BH) e Grande Rio (RJ). Como diretores estatutários, no contrato, constavam Arthur Filho e Aprígio Xavier. O Conselho tinha ainda um representante do BNDES, em função da dívida assumida e ainda não saldada.

Apesar das inegáveis vantagens do acordo, Arthur Sendas estava conflituado, e não seria humano se não estivesse. A iniciativa era necessária e urgente. Mas por toda a sua vida trabalhara para permanecer solidamente independente como empresário. O novo momento era totalmente novo. Diferente.

Houve festa e saudou-se a união de duas gigantes do setor. Colunas sociais noticiaram um jantar em fevereiro de 2004, na casa de Arthur, oferecido em homenagem a Abílio. "Festa de casamento", dizia Hildegard Angel no *Jornal do Brasil*, declinando sobrenomes da política, da indústria e do comércio dos presentes – "o dote são 118 lojas no Rio de Janeiro". "Um casamento rápido depois de um longo namoro", escreveu a repórter Adriana Mattos, da *IstoÉ Dinheiro*.

O ano de 2004 entrava com a reorganização geral. Em abril, Arthur assumiu uma posição no poderoso Conselho de Administração da Petrobras. Em junho, a nova empresa – que juntava Sendas e Pão de Açúcar – patrocinava o projeto de futebol SuperBola, para jovens fluminenses de 13 a 16 anos, com encaminhamento para clubes e também oportunidades na rede de lojas. Mas o casamento empresarial que começara bem ia ser abalado um pouco à frente.

NOVA EMPRESA

Os primeiros tempos correram azeitadinhos. "Havia um relacionamento muito bom de Abílio com meu pai, assim como o de Augusto Cruz comigo e com seu Aprígio", diz Arthur Filho. Abílio Diniz e Arthur Sendas tinham uma relação cordial. Perfis dos dois empresários traçados pela imprensa mostram diversos pontos em comum, além do histórico de base: o fato de ambos terem transformado em impérios os pequenos armazéns abertos pelos pais, imigrantes portugueses. Eram fascinados por exercícios físicos; tinham devoção religiosa e fanatismo pelos seus clubes de futebol – Abílio era são-paulino roxo. Os perfis de líder, ao menos para uso externo, tinham estilos opostos: Arthur era conciliador e emotivo; Abílio, mais reservado.

Já o CEO Augusto Cruz, braço direito de Abílio, que conduziu a transição no acordo com a Sendas, era tido como ótimo executivo e dono de uma personalidade serena. Foi o primeiro presidente do Pão de Açúcar que não pertencia ao clã Diniz, numa mudança de orientação da empresa com a chegada da Casino. Em maio de 2005, ele articulou o lucrativo aumento da participação do sócio Casino na empresa de Diniz, de 20% para 50%, e em agosto pediu demissão do grupo. A saída de Cruz parecia um tanto inexplicável para o mercado. Para a Sendas Distribuidora, representou uma mudança de ambiente na tomada de decisões.

A reportagem de Adriana Mattos na revista *IstoÉ Dinheiro*, de junho de 2007, atribui a esse crescimento da parte do Casino o marco de mudança: "A relação de Abílio e Arthur continua muito tranquila, mas isso não impediu que Sendas entrasse com pedido de instauração de arbitragem em outubro de 2006 [para rever os termos do acordo]". Traduzindo: o acordo de acionistas que havia criado em 2003 a Sendas Distribuidora incluía uma porta de saída. A família Sendas tinha o direito de vender sua participação ao Pão de Açúcar caso ocorresse alguma mudança no controle acionário nos anos seguintes. E, com o crescimento da participação do Casino, o grupo de Abílio Diniz somado ao Casino teria 65,6% das ações com direito a voto.

Foi essa a argumentação levada para uma Câmara de Conciliação e Arbitragem, coordenada pela Fundação Getúlio Vargas. A decisão, um ano depois, em abril de 2008, foi contrária à intenção da Sendas. E, a essa altura, os mandatos de Arthur Filho e Aprígio Xavier, diretores estatutários, não tinham sido renovados depois de votarem contra a diluição do capital.

Havia um segundo *put* – uma segunda opção – a explorar na venda das ações, uma saída do negócio do varejo para a Sendas. As conversas começaram em meados de 2008. A essa altura, a transição da marca para os olhos do público estava em pleno curso, com as lojas Sendas aos poucos trocando de bandeira para Pão de Açúcar.

Definitivamente, os tempos eram outros e, para Arthur Sendas, as grandes alegrias haviam passado. Seu trabalho era nos conselhos: o da Petrobras, um dos mais fortes e decisivos do país, a partir de 2004, e mais tarde também na BR Distribuidora; na Pontifícia Universidade Católica, a PUC do Rio; na Associação Comercial do Rio de Janeiro; e na Associação Brasileira de Supermercados, entre outras associações de apoio ao Rio de Janeiro e benemerentes.

Lá em dezembro de 2003, quando a associação com o Pão de Açúcar fora anunciada, Arthur dera uma longa entrevista ao jornal *O Globo*. "A nova empresa vai ter um presidente-executivo, mas Arthur Sendas garante que vai manter sua rotina: chegar às 7h30 para tomar conhecimento do que ocorreu nas lojas, nos estoques e nas vendas. 'Isso aqui é a minha vida, desde que comecei a ajudar meu pai no balcão do armazém em São João de Meriti. Agora tivemos que passar por um grande desafio: tornar a empresa menor, vendê-la ou incorporá-la a um grande grupo para competir em plano igual'".

O cotidiano não foi esse. Afastado da operação, Arthur sentia falta do contato com a empresa e dos funcionários. Logo no início da associação com o Pão de Açúcar, retomou visitas às lojas Sendas – com direito à festa habitual dos funcionários e clientes, abraços, confraternização e fotos, pedidos que ele prazerosamente atendia. Era um rockstar, brincavam os gerentes. E resolveu também visitar as lojas do Pão de Açúcar. Para surpresa do staff da rede paulista, ele provocava exatamente a mesma reação em lojas nas quais nunca tinha pisado. Arthur Filho, que o acompanhou algumas vezes, lembra bem: "Funcionários e clientes das lojas do Pão de Açúcar agiam como se meu pai fosse um habitué da empresa, o chefe querido. Era de impressionar".

As negociações para a separação das empresas – a venda da participação da Sendas S.A. na Sendas Distribuidora – estavam em curso e iriam se completar, com sucesso, em 2011. A transformação da Sendas, criação e criatura de Arthur, viveria novos tempos. Sem seu criador.

ÚLTIMO DIA

No domingo 19 de outubro de 2008 tinha jogo do Vasco contra o Flamengo no Maracanã. Mas a alegria de ver o time jogar não se apresentou inteira e radiante naquele dia. Arthur Sendas estava desgostoso. O Vasco enfrentava, pela primeira vez em sua história, a possibilidade de rebaixamento para a Série B do Campeonato Brasileiro. Uma desgraceira, esse ano. Cada jogo dava mais tristeza. Vinha tomando goleadas: perdeu do Santos por 5 a 2, do São Paulo por 4 a 0. E, em casa, em São Januário, foi derrotado por 2 a 0 pelo Coritiba – o resultado provocou a demissão de Antônio Lopes do comando do time.

A primavera fresca e luminosa era um convite à vida ao ar livre no Alto da Boa Vista. Arthur acordou cedo – como sempre. A casa estava cheia, apesar de os filhos e netos terem viajado. As irmãs chegaram na véspera. Dali a pouco o movimento começaria. Mas às seis da manhã tudo era silêncio. Arthur fez suas longas orações matinais no quarto, perto do oratório repleto de imagens. Como sempre, iniciou pedindo pela alma do filho João Antônio e proteção para a filha Marcia, e seguiu enfileirando a longa lista de amigos, parentes e colegas para quem implorava o olhar divino.

Dali, arrumado, seguiria para a missa das 8h na capela vizinha, com Maria e Marcia. Eram poucos passos do portão à escadinha de pedra. Há quantos anos indo à missa matinal com os quatro filhos... O coração apertou – nem entendeu bem a razão – e ele ansiou pela homilia do Padre Navarro, sempre inspiradora. Depois da comunhão, o padre abria a tribuna para quem quisesse falar. Naquele dia, Arthur sentiu o impulso. Decidiu abrir o coração: agradeceu, louvou a Deus e, principalmente, pediu perdão. Perdão a todos a quem poderia ter magoado, ofendido, negligenciado. No fim da missa, postou-se ao lado do Padre Navarro, seu amigo de tantas décadas, confidente, companheiro de viagens e de exercício. Abraçou cada pessoa que saía da capela. Sentiu o coração mais leve.

O carteado começou por volta do meio-dia. Naquele domingo primaveril, o amigo Serafim Nogueira estava a postos, como em muitos fins de semana. Conviviam há quase 30 anos. De comprador, e mais tarde diretor de vendas da Sadia, tornara-se amigo de jogatina e de convivência. Português nascido em Baião, distrito do Porto, Serafim adorava a sueca dominical e o amigo Arthur. Na mesa, sempre um bom vinho da adega e um tira-gosto – naquele dia, eram rodelas de linguiça frita.

No segundo andar, a esposa Maria Ablen, a cunhada Salime e as irmãs Maria Thereza e Erika Sendas jogavam buraco. Aos domingos, o almoço saía lá pelas 17h – um banquete, como sempre, preparado pelo maravilhoso Lourival, que fazia batatas fritas irresistíveis. Mas o Vasco entrava em campo às 18h. Antecipam em uma hora a refeição. Arthur se acomodou para assistir ao clássico pela TV ao lado de Serafim.

O primeiro tempo foi confuso, com os dois times errando muitos passes. O rubro-negro Obina quase fez o primeiro gol. Uma chuva fina caía sem parar, deixando o campo escorregadio. Os dois times tentavam chutes a gol, em vão. Mas lá pelos 25 minutos, o Flamengo começou a crescer. Marcelinho Paraíba perdeu um gol feito, para sorte dos vascaínos. E, para cúmulo do azar, no finzinho do primeiro tempo, o zagueiro vascaíno Jorge Luiz fez um gol contra. No meio de uma confusão na pequena área, tocou de bico para trás e a bola foi parar no canto esquerdo do gol. Dureza. O Vasco saía para o intervalo ouvindo "Ão, ão, ão... Segunda divisão!".

No intervalo, Arthur afundava na poltrona. A coisa piorou no segundo tempo. Mesmo com o Flamengo jogando com dez – Fabio Luciano tinha sido expulso ao puxar a camisa de Allan Kardec –, o Vasco parecia perdido. No fim do jogo, Pinilla ainda superou a zaga rubro-negra, mas não havia vascaínos para completar. Apito final.

Arthur desligou a TV, desanimado. O Vasco começara o Brasileirão em nono lugar e agora estava na lanterna, com 27 pontos. Decidiu ligar no dia seguinte para Roberto Dinamite, que ocupava a presidência do clube desde junho – já vinham se falando constantemente. Avisou ao motorista, empregado da casa há 28 anos, que desceriam para o Leblon.

Sem trânsito, chegaram em menos de meia hora ao edifício na Avenida Delfim Moreira, direto para a suíte. O lanche estava na mesa. Típico fim de domingo, com uma diferença: Arthur não quis ver as mesas-redondas habituais. Pegou uma revista. Já estavam desligando as luzes quando tocou o telefone interno na cabeceira. "Seu Arthur, o motorista do seu neto está aqui na entrada de serviço e quer falar com o senhor", disse Cláudia, a cozinheira. Filho do motorista sênior, ele trabalhava há oito anos dirigindo para João Arthur. "Coloca no telefone". "Ele diz que precisa ver o senhor, porque o pai dele sofreu um acidente". Arthur se levantou.

Claudia estava em pé, ao lado da porta da cozinha. Tinha acordado – afinal, era quase meia-noite, e havia escutado a campainha tocar insistentemente. "Ele está muito nervoso", avisou, e seguiu para seu quarto.

Arthur abriu a porta.

Em seguida, o tiro.

Há momentos em que o tempo parece estancar, ou passar muito devagar. Ao mesmo tempo, tudo se embaralha como um filme em alta velocidade. O mundo segue sua rotina – os ônibus passam na rua, cinemas exibem lançamentos, há uma fila no banco, gente na praia. Mas quem vive uma ruptura violenta se vê em estado de estranhamento, de suspensão.

Era nessa zona indistinta que entravam naquele momento a família e os amigos de Arthur Sendas. Incrédulos e paralisados. Levado para o hospital, ele morreu às 2h30 da madrugada do dia 20.

A segunda-feira amanheceu trazendo o absoluto choque para quem conhecia Arthur Sendas, os funcionários, o setor comercial, políticos e industriais. A notícia foi destaque nos sites jornalísticos, nas rádios e nas TV, já com desdobramentos da investigação. Na noite da própria segunda, dia 20, o criminoso se entregou na Chefia da Polícia Civil, no Centro. Alegava que o disparo fora acidental, a partir de uma discussão sobre sua possível demissão – o neto de Sendas, para quem dirigia, estava fazendo faculdade nos Estados Unidos. Cláudia Martins, que abrira a porta, havia declarado que não houve nenhuma conversa, mas um tiro imediato. O laudo também contestava a hipótese de acidente.

O velório, que a princípio seria feito na Associação Comercial do Rio de Janeiro, foi transferido para a Igreja de São Judas Tadeu, no bairro do Cosme Velho. A partir das 16h, uma multidão se revezou na despedida. O governador do estado, Sérgio Cabral, compareceu e decretou luto de três dias; o prefeito Cesar Maia anunciou no velório que batizaria uma ligação rodoviária perto da sede da empresa com o nome de Sendas. Ministros, ex-ministros, empresários, funcionários, amigos e clientes anônimos choravam.

Histórias eram lembradas no velório. A ajuda constante e discreta de Sendas a famílias e comunidades; numerosos jovens formados nas universidades em cursos bancados pelo empresário; um servente da sede contava que "seu Arthur deu uma casa para meus pais na Paraíba". Quase todos esses gestos feitos em silêncio. "Ele ajudava milhares de pessoas com bolsa de estudo, compra de remédios, óculos", relembra Padre Navarro: "Nem a secretária particular dele sabia. Eram toneladas de mantimentos para igrejas e favelas".

Mais de mil pessoas acompanharam a missa de corpo presente. Sobre o caixão, as bandeiras do Vasco e da Associação Comercial do Rio de Janeiro. O enterro, marcado para as 14h no Cemitério São João Batista, em Botafogo, foi atrasado para as 16h para aguardar a chegada de Nelson Sendas do exterior. Um caminhão transportou as quase 300 coroas de flores. Tristeza, revolta, choque na emocionante despedida.

O julgamento no 3º Tribunal do Júri do Rio, em 23 de junho de 2009, durou nove horas. Os jurados (quatro mulheres e três homens) condenaram o assassino por homicídio duplamente qualificado. O juiz Fábio Uchoa deu a sentença: 18 anos e quatro meses de prisão em regime fechado, mais dois anos em regime aberto por porte ilegal de arma. Com a progressão da pena, acabou sendo libertado em apenas – inacreditáveis – oito anos.

UM OUTRO RUMO

Com a morte de Arthur, as negociações da saída da Sendas S.A. do acordo foram suspensas por cerca de um ano e retomadas já quase em 2010. Com as dívidas sanadas, o processo andou e, no fim de fevereiro de 2011, a CBD anunciava a compra das 250 milhões de ações remanescentes da Sendas Distribuidora, a serem pagas em sete parcelas anuais.

Nesse ano, as últimas lojas Sendas eram convertidas em Extra e Pão de Açúcar. Em setembro, desaparecia o derradeiro letreiro Sendas, o da emblemática loja do Leblon. O Carrefour, com 36 anos de Brasil, mantinha a posição de maior grupo do varejo brasileiro, com 14,5% de participação e receita de R$ 29 bilhões (R$ 165 bilhões em 2022), representando 10% do faturamento mundial da empresa.

Enquanto isso, a Sendas mudava de rumo. Estruturou-se a administração do vasto patrimônio imobiliário – as lojas próprias, alugadas ao Pão de Açúcar por 20 anos, além dos depósitos, da participação nos shoppings e terrenos. A *trade* de café, em 2008, ampliou o nome para Sendas Comércio Exterior e Armazéns Gerais, atingindo a capacidade de processamento e armazenamento de 120 mil sacas/mês. Em 2022, já eram 620 mil sacas/mês.

A posição estratégica e a qualidade da estrutura dos armazéns em Varginha, a menos de 400 quilômetros dos portos de Santos e do Rio, levaram a nova Sendas a apostar na armazenagem, sem deixar de trabalhar na exportação. Em 2020, segundo o presidente da Sendas Comércio Exterior, Paulo Roberto Vasconcellos, "havia fila de espera de 500 mil sacas/mês" para o uso das máquinas e dos espaços da empresa.

O conceito de estratégia, aliás, é de muitas maneiras aplicável à atividade da nova Sendas. O sólido patrimônio imobiliário, cultivado por Arthur em tempos de contramão – quando o pensamento dominante era de que a imobilização do capital seria nociva –, tornou-se o suporte para os negócios, com ênfase ainda na localização privilegiada dos depósitos: à margem da grande artéria rodoviária do Sudeste brasileiro, a Via Dutra. Nada melhor para a logística de distribuição de produtos, cada vez mais importante no comércio.

A trajetória de Arthur Sendas se confunde com a própria história do setor supermercadista no Brasil. Dos armazéns aos hipermercados, atravessando crises políticas, uma dúzia de planos econômicos, congelamentos, tabelas, o cotidiano feito de impostos sobre impostos, burocracia emaranhada, concorrência de grupos internacionais. Viu a população brasileira em estado de revolta no saque de 1962 e no Plano Cruzado, sofrendo como ponta final e visível do comércio. Tratou de evitar alinhamento político-partidário, insistindo e repetindo que seu partido era o Brasil. Foi solidário com muitos, incontáveis. Acreditava que o melhor para todos – incluindo seu negócio – era oferecer apoio e dignidade aos funcionários. Gostava de estar com eles. E com a clientela.

Manteve, até o fim da vida, uma ligação intensa com São João de Meriti, berço da família no Brasil e da empresa Sendas. A população do município, marcado pela pobreza e, em tempos mais duros, pela violência, era a aldeia brasileira de Arthur, e – como na frase atribuída a Tolstói – "fale de sua aldeia e estará falando do mundo".

E, citando também Alberto Caeiro, heterônimo de Fernando Pessoa: "Da minha aldeia vejo quanto da terra se pode ver no Universo.../ Por isso a minha aldeia é tão grande como outra terra qualquer / Porque eu sou do tamanho do que vejo / E não do tamanho da minha altura...".

Arthur Sendas via longe. E, assim, foi um gigante.

POSFÁCIO

Um comercial de TV da Sendas, de 1997, era um achado feliz. "Onde fica a escola?", perguntava uma jovem ao jornaleiro. "Ali, do lado da Sendas", respondia ele. "Tem correio por aqui?", o senhor consultava o policial, que indicava: "Logo depois da Sendas, à direita". Boa campanha: explorava ao mesmo tempo a familiaridade do carioca com a rede de supermercados e a onipresença da marca no Rio. Ponto de referência. Marca de carinho.

Em 2022, ainda que a marca tenha saído dos letreiros há mais de uma década, é possível constatar que o legado de Arthur Sendas permanece sólido, concreto. Inclusive na memória de boa parte do público consumidor do estado – quem tem mais de 35 anos frequentou a Sendas, prestou atenção em Carlos Henrique e suas ofertas, viu os marrequinhos, aproveitou as promoções da Etiqueta Rosada, riu com o Batata.

Mas essa é apenas a ponta visível, para o público em geral, do legado desse ilustre vascaíno que dedicou mais de 60 anos ao varejo supermercadista. A maior parte do que Arthur Sendas criou e consolidou permanece viva nos alicerces, nos avanços do setor, tanto no cotidiano das empresas quanto na política empresarial.

Era dono de formidável intuição. Ergueu e manteve a sede da Sendas em São João de Meriti, município onde nasceu, e tornou o lugar centro de gravidade para a expansão da sua rede. E no entorno criou, aos poucos, um complexo de armazéns, depósitos, adquiriu terrenos e desenvolveu empreendimentos paralelos como o Shopping Sendas. Ali, onde sonhou um dia construir um condomínio residencial que não ficasse a dever aos da Barra da Tijuca, optou por ampliar os galpões da rede. Aqueles depósitos e entrepostos se transformaram em ativos estratégicos, à beira das principais artérias rodoviárias para o Rio de Janeiro, a um pulo do aeroporto internacional e do porto. O sonho do bairro residencial se transmutou, mais tarde, em condomínio logístico de alta importância na circulação de mercadorias, em especial em tempos de e-commerce. Caminhos do comércio em sua face contemporânea.

Arthur Sendas construiu sua vida comercial com um robusto patrimônio imobiliário, na contramão da praxe no varejo brasileiro nas décadas de 1960 a 1990, e essa rede de propriedades comerciais continua na empresa.

Em outra iniciativa, que mostra o pensamento à frente do seu tempo, desenvolveu ali na região, em 1995, o primeiro shopping center voltado para o público das classes B e C, o Grande Rio. A ideia custou a ser aceita pelos primeiros parceiros a quem foi proposta, pelo pioneirismo em oferecer a um novo segmento um modelo até então voltado apenas para as classes A e B. Com a Nacional-Iguatemi, o projeto vingou e teve sucesso extraordinário. O modelo foi replicado pelo Brasil, ampliando o conceito de shopping center para novas vizinhanças. Ideia dele, Arthur.

É ponto pacífico que sua gestão à frente da Associação Brasileira de Supermercados foi um marco na instituição. Subsidiada por nomes experientes da macroeconomia, com destaque para Alberto Furuguem, a Abras produzia boletins informativos e analíticos de peso – iniciativa que levou também para a Associação Comercial do Rio –, ampliou o alcance dos eventos nacionais da instituição e aproximou-se dos centros de decisão.

Finalmente, o legado de Arthur Sendas permanece nas dezenas de milhares de funcionários que passaram pela empresa e em suas famílias. Ele era um homem que gostava de estar com seus empregados. E o extraordinário – único – sistema de benefícios e vantagens é lembrado até hoje como exemplo: fornecia alimentação gratuita no trabalho, cuidados integrais de saúde, lazer e esporte em espaço próprio (a Sendolândia), valorizava os funcionários com muitos anos de casa e bancou, por grande parte de sua existência, o aperfeiçoamento educacional do empregado e a educação de toda a família, incluindo qualquer curso universitário em faculdades privadas.

Arthur, que não chegou à 5ª série primária, tinha um imenso orgulho dos incontáveis filhos e netos de funcionários – motoristas de caminhão, açougueiros, contadores, gerentes e caixas que se formaram em medicina, administração, engenharia, entre tantas áreas. Era generosidade. Mas era também uma visão empresarial de grande pioneirismo, de caráter humanitário, olhando para o desenvolvimento pessoal, a fidelidade e a lealdade de seus funcionários.

Arthur Sendas repetiu em numerosas ocasiões que seu partido era o Brasil. Era capaz de sublimar diferenças ou posições ideológicas de seus interlocutores, criar um território comum onde o objetivo era o avanço em prol de empregabilidade, economia real, produtividade, segurança, liberdade de iniciativa e justiça social. Insistia: "Nenhum grande país se mantém com uma minoria de ricos dentro de um universo de miseráveis. Não é possível construir uma sólida democracia, fundada no livre mercado, sem que haja justiça social" – suas palavras quando decidiu concorrer à presidência da Abras.

Sim, o ambiente do varejo supermercadista no qual Arthur Sendas construiu seu negócio mudou radicalmente neste milênio. Ficaram no passado o armazém modesto, o caixa do supermercado, até mesmo a opulência do hipermercado. Do empresário que passou seus primeiros meses de vida embaixo do balcão, porém, foram mantidos o ideário humanístico e a visão social; o investimento na economia brasileira, a postura de absoluta transparência e rigor nos negócios. Em suas lições de vida e no legado empresarial, Arthur Sendas, nas palavras de seus sucessores, continua vivo.

A HISTÓRIA ESTÁ COMPLETA

MARCIA MARIA SENDAS

Em 1994, quando lancei meu livro-homenagem ao meu avô, Comendador Manoel Antônio Sendas, surgiu naturalmente a ideia de biografar meu pai, Arthur Sendas. Mas ouvi dele: "Marcia, quero, sim, o livro, mas depois que eu morrer, para que vá do início à conclusão". Aquele primeiro mergulho na história da família tinha sido muito bonito. A ideia era realmente colocar em andamento esse trabalho. Mas o falecimento dele e a imersão nos estudos e nos cuidados de minha mãe me impediram de dedicar o tempo necessário à pesquisa. Fico feliz por termos contado essa história tão rica, com a ajuda da escritora e jornalista Luciana Medeiros. Espero que o exemplo de integridade, ousadia e patriotismo que meu pai deixou inspire muitos brasileiros.

ARTHUR SENDAS EM 14 FRASES

1) *"Ninguém cresce sozinho."*

2) *"As pessoas acreditam no que você diz quando é sincero, leal, verdadeiro. Às vezes, eu falo com o coração e o coração nem sempre é carinhoso."*

3) *"Nada cai do céu. Deus ajuda 50% quando a gente faz por merecer. Os outros 50% são trabalho mesmo."*

4) *"Cliente que reclama está dando a oportunidade à empresa de melhorar o serviço. Quem não reclama pode ser perda. Agradeço a quem critica."*

5) *"Nunca julgue um homem pelas suas palavras, mas pelo exemplo. Falar apenas não é suficiente, quando não é acompanhado de exemplo. Não adianta falar de uma maneira e agir de outra."*

6) *"Nada se faz sem trabalho, honestidade, competitividade, simplicidade; e é fundamental ter amor por aquilo que você faz. São os princípios de quem quer crescer e vencer."*

7) *"Quanto melhor o relacionamento comercial e humano com o fornecedor, melhor o negócio. Mas se alguém oferecer um negócio melhor do que o da minha mãe, ela perde a preferência."*

8) *"O maior patrimônio que uma empresa tem é o ser humano."*

9) *"Você tem que trabalhar como se fosse o dono da empresa, nunca o empregado."*

10) *"Todo chefe que não transmite seus conhecimentos para seus auxiliares, guardando para si todo o segredo da função, não está dando bom exemplo de liderança."*

11) *"Nossas atitudes não são isoladas. Elas atingem muita gente, às vezes toda uma comunidade. Por isso, devem ser pensadas seriamente."*

12) *"Acima de tudo é preciso ser humilde, olhar as coisas com simplicidade, com respeito, com amor, saber ouvir principalmente as pessoas mais idosas, que têm mais experiência."*

13) *"A cada dia em que você acorda, a cada noite em que você vai se deitar, deve agradecer a Deus e ter em mente que aprendeu uma coisa. A vida é uma escola permanente."*

14) *"Enquanto o homem estiver vivo, com saúde e, sobretudo, com fé em Deus, ele deve continuar pensando em crescer, se desenvolver em todos os sentidos. Na vida a gente tem que ser um eterno insatisfeito, no bom sentido – e sem passar por cima de ninguém. Me sinto realizado quando posso ser útil. É uma satisfação interna. Tudo o que você semeia, pode estar certo: vai colher."*

AGRADECIMENTOS

Às famílias Sendas e Ablen, que abriram arquivos e corações para homenagear Arthur; às equipes da Sendas S.A.; aos entrevistados, que se dispuseram a conversar e a lembrar alegrias e tristezas, em especial, a Jozias Castro, uma mina de histórias e de simpatia; e, principalmente, ao professor Francisco Gomes de Matos, articulador e coordenador desse mergulho na vida de um dos grandes empreendedores do Brasil. Amigo de toda a família Sendas e grande colaborador da empresa junto a Arthur por muitos anos, foi incansável ao longo do processo de realização deste livro.

CRÉDITOS DE IMAGENS

As imagens deste livro são do acervo particular da família Sendas, com exceção das fotos abaixo:

Página 138 (Carlos Henrique e filha):
Fernando Quevedo/Agência O Globo

Páginas 139 e 157 (Capela):
Marcelo de Jesus

Página 141 (Arthur Sendas no Casa Show):
Eurico Dantas/Agência O Globo

Página 144 (à frente do caminhão da Sendas):
Pércio Campos/Agência O Globo

Páginas 144 (com a foto do armazém) e 156 (com a foto dos pais):
Mônica Imbuzeiro/Agência O Globo

Páginas 250 e 251:
Foto gentilmente cedida pelo site Casaca (www.casaca.com.br)

Todos os esforços foram feitos para creditar devidamente os autores das imagens utilizadas neste livro. Eventuais omissões de crédito não são intencionais e serão corrigidas nas próximas edições, bastando que a editora seja informada no e-mail contato@maquinadelivros.com.br.

BIBLIOGRAFIA

ALBUQUERQUE, Mariana Pires Carvalho e. *Análise da evolução do setor supermercadista brasileiro: uma visão estratégica*. IBMEC, 2007.

CAMPOS, Roberto. *A lanterna na popa*. Topbooks, 1994.

CASTRO, Jorge Abrahão de; SANTOS, Cláudio Hamilton Matos dos; RIBEIRO, José Aparecido Carlos (ptg.). *Tributação e Equidade no Brasil: um registro da reflexão do Ipea no biênio 2008-2009*. Ipea, 2010.

CAVALCANTI, Herodes Beserra. *Segmento supermercadista, reestruturação comercial e intensificação do trabalho*. USP, 2002.

COSTA, Haroldo. *100 anos de Carnaval no Rio de Janeiro*. Ed Irmãos Vitale, 2000.

DELGADO, Felipe Santos. *Análise da evolução da concentração do varejo supermercadista brasileiro entre 1998 e 2013*. Depto. Economia-UFRGS, 2014.

FONTE, Teodoro Afonso da. *Ao limiar da honra e da pobreza*. Universidade do Minho, 2004.

GOMES, Ângela de Castro (org.). *Histórias de imigrantes e imigração no Rio de Janeiro*. Ed. Sette Letras, 2000.

GONÇALVES, Albertino. *Um perfume de utopia: ir às compras no hipermercado*. Revista Comunicação e Sociedade, Universidade do Minho, Vol. 4, 2002.

GRIMMEAU, Jean-Pierre. *A forgotten anniversary: the first European hypermarkets open in Brussels in 1961*. Brussels Studies, 2013.

HAMILTON, Gary G; SENAUER, Benjamin; PETROVIC, Misha. *The Market Makers: How Retailers are Reshaping the Global Economy*. Oxford University, 2011.

JUNIOR, Caio Prado. *História econômica do Brasil*. Ed Brasiliense, 2012.

KNOKE, William. *O Supermercado no Brasil e nos Estados Unidos: Confrontos e contrastes*. Revista de Administração de Empresas, 1963.

LEITÃO, Miriam. *Saga brasileira; a longa luta de um povo por sua moeda*. Ed Record, 2011.

LEVINSON, Marc. *The great A&P and the struggle for small business in America*. Ed. Farrar, Straus & Giroux, 2011.

LODI, João Bosco. *A empresa familiar*. Ed. Biblioteca Pioneira de Administração, 1984.

MARTINS, Ismênia de Lima; SOUSA Fernando (org). *Portugueses no Brasil: migrantes em dois atos*. Cepese/Faperj/Ed. Muiraquitã, 2006.

MATOS, Francisco Gomes de. *Empresa Feliz*. Ed. Makron Books, 1996.

MATOS, Maria Izilda Santos de. *Mobilidades e escritos: mensagens trocadas (São Paulo-Portugal 1890-1950)*. Ed. UFPR, jan-jun 2012.

MATTOS, Marcelo Badaró. *Greves, sindicatos e repressão policial no Rio de Janeiro 1954-1964*. Revista Brasileira de História, vol. 24, n° 47, 2004.

MELLO, Demian Bezerra de. *A primeira greve nacional da classe trabalhadora brasileira: 5 de julho de 1962*. Revista Mundos do Trabalho, vol. 8, n° 16, jul-dez 2016.

MENDONÇA, Mamede Paes. *A história em depoimentos*. Ed Press Color, 2014.

MENEZES, Francisco; PORTO, Silvio; GRISA, Carla. *Abastecimento alimentar e compras públicas no Brasil: um resgate histórico*. Série Políticas Sociais e de Alimentação, Brasília: Centro de Excelência Contra a Fome, 2003.

NETO, Sydenham Lourenço. *Modernização, crise e protesto popular: a questão do abastecimento nos anos 50*. Anais do XXVI Simpósio Nacional de História, ANPUH – 2012.

OLIVEIRA, Carla Mary. *O Rio de Janeiro da Primeira República e a imigração portuguesa*. Revista do Arquivo Geral da Cidade do Rio de Janeiro, 2009.

PALLETA, Daniel Bento; MARIN, Sergio Sanches. *Do armazém ao supermercado*. Ed. Paulus, 2014.

PAMPLONA, Fernanda Bittencourt. *Os investimentos diretos estrangeiros na indústria do varejo nos supermercados do Brasil*. Universidade Federal de Pernambuco, 2007.

PARENTE, Juracy; KATO, Heitor Takashi. *Área de influência: um estudo no varejo de supermercados*. RAE – Revista de Administração de Empresas, Abr./Jun., 2001.

PEREIRA, Inês. *Marcas de supermercado*. RAE – Revista de Administração de Empresas, Jan./Mar. 2001.

SALLUM JR, Brasilio. *Governo Collor: o reformismo liberal e a nova orientação da política externa brasileira*. Revista DADOS – Instituto de Estudos Sociais e Políticos, vol. 54. Uerj, 2011.

SCHWARCZ, Lilia; STARLING, Heloisa. *Brasil: uma biografia*. Companhia das Letras, 2015.

SENDAS, Marcia Maria. *Meu avô, Comendador Manoel Antônio Sendas – As origens da família no Brasil*. Casas Sendas, 1994.

SESSO FILHO, Umberto Antônio. *O setor supermercadista no Brasil nos anos 1990*. USP/Piracicaba, 2003.

SEVCENKO, Nicolau. *Literatura como missão: tensões sociais e criação cultural na 1ª República*. Ed. Brasiliense, 1983.

SILVA, Carlos Henrique Costa da. *As grandes superfícies comerciais: os hipermercados Carrefour no Brasil*. Espaço e Tempo/Geousp, n° 14, 2003.

SILVA, Lúcia Aparecida da; MERLO, Edgard Monforte; NAGANO, Marcelo Seido. *Uma análise dos principais elementos influenciadores da tomada de decisão de compra de produtos de marca própria de supermercados*. Revista Eletrônica de Administração, Universidade de São Paulo/São Carlos, 2001.

SOUZA, Marco Antonio Ferreira de; MACEDO, Marcelo Alvaro da Silva; FERREIRA, Marcelo Sales. *Desempenho organizacional no setor supermercadista brasileiro: uma análise apoiada em DEA*. REGE – Revista de Gestão, São Paulo, v. 17, n. 2, abr./jun. 2010.

SZMRECSÁNYI, Tamág; SUZIGAN, Wilson (Org.). *História econômica do Brasil contemporâneo*. Edusp/Ed. HUCITEC, 1997.

TOTA, Antonio Pedro. *O amigo americano Nelson Rockefeller e o Brasil*. Companhia das Letras, 2014.

VILLA, Marco Antonio. *Jango, um perfil*. Ed. Globo, 2008.

JORNAIS:
O Dia, Diário Carioca, Diário da Noite, O Estado de S.Paulo, Folha da Noite, Folha de S.Paulo, O Globo, O Imparcial, Jornal do Brasil, Jornal do Commercio (RJ), Jornal dos Sports, A Lusitânia, Valor Econômico

REVISTAS:
Careta, O Cruzeiro, Época, Época Negócios, Exame, IstoÉ Dinheiro, Manchete, Revista da Associação Comercial do Rio de Janeiro, Sendas em Família, SuperHiper - Revista da Associação Brasileira de Supermercados, Veja

RÁDIO E TV:
Programa Clóvis Monteiro (Rádio Tupi), Especial Vasco da Gama (SporTV)

WEBSITES:
Museu da Pessoa

DEPOIMENTOS:
Arthur Sendas Filho, Daniel Sendas, Jeannette Sendas, Marcia Maria Sendas, Maria Ablen, Marianna Sendas, Nelson Sendas, Nicholas Sendas

Abelardo Puccini, Ademir Scarpini, Adilson Xavier, Alberto Furuguem, Antonio Lopes, Armando Pittigliani, Aylton Fornari, Belmar Vasconcellos, Belmiro Amaral, Elza Lopes, Erika Sendas *(depoimento gravado por Ana Roldão)*, Eunice Gomes, George Washington Mauro, Gregorio Cheskis, Humberto Mota *(depoimento direto e depoimento gravado por Ana Roldão)*, Ivan Zettel, Jorge Lopes, José Gutemberg Cubiça, José Pujol de Faria, José Vaz, Jozias Castro, Lucia Maria Soares Silva, Luiz Felipe Brandão, Luiz Ratto, Manuel Antônio Filho, Marcílio Marques Moreira, Marco Quintarelli, Marcos Rocha, Maria Thereza Sendas *(depoimento gravado por Ana Roldão)*, Miguel Quintarelli, Milton José da Silva Filho, Nadja Sampaio, Nelson da Rocha Deus Filho, Newton Furtado, Nildo Pires, Oded Grajew, Padre Navarro, Paulo César Pereira, Paulo Giovanni, Paulo Matta, Paulo Roberto Vasconcellos, Roberto Dinamite, Roberto Fioravanti, Rose Gonçalves, Serafim Nogueira, Sonia Araripe, Tania Cecilia da Silva Telles, Tania Valéria Beristain, Vera Araújo e Wanderley Alves.

Este livro utilizou as fontes Libre Baskerville e Revista e os papéis Pólen Soft 80g e Couché Matte 115g. A primeira edição foi impressa em março de 2022 na gráfica Rotaplan, 62 anos depois de Arthur Sendas inaugurar a primeira loja Sendas, na Rua Nossa Senhora das Graças 288, no Centro de São João de Meriti.